Schmidt

Bilanzierung des Goodwills im internationalen Vergleich

GABLER EDITION WISSENSCHAFT

Schriftenreihe des Vereins
für Unternehmensrechnung
und Steuern Bayreuth e.V., Band 2

Herausgegeben von:
Professor Dr. Jochen Sigloch,
o. Professor der Betriebswirtschaftslehre,
Lehrstuhl für Betriebswirtschaftliche Steuerlehre und
Wirtschaftsprüfung, Universität Bayreuth

Der Verein „Unternehmensrechnung und Steuern Bayreuth e.V.", eine Vereinigung vornehmlich aus Absolventen des Schwerpunktfachs Betriebswirtschaftliche Steuerlehre und Wirtschaftsprüfung an der Universität Bayreuth, Unternehmen und Angehörigen der rechts-, steuerberatenden und wirtschaftsprüfenden Berufe, verfolgt u.a. das Ziel, als Schnittstelle zwischen Theorie und Praxis zu fungieren.
In der Schriftenreihe des Vereins werden Monographien und Sammelbände zu aktuellen Problemfeldern im Bereich der Betriebswirtschaftlichen Steuerlehre und Wirtschaftsprüfung veröffentlicht, die im Rahmen der Forschung am Lehrstuhl für Betriebswirtschaftliche Steuerlehre und Wirtschaftsprüfung, Universität Bayreuth, oder dessen Umfeld bearbeitet wurden.

Ingo M. Schmidt

Bilanzierung des Goodwills im internationalen Vergleich

Eine kritische Analyse

Deutscher Universitäts-Verlag

Die Deutsche Bibliothek - CIP-Einheitsaufnahme

Schmidt, Ingo M.:
Bilanzierung des Goodwills im internationalen Vergleich : eine kritische Analyse /
Ingo M. Schmidt. - 1. Aufl..
- Wiesbaden : Dt. Univ.-Verl., 2002
(Gabler Edition Wissenschaft : Schriftenreihe des Vereins für Unternehmensrechnung und Steuern Bayreuth e.V., Band 2)
ISBN 3-8244-7574-X

1. Auflage März 2002

Lektorat: Ute Wrasmann / Frauke Schindler

Der Deutsche Universitäts-Verlag ist ein Unternehmen der Fachverlagsgruppe BertelsmannSpringer.

www.duv.de

Gedruckt auf säurefreiem und chlorfrei gebleichtem Papier.

Druck und Buchbinder: Rosch-Buch, Scheßlitz
Printed in Germany

ISBN 3-8244-7574-X

Geleitwort

Die bilanzielle Behandlung des Goodwills entwickelt sich zunehmend zu einem Streitpunkt im Rahmen der externen Rechnungslegung. Kaum vereinbar scheinen die Positionen: Fordern die einen, nur den entgeltlich erworbenen Geschäftswert in der Bilanz zu erfassen und diesen planmäßig abzuschreiben, wenden sich andere gegen eine planmäßige Abschreibung und plädieren dafür, nur bei nachgewiesener Wertminderung außerplanmäßige Abschreibungen vorzunehmen, während Dritte noch weitergehend dafür eintreten, den derivativen und originären Geschäftswert generell in die Bilanz aufzunehmen und nur außerplanmäßige Abschreibungen zuzulassen. Nicht zuletzt die jüngere Geschichte der Unternehmensübernahmen macht deutlich, daß diese Frage nicht nur akademischer Natur ist, sondern hohe wirtschaftspolitische Brisanz birgt.

Vor diesem Hintergrund verfolgt die Arbeit von Herrn Schmidt das Ziel, auf Basis eines internationalen Vergleichs zwischen den Rechnungslegungssystemen in Deutschland und Großbritannien sowie den Vorschriften der International Accounting Standards Gemeinsamkeiten und Unterschiede in der bilanziellen Behandlung des Goodwills herauszuarbeiten, um darauf aufbauend de lege ferenda einen eigenen Lösungsvorschlag für die Bilanzierung eines Goodwills zu entwickeln.

Die vergleichende Analyse der bestehenden bilanziellen Regelungen zum Goodwill wie auch der eigene Lösungsvorschlag zeichnen sich durch hohe Qualität und bemerkenswerte Originalität aus. Auch wenn man dem überzeugenden Plädoyer für eine umfassende Aufnahme des derivativen und originären Goodwills in die Bilanz (noch) nicht ganz ohne Vorbehalte folgen kann, weist die vorliegende Arbeit einen bedenkenswerten Weg zu einer umfassenden bilanziellen Gleichbehandlung aller Vermögens- und Schuldpositionen auf, dem eine vorurteilslose Aufnahme in die Fachdiskussion zu wünschen ist.

Bayreuth, im Januar 2002 Prof. Dr. Jochen Sigloch

Vorwort

Nicht jeder Studierende hat das Glück, bei der Suche nach einem Diplomarbeitsthema auf Anhieb eine tragfähige und zukunftsweisende Fragestellung zu finden. Den Anstoß zur Beschäftigung mit der Bilanzierung immaterieller Vermögenswerte erhielt ich während eines einjährigen Studienaufenthalts an der Warwick Business School, Großbritannien. Im Rahmen eines Seminars zur „Internationalen Rechnungslegung" war unter anderem die kritische Analyse der Rechnungslegung immaterieller Vermögensgegenstände nach den britischen UK-GAAP gefordert. Dies weckte meine wissenschaftliche Neugierde an diesem Themenkomplex. Darüber hinaus wurde mir während eines Praktikums bei einem international agierenden Großunternehmen eindrucksvoll bewußt, welche hohe Relevanz vor allem der bilanziellen Behandlung des Goodwills in der Unternehmenspraxis zukommt.

Die Publikation hofft, einen Beitrag zur Klärung und Problemlösung der Streitfrage nach der „richtigen" Goodwill-Bilanzierung leisten zu können, die sich mit dem jüngst verabschiedeten US-amerikanischen Standard SFAS 142 „Goodwill and Other Intangible Assets" scheinbar neu stellt.

Vor diesem Hintergrund gilt mein besonderer Dank Herrn Prof. Dr. Jochen Sigloch, Inhaber des Lehrstuhls für BWL II - Betriebswirtschaftliche Steuerlehre und Wirtschaftsprüfung - an der Universität Bayreuth, für die Betreuung dieser Arbeit und die Möglichkeit zu ihrer Veröffentlichung im Rahmen dieser Schriftenreihe. Dank gebührt auch den Mitarbeitern am Lehrstuhl, vor allem Herrn Dipl.-Kfm. Carsten Heinz für die anregenden Gespräche und wertvollen Hinweise sowie Herrn Dipl.-Kfm. Jan Götz und Herrn Dipl.-SpOec. Christian Klimmer für ihre Unterstützung bei der Endkorrektur und Veröffentlichung der Arbeit.

Herzlich danken möchte ich auch Herrn Dr. Rob Bryer, Dozent an der Warwick Business School, der mein Interesse an dem spannenden Problemfeld der Bilanzierung immaterieller Vermögenswerte weckte und mir freundlicherweise bei der von Deutschland aus teils schwierigen Beschaffung ausgefallener englischer Literaturquellen behilflich war.

Schließlich danke ich meinen Eltern, die mir auf meinem bisherigen Lebensweg stets zur Seit gestanden haben; ihnen ist diese Arbeit gewidmet.

Bayreuth, im Januar 2002 Ingo M. Schmidt

Summary

At the beginning of the 21st century, the shift to information and knowledge-based society is at full speed. The growing importance of intangibles is one of the major trends and challenges that businesses face today. By the same token, accounting systems need to adapt to further achieve their objectives and give a true and fair view of the state of affairs of a business.

Among all intangibles, goodwill has long been a controversial issue in accounting theory and practice. Despite more than hundred years of debate, a generally accepted accounting treatment has not been found yet. The problem of goodwill accounting came once more to the minds of standard setters, academics and practitioners when the recent acquisition of Mannesmann by Vodafone AirTouch gave rise to the giant figure of £ 83 bn of goodwill. In view of such magnitude one needs to consider whether it is (still) justified that goodwill is capitalised only if it is purchased and how it should be treated in the accounts.

This paper aims to contribute to the current debate on accounting for goodwill. It traces the term goodwill back to its historical roots and understands its nature as a conglomerate of unidentifiable intangible factors, such as reputation, know-how and labour relations, that can neither be sold nor valued independently of the business as a whole. These factors will fluctuate over time so that goodwill is a dynamic concept. After these basic considerations, the accounting treatment of goodwill is explored in three accounting systems, namely German GAAP, UK GAAP and International Accounting Standards. In each of them, the history of goodwill accounting is examined and the present treatments in the individual and group accounts are analysed in detail. A comparison and contrast then reveals and assesses the main similarities and differences of the three accounting systems. The result that none of them is able to show the 'true' value of goodwill if it is rising leads to an own recommendation for a reform of goodwill accounting in Germany. The traditionally distinct treatment of internally generated and purchased goodwill is abandoned and a 'capitalisation and impairment-only approach' is suggested. As goodwill can only be valued as a residual, periodic valuations of the business as a whole and its net assets are proposed. Within the scope of this, total goodwill should be measured and recognised in the balance sheet. The counter entry, however, should be non-distributable reserves in order to prevent dividends and taxes from being paid out of unrealised gains. As far as negative goodwill is concerned, it is viewed as a mirror image of positive goodwill and treated accordingly.

Inhaltsübersicht

Inhaltsverzeichnis

Abbildungsverzeichnis

Abbildungen im Anhang:

Tabellenverzeichnis

Abkürzungsverzeichnis

ABR	Accounting and Business Research
Accountant	The Accountant
AfA	Absetzung für Abnutzung
AG	Aktiengesellschaft
AktG	Aktiengesetz
Anmerk. d. Verf.	Anmerkung des Verfassers
APB	Accounting Principles Board
AR	The Accounting Review
Arbeitskreis	Arbeitskreis „Immaterielle Werte im Rechnungswesen" der Schmalenbach-Gesellschaft für Betriebswirtschaft e.V.
ASB	Accounting Standards Board
ASC	Accounting Standards Committee
B. T. R.	British Tax Review
BAR	British Accounting Review
BB	Betriebs-Berater
BFH	Bundesfinanzhof
BFuP	Betriebswirtschaftliche Forschung und Praxis
BGBl.	Bundesgesetzblatt
BiRiLiG	Bilanzrichtlinien-Gesetz
BMF	Bundesminister der Finanzen
bn	billion, Milliarde
bspw.	beispielsweise
BStBl.	Bundessteuerblatt
BT-Drucksache	Bundestags-Drucksache
$C_0^{i_s}$	Kapitalwert zum Zinssatz i_s
CA	Companies Act
CCAB	Consultative Committee of Accountancy Bodies
CFO	Chief Financial Officer
Co.	Company
Corp.	Corporation
D	Deutschland
DB	Der Betrieb
DBW	Die Betriebswirtschaft

Diss.	Dissertation
DM	Deutsche Mark
DRS	Deutscher Rechnungslegungs Standard(s)
DRSC	Deutsches Rechnungslegungs Standards Committee e. V.
DSR	Deutscher Standardisierungsrat
DStR	Deutsches Steuerrecht
DTI	Department of Trade and Industry
Economist	The Economist
EFG	Sammlung der Entscheidungen der Finanzgerichte
ED	Exposure Draft
EK	Eigenkapital
EStÄndG	Gesetz zur Änderung des Einkommensteuergesetzes
EStG	Einkommensteuergesetz
EUR	Euro
FA	Finance Act
FAS	Financial Accounting Series
FAZ	Frankfurter Allgemeine Zeitung
FRC	Financial Reporting Council
FRRP	Financial Reporting Review Panel
FRS	Financial Reporting Standard(s)
FT	Financial Times
FuE	Forschung und Entwicklung
GB	Großbritannien
GBP	Pfund Sterling
GE	Geldeinheiten
Gegenw.	Gegenwärtig
Gepl.	Geplant
GmbHG	Gesetz betreffend die Gesellschaften mit beschränkter Haftung
GW	Goodwill
HBR	Harvard Business Review
Herv. durch Verf.	Hervorhebung durch Verfasser
HGB	Handelsgesetzbuch
HWR	Handwörterbuch des Rechnungswesens
i	Kapitalmarktzinssatz

i_s	Kapitalmarktzinssatz nach Steuern
ICTA	Income and Corporation Tax Act
i. d. R.	in der Regel
i. e. S.	im engeren Sinne
i. V. m.	in Verbindung mit
IAS	International Accounting Standard(s)
IASB	International Accounting Standards Board
IASC	International Accounting Standards Committee
ICAEW	Institute of Chartered Accountants in England and Wales
IJoA	The International Journal of Accounting
Inc.	Incorporated
insbes.	insbesondere
IOSCO	Internationale Vereinigung der Börsenaufsichtsbehörden
ITR	International Tax Review
JoA	Journal of Accountancy
JoAR	Journal of Accounting Research
JoIAAT	Journal of International Accounting, Auditing & Taxation
JoIFMA	Journal of International Financial Management and Accounting
JoM	Journal of Management
JÜ/JF	Jahresüberschuß/-fehlbetrag
JW	Juristische Wochenschrift
KStG	Körperschaftsteuergesetz
Ltd	Private limited company
LZ	Leipziger Zeitschrift für Deutsches Recht
M&A	Mergers and Acquisitions
m. w. N.	mit weiteren Nachweisen
MU	Mutterunternehmen
n	Nutzungsdauer
No.	Number
n. St.	nach Steuern
NBRL	Neubewertungsrücklage
NZG	Neue Zeitschrift für Gesellschaftsrecht
o. V.	ohne Verfasser

OECD	Organisation für wirtschaftliche Zusammenarbeit und Entwicklung
Par.	Paragraph(en)
Plc	Public limited company
Preuß. OVG	Preußisches Oberverwaltungsgericht
PwC	PricewaterhouseCoopers
q_s	Diskontierungsfaktor zum Zinssatz i_s
RFH	Reichsfinanzhof
RFHE	Sammlung der Entscheidungen und Gutachten des Reichsfinanzhofs
RG	Reichsgericht
RGBl.	Reichsgesetzblatt
RIW	Recht der internationalen Wirtschaft
Rn.	Randnummer
RStBl.	Reichssteuerblatt
s	Steuersatz
Sch.	Schedule
sec.	section
SIC	Standing Interpretations Committee
SMJ	Strategic Management Journal
Sp.	Spalte
SSAP	Statement(s) of Standard Accounting Practice
ST	Der Schweizer Treuhänder
StSenkG	Gesetz zur Senkung der Steuersätze und zur Reform der Unternehmensbesteuerung (Steuersenkungsgesetz)
StuW	Steuer und Wirtschaft
StZ	Steuerzahlungsreihe
SW	Substanzwert
t	Zeitpunkt des Unternehmensabgangs
$t_0, t_1, \ldots$	Abschlußstichtag 0, 1, ...
Tab.	Tabelle
TU	Tochterunternehmen
Tz.	Textziffer
U_1, U_2, U_3	Unternehmen 1, 2, 3

UITF	Urgent Issues Task Force
UK	Vereinigtes Königreich von Großbritannien und Nordirland
UK-GAAP	United Kingdom Generally Accepted Accounting Principles and Practice
Univ.	Universität
urspr.	ursprünglich
US-GAAP	United States Generally Accepted Accounting Principles
UW	Unternehmenswert
V	Vermögen
v.	von, vom
v. St.	vor Steuern
vgl.	Vergleiche
Vol.	Volume
Welt	Die Welt
Weltwirtschaft	Die Weltwirtschaft
W_{GW}	Wert des Goodwills
WPg	Die Wirtschaftsprüfung
WSJE	The Wallstreet Journal Europe
ZfB	Zeitschrift für Betriebswirtschaft
ZfbF	Schmalenbachs Zeitschrift für betriebswirtschaftliche Forschung
ZIP	Zeitschrift für Wirtschaftsrecht
zugl.	zugleich

Einleitung

> "Accountants, writers on accounting, economists, engineers, and the courts, have all tried their hands at defining goodwill, at discussing its nature, and at proposing means of valuing it. The most striking characteristic of this immense amount of writing is the number and variety of disagreements reached."[1]

I. Problemstellung

Zu Beginn des 21. Jahrhunderts stehen Unternehmen vor großen Herausforderungen. Eine davon ist der fortdauernde Wandel zur Informations- und Wissensgesellschaft, in der immaterielle Werte mehr und mehr in den Mittelpunkt des wirtschaftlichen Geschehens rücken.[2] Diesem Wandel dürfen sich auch die Systeme der Rechnungslegung nicht verschließen, wenn sie ihrem Ziel, ökonomische Realitäten abzubilden, gerecht werden wollen. Insbesondere gilt es, Entscheidungsträger in und außerhalb von Unternehmen vor wirtschaftlichen Fehlentscheidungen zu bewahren, die aus einer Vernachlässigung immaterieller Werte resultieren könnten.

Im Rahmen der Rechnungslegung immaterieller Werte kommt dem Goodwill, auch Geschäfts- oder Firmenwert genannt, traditionell besondere Bedeutung zu. Obwohl bereits seit dem 16. Jahrhundert bekannt, stellt der Goodwill in Theorie und Praxis noch immer einen gewichtigen bilanziellen Problembereich dar. Dies gilt vor allem, da der Goodwill als Konglomerat einer Vielzahl von immateriellen Faktoren nicht nur besonders abstrakt, sondern zudem in hohem Maße unsicher ist. Als Konsequenz steht seine bilanzielle Behandlung seit Ende des 19. Jahrhunderts mit wechselnder Intensität kontinuierlich zur Diskussion.[3]

In jüngerer Zeit gelangt der Goodwill durch Großakquisitionen im Rahmen der globalen Fusions- und Übernahmeaktivitäten von Unternehmen wieder verstärkt ins Blickfeld. Einen vorläufigen ‚Rekord' erzielte dabei die Übernahme von

---

1 Canning, J. B., Economics of Accountancy (1929), S. 38 zitiert nach Gynther, R. S., Conceptualizing (AR 1969), S. 247.

2 SMITH/PARR sprechen daher vom „Intellectual Property Age". Smith, G. V./Parr, R. L., Valuation of Intellectual Property (2000), S. 2.

3 HUGHES schätzt, daß im Zeitraum von 1884 bis 1980 nahezu 1.000 Bücher und Aufsätze zur Bilanzierung des Goodwills geschrieben wurden. Vgl. Hughes, H. P., Goodwill in Accounting (1982), S. 1. Dem Verfasser erscheint es nicht kühn zu behaupten, daß diese Zahl heute noch bedeutend höher sein wird.

Mannesmann durch Vodafone AirTouch im Jahr 2000 mit einem Goodwill in Höhe von rund 272 Mrd. DM.[4]

Angesichts dieses Trends einer steigenden Bedeutung immaterieller Werte stellen sich im Rahmen der Rechnungslegung u. a. folgende Grundfragen:

(1) Inwieweit ist die traditionell getroffene Unterscheidung zwischen entgeltlich erworbenen (derivativen) und selbsterstellten (originären) immateriellen Vermögenswerten sowie eine daraus abgeleitete divergente bilanzielle Behandlung ökonomisch gerechtfertigt?

(2) Wie sollte die erstmalige Erfassung und fortlaufende Abbildung von immateriellen Werten in der externen Rechnungslegung unter ökonomischen Gesichtspunkten ausgestaltet sein?

Zur Untersuchung dieser Fragen wird zunächst eine Hypothese aufgestellt, die im Verlauf der Arbeit aus konzeptionell-theoretischer Sicht überprüft wird:

Immaterielle Vermögenswerte, und dabei insbesondere der Goodwill, werden in der externen Rechnungslegung weder national noch international entsprechend ihres Beitrags zum Unternehmenswert erfaßt. Mit zunehmendem Wertbeitrag des immateriellen Vermögens verfehlt die Rechnungslegung jedoch mehr und mehr das Ziel, ein den tatsächlichen Verhältnissen entsprechendes Bild der Vermögens-, Finanz- und Ertragslage zu vermitteln und die Bilanzadressaten so mit nützlichen Informationen für ihre wirtschaftlichen Entscheidungen zu versorgen.[5] Zum anderen wird die periodengerechte Erfolgsermittlung beeinträchtigt, wenn immaterielle Werte aufgrund von Rechnungslegungskonventionen nicht in denjenigen Perioden als Aufwand verrechnet werden, in denen die mit ihnen verbundenen Erträge realisiert werden.[6] Sofern der Jahresabschluß auch weiterhin als wichtige Grundlage für wirtschaftliche Entscheidungen dient, besteht damit die Gefahr, daß Investoren zu Fehlallokationen ihres Kapitals verleitet werden oder sich Manager zu kurzfristig orientiertem Handeln ermutigt sehen.[7]

---

4 Vgl. ausführlich S. 11 dieser Arbeit.

5 Vgl. auch Haller, A., Immaterielle Vermögenswerte, in: Möller, H. P./Schmidt, F. (Hrsg.), Festschrift Coenenberg (1998), S. 564.

6 Vgl. Lev, B./Zarowin, P., Boundaries of Financial Statements (JoAR 1999), S. 366.

7 So auch Høegh-Krohn, N. E. J./Knivsflå, K. H., Intangible Assets (IJoA 2000), S. 243.

II. Zielsetzung und Aufbau der Arbeit

Die vorliegende Arbeit verfolgt das Ziel, in einem internationalen Vergleich Gemeinsamkeiten und Unterschiede der Bilanzierung des Goodwills zu erarbeiten, um darauf aufbauend einen Reformvorschlag für die deutsche Rechnungslegung zu unterbreiten. Dabei sind insbesondere die verschiedenen Arten des Goodwills daraufhin zu untersuchen, ob ihnen ein unterschiedlicher ökonomischer Gehalt zugrunde liegt, der eine abweichende bilanzielle Abbildung rechtfertigen könnte. Ferner ist zu prüfen, ob eine Disaggregation der Restgröße Goodwill in einzelne Faktoren vorgenommen werden kann und gegebenenfalls sollte. Ebenfalls klärungsbedürftig erscheint die Existenz eines negativen Goodwills, welcher im wissenschaftlichen Diskurs zum Teil gänzlich in Frage gestellt wird.

Das Thema wird in einem siebenstufigen Aufbau nach folgender Disposition behandelt: Nach diesen einleitenden Bemerkungen werden im ersten Teil Ausgangsüberlegungen im Hinblick auf die weitere Untersuchung angestellt. Es erfolgt eine knappe Darstellung der relevanten wirtschaftlichen Rahmenbedingungen von Unternehmen, bevor das Problemfeld der Goodwill-Bilanzierung aufgezeigt und theoretische Grundlagen gelegt werden. Der zweite Teil untersucht die historische Entwicklung sowie den gegenwärtigen Stand der Bilanzierung des Goodwills im deutschen Bilanzrecht. Dabei wird neben dem Einzelabschluß nach Handels- und Steuerrecht auch der Konzernabschluß analysiert. Dem gleichen Schema folgend, widmet sich der dritte Teil der Goodwill-Bilanzierung in Großbritannien, wobei ein Überblick über die britische Rechnungslegung vorangestellt wird. Im vierten Teil der Arbeit wird der Problembereich anhand der International Accounting Standards betrachtet. Die deutschen, britischen und internationalen Regeln werden im fünften Teil zunächst auf Basis eines Referenzrahmens gegenübergestellt und beurteilt. Darauf aufbauend werden Ansätze zur Reform der Bilanzierung des Goodwills in Deutschland entwickelt. Die Arbeit schließt mit einem Fazit und Ausblick.

Erster Teil: Ausgangsüberlegungen

Der erste Teil dieser Arbeit befaßt sich zunächst mit der Zunahme von Fusionen und Übernahmen und der steigenden Bedeutung immaterieller Werte als wirtschaftliche Rahmenbedingungen von Unternehmen, die für die weitere Untersuchung als besonders relevant erscheinen. Im Anschluß erfolgt ein Überblick über das bilanzielle Problemfeld der immateriellen Vermögenswerte, in deren Spektrum der Goodwill eingeordnet wird. Abschließend werden die wesentlichen Grundlagen zum begrifflichen und inhaltlichen Verständnis des Goodwills dargelegt.

I. Wirtschaftliche Rahmenbedingungen von Unternehmen

A. Zunahme von Fusionen und Übernahmen

Mit der Globalisierung der Märkte[8] und einer stärkeren Verbreitung des Shareholder Value-Konzepts[9] als Unternehmensziel ging in den letzten Jahren eine Intensivierung der Fusions- und Übernahmeaktivitäten (Mergers & Acquisitions, M&A)[10] einher. So fanden allein im Jahr 2000 weltweit ca. 36.686 Transaktionen mit einem Rekordvolumen von 3,48 Billionen US-Dollar statt.[11] In den USA als

---

8 Die Globalisierung der Märkte ist grundsätzlich kein neuer Trend, erfährt jedoch seit Mitte der 1980er Jahre eine Renaissance, für die neben Innovationen auf den Gebieten der Kommunikations- und Transporttechnik vor allem veränderte politisch-institutionelle Rahmenbedingungen (weltweite Liberalisierung und Deregulierung der Güter- und Faktormärkte, Privatisierungen) als Ursachen genannt werden. Vertiefend zur Globalisierung der Finanzmärkte vgl. Smith, R. C., World Financial Integration, in: Choi, F. D. S. (Hrsg.), International Accounting (1997), Chapter 1. Da Unternehmenszusammenschlüsse auf nationaler Ebene häufig eine Folge des globalen Wettbewerbs sind und umgekehrt grenzüberschreitende Fusionen und Übernahmen eine weitere Globalisierung fördern, müssen beide Phänomene als interdependent angesehen werden.

9 Zur Verbreitung der Shareholder Value-Zielsetzung in Deutschland vgl. Pellens, B./ Tomaszewski, C./Weber, N., Wertorientierte Unternehmensführung (DB 2000), S. 1825 ff.; zur allgemeinen Entwicklung in den OECD-Staaten vgl. Thompson, J. K., Shareholder Value in OECD Countries (Financial Market Trends 1998), S. 20 ff. Grundlegend zum Shareholder Value vgl. Rappaport, A., Shareholder Value (1998).

10 In der englischsprachigen Literatur wird vereinzelt auch der Ausdruck *acquisitions* als Oberbegriff für Fusionen und Übernahmen verwendet. Vgl. z. B. Damodaran, A., Corporate finance, http://www.stern.nyu.edu/.../acquisitions.pdf (11.07.2001), S. 2 f.

11 Die Angaben basieren auf vorläufigen Zahlen des Finanzdienstleisters Thomson Financial Securities Data. Vgl. Deogun, N./Scannell, K., Value of Mergers (WSJE v. 02.01.2001).

dem traditionell größten M&A-Markt kann seit Mitte der 1990er Jahre eine neue (fünfte) Fusions- und Übernahmewelle beobachtet werden, wie die nachfolgende Abbildung verdeutlicht:[12]

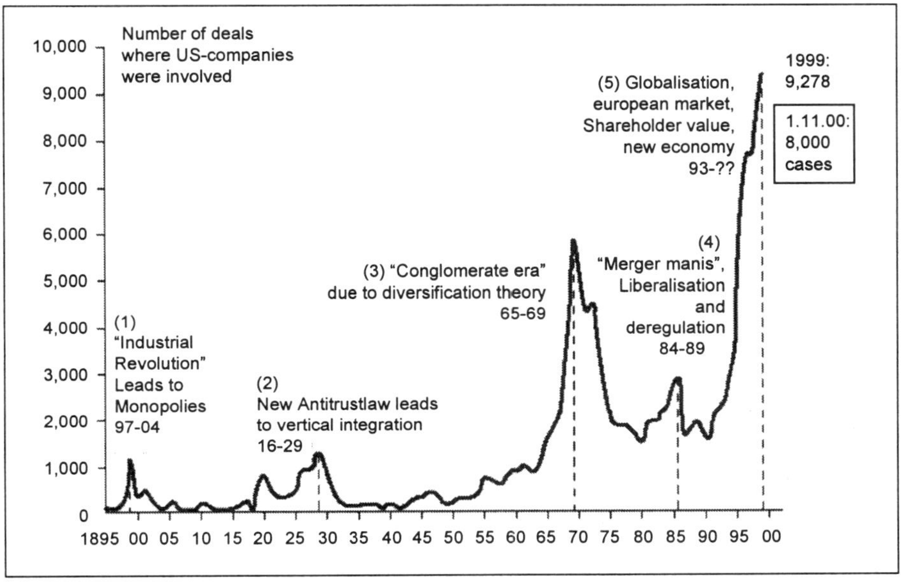

Abb. 1: Fusions- und Übernahmewellen in den USA[13]

Diese jüngste Fusions- und Übernahmewelle ist in Anlehnung an JANSEN/ MÜLLER-STEWENS durch folgende Merkmale gekennzeichnet:[14]

- Es finden zunehmend grenzüberschreitende Transaktionen statt. Bekannte Beispiele mit deutscher Beteiligung sind die Übernahme der Voicestream Wireless Corp. durch die Deutsche Telekom AG und die Fusion der Daimler-Benz AG mit der Chrysler Corp.

---

12 Zu den Fusions- und Übernahmewellen in den USA vgl. auch Kleinert, J./Klodt, H., Megafusionen (2000), S. 17 ff.

13 Quelle: Müller-Stewens, G., Catching the right wave (European Business Forum 2000), S. 6.

14 Vgl. Jansen, S. A./Müller-Stewens, G., Fusionen und Beteiligungen (FAZ v. 04.10.2000), S. 49.

- Das Volumen der Transaktionen ist in den letzten Jahren erheblich gestiegen; daher ist häufig die Rede von sogenannten Größt- oder „Megafusionen“[15]. Als Konsequenz erfolgt die Finanzierung vorwiegend im Wege des Aktientauschs.

- Feindliche Übernahmen (*hostile takeovers*), bei denen sich der Erwerber mit einem Kaufangebot direkt an die Anteilseigner des Zielunternehmens wendet, ohne die Zustimmung von dessen Management zu ersuchen, haben an Bedeutung gewonnen. Dies zeigen z. B. die Übernahmen der Warner-Lambert Co. durch Pfizer Inc. sowie Media One Group Inc. durch die AT&T Corp. in den USA.[16] Auch in Deutschland sind seit der erfolgreichen Akquisition der Mannesmann AG durch die britische Vodafone AirTouch Plc feindliche Übernahmen akzeptanzfähiger geworden.[17]

- Während sich in den vorangegangenen Wellen vorwiegend Unternehmen klassischer Industriezweige zusammenschlossen, liegt der Schwerpunkt nunmehr auf Unternehmen der sogenannten ‚New Economy‘, zu der insbesondere Telekommunikations-, Medien-, Software- und Internetfirmen zählen.

In Deutschland läßt sich, gemessen am Transaktionsvolumen, seit 1996 eine ähnliche Intensivierung der M&A-Aktivitäten feststellen:

---

15 Kleinert, J., Megafusionen (Weltwirtschaft 2000), S. 171 ff.; Möschel, W., Megafusionen (ifo Schnelldienst 2000), S. 5 f.; Weizsäcker, C. C. v., Fusionen (FAZ v. 24.04.1999), S. 15. Die bisher ‚größte Übernahme aller Zeiten‘ war der Erwerb der Mannesmann AG durch die Vodafone AirTouch Plc für knapp 200 Mrd. Dollar bzw. rund 400 Mrd. DM. Vgl. o. V., Vodafone (Welt v. 04.02.2000).

16 Vgl. Dries, F., Feindliche Offerten in Amerika (FAZ v. 19.11.1999), S. 24.

17 Das ursprünglich feindliche Übernahmeangebot von Vodafone AirTouch wurde letzten Endes unter dem Druck des Kapitalmarkts von Mannesmanns Vorstand akzeptiert. Die Financial Times wertete dies als Meilenstein hin zu einem „wahren grenzüberschreitenden Markt für Unternehmensübernahmen in Europa“. Atkins, R./Waters, R., Mannesmann (FT v. 04.02.2000), S. 26; eigene Übersetzung. Vgl. auch Plender, J., Whirlwinds of change (FT v. 04.02.2000), S. 18; o. V., Europe’s new capitalism (Economist v. 12.02.2000), S. 97.

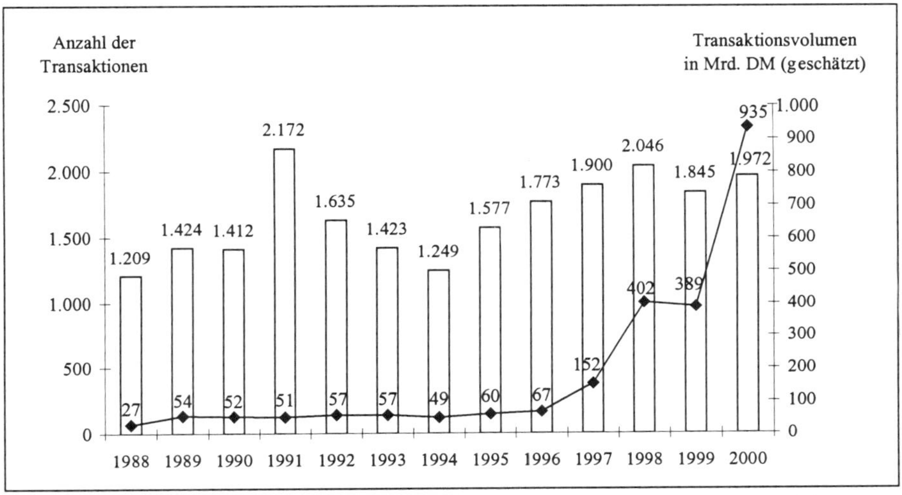

Abb. 2: Unternehmenszusammenschlüsse mit deutscher Beteiligung[18]

Im Jahr 2000 erzielten die Fusionen und Übernahmen mit deutscher Beteiligung das bisher höchste Volumen von 935 Mrd. DM bei einer Anzahl von 1.972 Transaktionen. Nach einem leichten Rückgang im laufenden Jahr erwarten Experten ab 2002 einen deutlichen Anstieg der M&A-Transaktionen in Deutschland infolge der körperschaftsteuerlichen Freistellung[19] von Veräußerungsgewinnen aus Anteilen an Kapitalgesellschaften.[20]

Neben steuerlichen Anreizen, die auch für den Erwerber bestehen können,[21] existieren zahlreiche weitere Motive für Unternehmenszusammenschlüsse, die im

---

18 Quelle: M&A International GmbH, Statistik, http://www.m-a-international.de/Statistik.xls (12.02.2001).

19 Vgl. § 8 b Abs. 2 KStG, eingeführt durch das StSenkG 2000.

20 Vgl. M&A International GmbH, Pressemitteilung, http://www.m-a-international.de/Aktuelle_Pressemitteilung.rtf (12.02.2001). Internationale Kapitalmarktteilnehmer erhoffen sich als Konsequenz der Steuerfreistellung vor allem eine Auflösung des deutschen Systems von Überkreuzbeteiligungen und ein Ende ineffizienter Konglomeratstrukturen. Vgl. Major, T., Corporate Germany (FT v. 04.02.2000), S. 29. Indirekt wird hiermit vor allem Kritik an dem sog. ‚Lock-in-Effekt' der Besteuerung geübt, nach dem die zinslos gestundete Steuerlast auf die stillen Reserven in der Beteiligung tendenziell zu einer Verschiebung des Veräußerungszeitpunkts führt.

21 Zu denken ist bspw. an den Erwerb oder die Nutzung eigener Verlustvorträge. Ein Unternehmenszusammenschluß, der ausschließlich auf steuerlichen Motiven basiert und keine ökonomische Untermauerung besitzt, ist jedoch kritisch zu hinterfragen.

Einzelfall ausschlaggebend sein können. Als strategische Gründe werden regelmäßig Größenvorteile (*economies of scale*) und Verbundvorteile (Synergien, *economies of scope*) angeführt.[22] Darüber hinaus spielt der Erwerb von komplementären Ressourcen, z. B. von neuen Produkten, Technologien, Vertriebswegen sowie Managementfähigkeiten, Marken oder technischem Know-how, für Unternehmen bei Zusammenschlüssen eine zunehmend wichtige Rolle, um das eigene Ressourcenportfolio zu ergänzen und damit die Wettbewerbsfähigkeit des Unternehmens zu erhöhen.[23] Dabei treten immaterielle Werte, denen die letztgenannten Ressourcen zugeordnet werden, in jüngerer Zeit häufiger als Beweggründe für Fusionen und Übernahmen auf,[24] was auf deren steigende Bedeutung hinweist.

B. Steigende Bedeutung immaterieller Werte

Während das Vermögen von Unternehmen in der Industriegesellschaft zu wesentlichen Teilen durch materielle Werte geprägt war, haben sich die Wertverhältnisse mit dem Wandel zur Dienstleistungs- und Wissensgesellschaft zugunsten von immateriellen Vermögenswerten[25] verschoben, die nunmehr als die „zentralen Determinanten des Unternehmenserfolgs“[26] angesehen werden.[27] Dies gilt zum einen für viele klassische Industriezweige, deren Wertschöpfungsketten einen stetig wach-

---

22 Vgl. z. B. Weizsäcker, C. C. v., Fusionen (FAZ v. 24.04.1999), S. 15. Demgegenüber werden das Streben nach Marktmacht, die Flucht aus einer gefährdeten Marktposition, Eigeninteressen des Managements, Nachahmungseffekte, Managementphilosophien etc. kaum offen genannt, dürften indes als verdeckte Motive in der M&A-Praxis nicht selten anzutreffen sein. Zu den Motiven für Unternehmenszusammenschlüsse vgl. auch Brealey, R. A./Myers, S. C., Corporate Finance (2000), S. 941 ff.; Damodaran, A., Corporate finance, http://www.stern.nyu.edu/.../acquisitions.pdf (11.07.2001), S. 8 ff.; Möschel, W., Megafusionen (ifo Schnelldienst 2000), S. 5 f.

23 Grundlegend zum Managementkonzept des ‚Resource-based view‘ vgl. Wernerfelt, B., Resource-based View (SMJ 1984), S. 171 ff.; Barney, J., Firm Resources (JoM 1991), S. 99 ff.; Rasche, C., Kernkompetenzen (1994).

24 Vgl. PricewaterhouseCoopers, Mergers and Acquisitions (2000), S. 3 u. 8; Kleinert, J./Klodt, H., Megafusionen (2000), S. 45.

25 Der Begriff ‚immaterielle Vermögenswerte‘ umfaßt in dieser Arbeit das gesamte nichtphysische Vermögen eines Unternehmens. Vgl. hierzu ausführlich S. 13 ff.

26 Haller, A., Immaterielle Vermögenswerte, in: Möller, H. P./Schmidt, F. (Hrsg.), Festschrift Coenenberg (1998), S. 562.

27 So auch KPMG: „Today, the majority of a company’s organisational value may be in the form of intangible assets and intellectual property (IP), which now constitute ‚the primary product of the Information Age.‘“ KPMG, Intellectual Property (2000), S. 2. Ähnlich auch Myers, R., Intangibles (CFO 1996), S. 49.

senden Informationsgehalt verzeichnen.[28] Zum anderen haben sich ‚neue' Branchen gebildet, in denen aufgrund ihrer Eigenart wenig materielles Vermögen vorhanden ist (z. B. Beratungs-, Software-, E-Commerce-, Finanzdienstleistungsunternehmen etc.). Beiden Gruppen gemeinsam ist, daß der Anteil des immateriellen Vermögens am Unternehmenswert stark zugenommen hat. So entfielen einer Studie von PRICEWATERHOUSECOOPERS zufolge im Jahr 1997 mehr als 80% (!) des Börsenwerts der 500 größten Unternehmen der Welt auf immaterielle Vermögenswerte. Als wesentlicher Wertbestandteil wurde dabei der Markenwert identifiziert.[29] Eine weitere Schätzung geht von einem Verhältnis des immateriellen Vermögens zum Gesamtwert eines Unternehmens von 50-90% aus.[30] Für deutsche Großunternehmen wird diese Tendenz in einer Industriestudie zur Markenbewertung bestätigt: Den Schätzungen der befragten Unternehmen zufolge betrug der Anteil (allein) des Markenwerts am Unternehmenswert durchschnittlich 56%, bei einigen Unternehmen sogar mehr als 90%.[31]

Als Indikator für die Entwicklung des immateriellen Vermögens wird zunehmend auch das sogenannte Tobinsche q (*Tobin's q*)[32] herangezogen, das in einfacher Form als das Verhältnis der Marktkapitalisierung zu den Wiederbeschaffungskosten des Netto-Vermögens (*corporate net worth*)[33] eines Unternehmens bzw. einer Gruppe von Unternehmen definiert ist.[34] Während unbestritten sein dürfte,

---

28 Vgl. Porter, M. E./Millar, V. E., Information (HBR 1985), S. 151 ff.

29 Vgl. Sattler, H./PwC Deutsche Revision (Hrsg.), Markenbewertung (1999), S. 7.

30 Vgl. Dzinkowski, R., Intellectual Capital (Research Paper 1998), S. 2.

31 Vgl. Sattler, H./PwC Deutsche Revision (Hrsg.), Markenbewertung (1999), S. 11 f. Die Stichprobe setzte sich aus den 100 umsatzstärksten deutschen Unternehmen sowie den Mitgliedsunternehmen des Deutschen Markenverbands zusammen.

32 Die Größe q wurde 1969 von JAMES TOBIN als Maß für den relativen Abstand zweier Bewertungen ein- und desselben Vermögensobjekts, nämlich des Unternehmenswerts, entwickelt. Tobin postulierte, daß der Wert von q eins betragen müsse, andernfalls bestünden Arbitragemöglichkeiten.

33 Da die Wiederbeschaffungskosten des immateriellen Vermögens schwieriger zu messen sind, findet im Nenner gewöhnlich nur das materielle und finanzielle Netto-Vermögen – somit nicht der Substanzwert – Berücksichtigung. Vgl. Bond, S. R./ Cummins, J. G., Stock Market and Investment (Research Paper 2000), S. 4; Philips & Drew (Hrsg.), Value of Q (Research Paper 1999), S. 4 f.; Smithers, A./Wright, S., Valuing Wall Street (2000), S. 11 i. V. m. Smithers, A./Wright, S., Virtual Appendix, http://www.valuingwallstreet.com/VApp.pdf (11.07.2001), S. 2. Diese Vereinfachung ist jedoch dahingehend problematisch, daß immaterielle Werte in aller Regel vom Kapitalmarkt berücksichtigt werden, Zähler und Nenner damit aber nicht mehr ein- und dasselbe Vermögensobjekt messen. Vgl. zur Kritik Philips & Drew (Hrsg.), Value of Q (Research Paper 1999), S. 7; o. V., Letter of credit (Economist v. 24.06.2000), S. 130.

34 Vgl. Dzinkowski, R., Intellectual Capital (Research Paper 1998), S. 16.

daß sich das Wachstum des immateriellen Vermögens in steigenden Werten von q niederschlägt,[35] besteht Uneinigkeit über den Grad dieses Effekts. Verfechter der Hypothese eines weitgehend effizienten Kapitalmarkts führen einen Großteil des Anstiegs auf immaterielle Werte zurück;[36] die Gegner hingegen gehen regelmäßig von Überbewertungen im Markt (*speculative bubbles, noisy share prices*) aus.[37] Abb. 3 zeigt die Entwicklung des Tobinschen q im Zeitablauf, wobei vor allem der rapide Anstieg seit Beginn der 1980er Jahre auffällt.

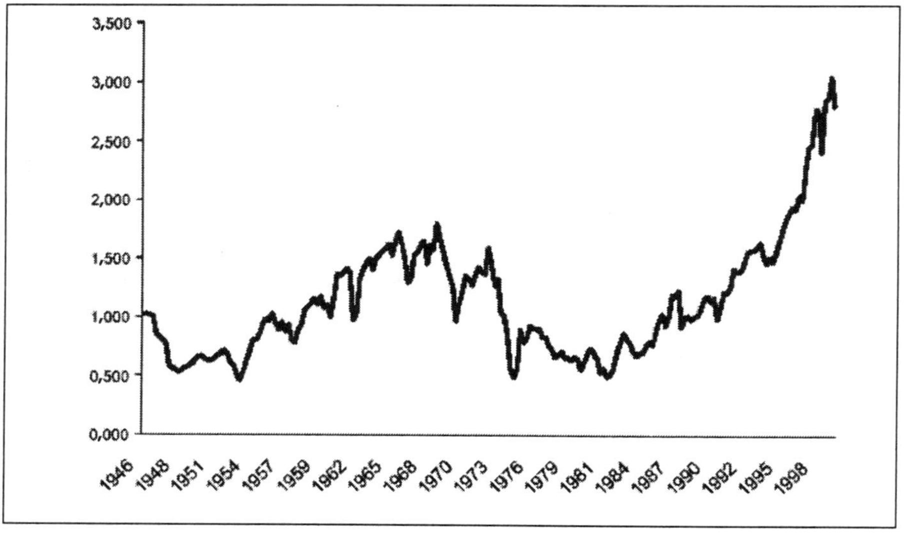

Abb. 3: Tobinsches q im Zeitablauf[38]

---

35 Dies folgt bereits aus der Definition von q, bei der i. d. R. das immaterielle Vermögen im Nenner ausgeklammert wird.

36 Vgl. z. B. Hall, R. E., Stock Market (Research Paper 2001), S. 4 f. u. 32 ff.; Dzinkowski, R., Intellectual Capital (Research Paper 1998), S. 16.

37 Vgl. Smithers, A./Wright, S., Valuing Wall Street (2000), S. 315 ff., die einen Effekt der immateriellen Werte nahezu gänzlich ausschließen. BOND/CUMMINS billigen den immateriellen Werten zwar einen gewissen Einfluß zu, sehen in ihnen jedoch nicht die Erklärung für den „spektakulären Anstieg des Börsenwerts der Unternehmen". Bond, S. R./Cummins, J. G., Stock Market and Investment (Research Paper 2000), S. 43; eigene Übersetzung. Ähnlich Philips & Drew (Hrsg.), Value of Q (Research Paper 1999), S. 7.

38 Quelle: Hall, R. E., Stock Market (Research Paper 2001), S. 31. Die Daten beziehen sich auf US-Unternehmen des produzierenden Gewerbes. HALL verwendet eine leicht abweichende Definition von q, weist aber darauf hin, daß die Darstellung repräsentativ für zahlreiche frühere Berechnungen ist.

Das Wachstum der immateriellen Vermögenswerte zeigt sich auch anhand der oftmals erheblichen Beträge, die im Rahmen der jüngsten Fusions- und Übernahmewelle für den Goodwill[39] bezahlt wurden. So wäre beispielsweise beim Zusammenschluß von Daimler-Benz und Chrysler bei Anwendung der Erwerbsmethode[40] ein Goodwill in Höhe von ca. 54 Mrd. DM entstanden.[41] Bei der Übernahme von Mannesmann durch Vodafone AirTouch erreichte der Goodwill sogar die ‚Rekordsumme' von 83 Mrd. britischen Pfund[42] bzw. rund 271,5 Mrd. DM[43]!

Selbst wenn man die Validität einzelner Schätzungen anzweifeln kann, so wird insgesamt deutlich, um welche Größenordnung es beim immateriellen Vermögen heute geht.

II. Goodwill als Problemfeld der externen Rechnungslegung

A. Überblick

Während sich die gestiegene Bedeutung des immateriellen Vermögens in der Börsenbewertung der Unternehmen widerspiegelt, scheint die externe Rechnungslegung – sowohl national als auch international – dieser Entwicklung (bisher) kaum gefolgt zu sein. Zwar hat die Höhe des bilanzierten immateriellen Vermögens – und dabei insbesondere des Goodwills – im Zeitablauf ebenfalls zugelegt

---

39 Der Goodwill umfaßt die Gesamtheit der nicht abstrakt bilanzierungsfähigen immateriellen Vermögenswerte. Sein Wert ergibt sich rechnerisch als Differenz zwischen dem Unternehmens- und dem Substanzwert. Vgl. hierzu ausführlich S. 16 ff.

40 Vgl. zur Erwerbsmethode S. 51 ff.

41 Vgl. Rammert, S., Pooling of interests (DBW 1999), S. 628.

42 Vgl. Vodafone Group Plc, Annual Report & Accounts (2001), S. 48. Der Gesamtwert des immateriellen Vermögens in der Konzernbilanz des Unternehmens beträgt 108,8 Mrd. Pfund bzw. 338,2 Mrd. DM. Dies entspricht einem Anteil von 70,5% des Anlagevermögens, 1.028,1% des Sachanlagevermögens oder 63,3% des Gesamtkapitals. Vgl. Vodafone Group Plc, Annual Report & Accounts (2001), S. 26; eigene Berechnung. Zugrunde gelegt wurde der durchschnittliche Euro-Referenzkurs der Europäischen Zentralbank im Berichtsmonat (März 2001) in Höhe von 0,62915 GBP/EUR. Vgl. Deutsche Bundesbank, Zahlungsbilanzstatistik Juni (2001), S. 102.

43 Eigene Berechnung. Zugrunde gelegt wurde der durchschnittliche Euro-Referenzkurs der Europäischen Zentralbank im Akquisitionsmonat (April 2000) in Höhe von 0,59802 GBP/EUR. Vgl. Deutsche Bundesbank, Zahlungsbilanzstatistik Juni (2001), S. 102. Die Schätzung von PELLENS/SELLHORN, die von einem Goodwill in Höhe von 300 Mrd. DM sprechen, erscheint demgegenüber selbst bei Heranziehung eines anderen Wechselkurses überhöht. Vgl. Pellens, B./Sellhorn, T., Neue Goodwill-Bilanzierung (DB 2001), S. 713.

und nimmt in deutschen Konzernabschlüssen heute ein erhebliches Gewicht ein.[44] Gleichwohl entspricht der bilanzielle (Buch-)Wert nur einem Bruchteil des Marktwerts des immateriellen Vermögens. Dies wird üblicherweise aus der Marktkapitalisierung abgeleitet, die sich bei vielen Unternehmen vor allem der ‚New Economy' regelmäßig auf ein (hohes) Vielfaches des bilanziellen Eigenkapitals beläuft (sog. *market-to-book ratio*).[45] Für die wachsende Diskrepanz zwischen Markt- und Buchwert des Eigenkapitals – KÜTING spricht von einer „Werte- oder Bilanzlücke"[46] – wird zu großen Teilen die traditionell restriktive Abbildung vor allem selbsterstellter immaterieller Werte in der Rechnungslegung verantwortlich gemacht:[47]

> „The accountancy profession … has appeared somewhat reluctant to deal with the financial reporting issues raised by the growing importance of intangible assets in modern business, in particular the issues of whether internally-developed intangible assets such as brands should be included in a company's balance sheet."[48]

Im nächsten Abschnitt wird das Spektrum der immateriellen Vermögenswerte aufgezeigt und der Goodwill darin eingeordnet.

---

44 Vgl. Küting, K., Geschäfts- oder Firmenwert (AG 2000), S. 99. Für die 200 größten Unternehmen der Schweiz vgl. Herzog, A., Steigende Bedeutung (ST 1997), S. 812.

45 Vgl. Boulton, R. E. S./Libert, B. D./Samek, S. M., Cracking the Value Code (2000), S. 14 ff.; Küting, K., Unternehmensanalyse (FAZ v. 23.10.2000), S. 32. In jüngerer Zeit fanden zudem mehrere Akquisitionen statt, bei denen für Unternehmen, die ein negatives (!) bilanzielles Eigenkapital aufwiesen, hohe positive Beträge bezahlt wurden (z. B. die Übernahme von Orange durch Mannesmann). Vgl. Pellens, B./Fülbier, R. U., Immaterielle Vermögensgegenstände, in: Küting, K./Weber, C.-P. (Hrsg.), Wertorientierte Konzernführung (2000), S. 123.

46 Küting, K., Unternehmensanalyse (FAZ v. 23.10.2000), S. 32.

47 Vgl. Maul, K.-H./Menninger, J., Intellectual Property Statement (DB 2000), S. 529; Fülbier, R. U./Honold, D./Klar, A., Bilanzierung immaterieller Vermögenswerte (RIW 2000), S. 833 ff. am Beispiel von Biotechnologieunternehmen; Dzinkowski, R., Intellectual Capital (Research Paper 1998), S. 2 u. 15. Bei Unternehmen der ‚New Economy' leuchtet dies unmittelbar ein, da kaum materielles Vermögen vorhanden ist. Grundsätzlich erscheint jedoch eine vollständige Erklärung der Differenz kaum möglich. Für eine höhere Bewertung im Vergleich zum bilanziellen Eigenkapital kommen neben nicht bilanzierten immateriellen Werten weitere Faktoren, insbesondere stille Reserven in anderen Bilanzpositionen und Marktübertreibungen, in Frage.

48 Mullen, M., How to value intangibles (Accountancy 1993), S. 92 ff. (S. 1 f.). Bei Quellenangaben dieser Art handelt es sich um Aufsätze aus einer elektronischen Datenbank, die zwar im Volltext verfügbar sind, bei denen die exakte Seitenangabe der Originalpublikation jedoch nicht angegeben ist. In der obigen Zitierweise entspricht daher die erste Seitenangabe stets der Anfangsseite der Originalpublikation, während sich die in der Klammer angegebene Seite auf den Ausdruck aus der Datenbank bezieht.

B. Spektrum immaterieller Vermögenswerte

Immateriell bedeutet dem Wortsinn nach unstofflich oder unkörperlich. Sowohl im deutschen[49] als auch im angelsächsischen[50] Bilanzrecht werden *immaterielle Vermögenswerte* als Güter im Sinne von wirtschaftlichen Vorteilen verstanden, denen es in Abgrenzung zu materiellen Gütern an körperlicher Substanz mangelt und die im Vergleich zu finanziellen Gütern (wie Forderungen, Beteiligungen, Schulden etc.) nicht-monetär sind. Darüber hinaus sind immaterielle Vermögenswerte häufig durch eine höhere Unsicherheit in bezug auf ihre Existenz und/oder Höhe gekennzeichnet,[51] was bei ihrer Bilanzierung und Bewertung traditionell zu Schwierigkeiten geführt hat.[52] Nicht zuletzt deshalb gelten immaterielle Werte auch als „ewige Sorgenkinder des Bilanzrechts"[53].

Immaterielle Vermögenswerte lassen sich nach dem Grad ihrer Identifizierbarkeit, d. h. ihrer Verwertbarkeit und Bewertbarkeit,[54] wie folgt systematisieren:[55]

---

49 Vgl. Weber-Grellet, H., in: Schmidt, L. (Hrsg.), Einkommensteuergesetz (2001), § 5, Rn. 171; Keitz, I. v., Immaterielle Güter (1997), S. 5 f.; Budde, W. D./Förschle, G., Immaterielles Vermögen, in: Chmielewicz, K./Schweitzer, M. (Hrsg.), HWR (1993), Sp. 897 ff.

50 Vgl. ASB, FRS 10, Par. 2 (1997); IASC, IAS 38, Par. 2 (1998); FASB, Business Combinations (FAS 1999), Par. 34. Mit dem Begriff ‚angelsächsisch' wird im Bereich der Rechnungslegung vor allem auf die Länder USA, Großbritannien, Kanada, Australien, Neuseeland sowie auf das IASC abgestellt.

51 Nach MOXTER haben die meisten immateriellen Werte „die fatale Eigenschaft, sich bei eintretendem Konkurs zu verflüchtigen". Moxter, A., Aktivierungsgrenzen (BB 1978), S. 821. Dem muß allerdings entgegen gehalten werden, daß es sich im Liquidationsfall auch bei materiellen und finanziellen Vermögensgegenständen keinesfalls um ‚sichere' Werte handeln muß (man denke nur an uneinbringliche Forderungen oder unverkäufliche Spezialmaschinen). Darüber hinaus ist anzumerken, daß die Bilanz unter der Prämisse der Unternehmensfortführung und nicht unter Zerschlagungsgesichtspunkten aufgestellt wird (§ 252 Abs. 1 Nr. 2 HGB). Das Kriterium der ‚Unsicherheit' wird hier deshalb lediglich als häufig auftretendes Merkmal immaterieller Werte angesehen, nicht aber zu deren Abgrenzung herangezogen.

52 Vgl. Budde, W. D./Förschle, G., Immaterielles Vermögen, in: Chmielewicz, K./ Schweitzer, M. (Hrsg.), HWR (1993), Sp. 897; Hommel, M., Bilanzrechtskonzeptionen (ZfbF 1997), S. 346 f.

53 Moxter, A., Immaterielle Anlagewerte (1978), S. 1102.

54 Dies meint auch HOMMEL, wenn er von der Isolierbarkeit dem Grunde und der Höhe nach spricht. Vgl. Hommel, M., Bilanzrechtskonzeptionen (ZfbF 1997), S. 360 f.

55 Vgl. Haller, A., Immaterielle Vermögenswerte, in: Möller, H. P./Schmidt, F. (Hrsg.), Festschrift Coenenberg (1998), S. 566; Keitz, I. v., Immaterielle Güter (1997), S. 6 f.; Stapf, A., Immaterielle Anlagewerte (1968), S. 8-23, der weitere Untergliederungen

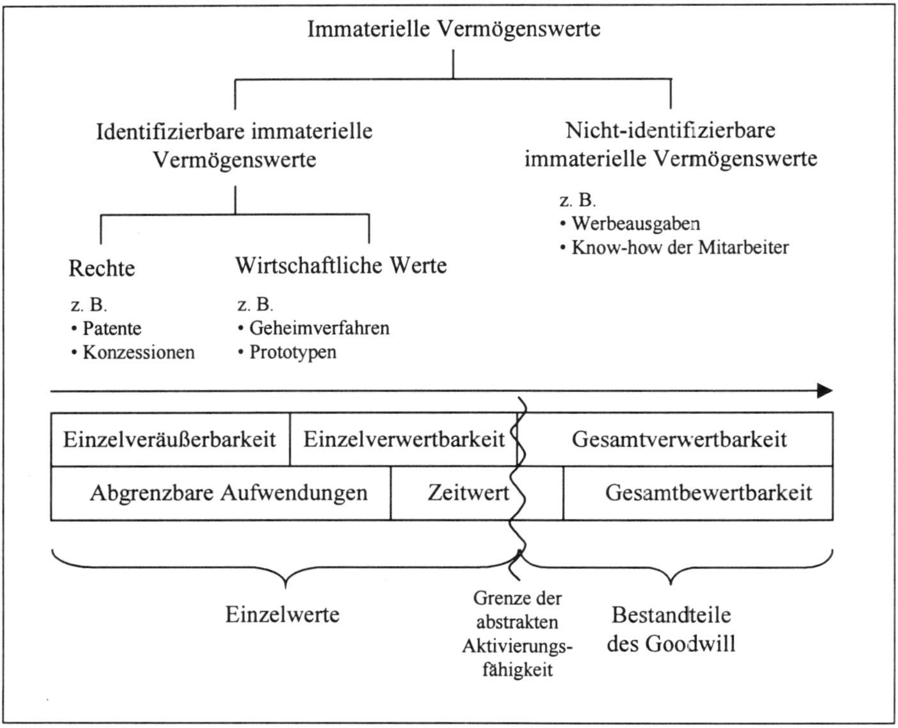

Abb. 4: Übersicht über immaterielle Vermögenswerte[56]

Innerhalb der identifizierbaren immateriellen Vermögenswerte oder Einzelwerte werden zum einen Rechte unterschieden, bei denen der zugrunde liegende wirtschaftliche Vorteil gesetzlich oder vertraglich geschützt ist (sog. Immaterialgüterrechte). Das Greifbarkeitserfordernis gilt bei ihnen bereits wegen ihrer formal nachweisbaren Existenz als grundsätzlich erfüllt.[57] Als Beispiele lassen sich gewerbliche Schutzrechte (wie Patente, Geschmacks-/Gebrauchsmuster, Markenzeichen), Urheberrechte, Konzessionen, Rechte aus Lieferverträgen, Nutzungs-

---

vornimmt; Take, F., Geschäfts- oder Firmenwert (1938), S. 37. KOSSACK weist auf Abgrenzungsschwierigkeiten dieser Einteilung hin und kritisiert ihren Formalismus. Vgl. Kossack, E., Die immateriellen Wirtschaftsgüter (1960), S. 25.

56 Quelle: Eigene Darstellung. Eine umfangreiche Aufzählung von Beispielen für immaterielle Werte findet sich bei Rütte, M. v./Hoenes, R. C., Rechnungslegung immaterieller Werte (1995), S. 39-44.

57 Vgl. Hommel, M., Bilanzrechtskonzeptionen (ZfbF 1997), S. 354.

rechte und Lizenzen nennen. Immaterielle Vermögenswerte können zum anderen in Form von wirtschaftlichen Werten vorliegen, die zwar nicht rechtlich geschützt sind, jedoch ebenfalls Gegenstand von Rechtsgeschäften sein können (sog. Immaterialgüter). Geheimverfahren, ungeschützte Erfindungen, Prototypen, Rezepte und ähnliche Werte zählen zu dieser Kategorie. Um die Vermögensgegenstandseigenschaft aufzuweisen, d. h. abstrakt bilanzierungsfähig[58] zu sein, muß ein immaterieller Vermögenswert i. d. R. zunächst dem Kriterium der Einzelveräußerbarkeit[59] bzw. Einzelverwertbarkeit[60] genügen.[61] Darüber hinaus wird zumeist die selbständige Bewertbarkeit im Sinne des Vorliegens abgrenzbarer Aufwendungen verlangt.[62] Teilweise erfolgt jedoch auch ein Ansatz zu Zeitwerten.[63]

Demgegenüber stehen die nicht-identifizierbaren immateriellen Vermögenswerte, die auch als rein wirtschaftliche Vorteile bezeichnet werden.[64] Sie lassen sich weder rechtlich sichern noch können sie unabhängig vom Unternehmen als Ganzes verwertet werden, mit anderen Worten, einzeln Objekte von Rechtsgeschäften sein. Rein wirtschaftliche Vorteile sind regelmäßig nicht selbständig bewertbar[65]

---

58 Zur Unterscheidung in abstrakte und konkrete Bilanzierungsfähigkeit vgl. z. B. Adler, H./Düring, W./Schmaltz, K., Rechnungslegung und Prüfung (1995/2000), § 246 HGB, Rn. 22; Westerfelhaus, H., Zwei-Stufen-Ermittlung (DB 1995), S. 887 f.

59 Vgl. z. B. Coenenberg, A. G., Jahresabschluß (2000), S. 96; ASB, FRS 10 (1997), Par. 2; Westerfelhaus, H., Zwei-Stufen-Ermittlung (DB 1995), S. 886.

60 Vgl. z. B. Adler, H./Düring, W./Schmaltz, K., Rechnungslegung und Prüfung (1995/2000), § 246 HGB, Rn. 26 ff.; IASC, IAS 38, Par. 11; FASB, Proposed Statement Accounting for Goodwill (2001), Par. 5. Im Ergebnis auch Hommel, M., Bilanzrechtskonzeptionen (ZfbF 1997), S. 355.

61 Vgl. auch Haller, A., Immaterielle Vermögenswerte, in: Möller, H. P./Schmidt, F. (Hrsg.), Festschrift Coenenberg (1998), S. 575. ELLROTT/SCHMIDT-WENDT setzen hingegen lediglich die Gesamtverwertbarkeit voraus. Vgl. Ellrott, H./Schmidt-Wendt, D., in: Budde, W. D. u. a. (Hrsg.), Beck'scher Bilanz-Kommentar (1999), § 255, Rn. 511. Gleiches gilt im deutschen Bilanzsteuerrecht für die Qualifikation als Wirtschaftsgut. Vgl. Tipke, K./Lang, J., Steuerrecht (1998), § 9, Rn. 339.

62 Vgl. Emmrich, M., Reform der externen Rechnungslegung (1999), S. 105; Westerfelhaus, H., Zwei-Stufen-Ermittlung (DB 1995), S. 886 f. Die britischen Rechnungslegungsstandards und die IAS fordern die selbständige Bewertbarkeit hingegen erst im Rahmen der konkreten Aktivierungsfähigkeit. Vgl. ASB, Statement of principles (1999), Chapter 5, Principles; IASC, IAS 38 (1998), Par. 19 (b).

63 Vgl. z. B. ASB, FRS 10 (1997), Par. 10 ff.

64 In der Literatur werden z. T. auch die Begriffe ‚adjunktive Güter' oder ‚ideelle Werte' verwendet. Vgl. Keitz, I. v., Immaterielle Güter (1997), S. 7.

65 Als Ausnahme hiervon werden z. B. im deutschen Bilanzrecht die sog. Aufwendungen für die Ingangsetzung und Erweiterung des Geschäftsbetriebs angesehen, die nach § 269 HGB wahlweise aktiviert werden können. Vgl. hierzu S. 37.

und gelten daher insgesamt als nicht abstrakt bilanzierungsfähig. Sie stellen vielmehr Bestandteile des *Goodwills* eines Unternehmens dar,[66] der insofern als „Sammelbecken aller nicht [abstrakt] bilanzierungsfähigen immateriellen Werte“[67] verstanden werden kann.[68] Beispiele für rein wirtschaftliche Vorteile sind Werbeausgaben, Ausgaben für die Aus- und Weiterbildung von Mitarbeitern, Forschungs- und Entwicklungskosten[69], Know-how der Mitarbeiter, Fähigkeiten des Unternehmers/Managements, Kunden-, Investoren- und sonstige Stakeholderbeziehungen, Unternehmenskultur, Image etc.

Wie aus der Diskussion und Abbildung hervorgeht, ist der Übergang zwischen identifizierbaren und nicht identifizierbaren Werten keinesfalls trennscharf.[70] Immaterielle Vermögenswerte lassen sich daher als ein Kontinuum von Einzelwerten bis hin zum Goodwill begreifen. Der Goodwill nimmt dabei in den verschiedenen Rechnungslegungssystemen einen mehr oder minder großen Umfang ein, je nachdem, wo die Grenze der abstrakten Bilanzierungsfähigkeit gezogen wird. Damit wird zugleich auf mögliche Unterschiede der Begriffe immaterieller Vermögensgegenstand/Wirtschaftsgut und *intangible asset* hingewiesen, die allesamt lediglich Teilmengen der immateriellen Vermögenswerte darstellen.[71] Ferner wird deutlich, daß eine vollständige Bestimmung des immateriellen Vermögens im Wege der Einzelbewertung aufgrund des abnehmenden Grades der Identifizierbarkeit nicht möglich ist.[72] Eine Unternehmensbewertung auf Basis substanzwert-

---

66 Ähnlich Arbeitskreis, Erfassung immaterieller Werte (DB 2001), S. 991.

67 Stapf, A., Immaterielle Anlagewerte (1968), S. 8; Anmerk. d. Verf. Die konkrete Bilanzierungsfähigkeit spielt für die Unterscheidung zwischen immateriellen Einzelwerten und dem Goodwill hingegen keine Rolle. Selbsterstellte immaterielle Vermögensgegenstände, die im deutschen Bilanzrecht nach § 248 Abs. 2 HGB bzw. § 5 Abs. 2 EStG einem gesetzlichen Aktivierungsverbot unterliegen, sind damit konzeptionell nicht Bestandteile des Goodwills.

68 Aufgrund der fehlenden Identifizierbarkeit seiner einzelnen Bestandteile bezeichnet DAVIS den Goodwill auch als „the most intangible of intangibles“. Davis, M., Goodwill Accounting (JoA 1992), S. 77.

69 Unter bestimmten Bedingungen sind Entwicklungsausgaben jedoch nach den UK-GAAP einzeln aktivierungsfähig bzw. nach den IAS aktivierungspflichtig. Vgl. ASC, SSAP 13 (1989), Par. 25; IASC, IAS 38 (1998), Par. 45.

70 Vgl. auch Catlett, G. R./Olson, N. O., Accounting for Goodwill (1968), S. 9.

71 Dies wird im Rahmen der Analyse der einzelnen Rechnungslegungssysteme deutlich.

72 Vgl. hierzu auch MOXTER, der feststellt: „Immaterielle Objekte liegen – erfassungstechnisch gesehen – im Grenzbereich von Einzelbewertung ... und Gesamtbewertung...“. Moxter, A., Aktivierungsgrenzen (1978), S. 821. Ähnlich auch Haller, A., Immaterielle Vermögenswerte, in: Möller, H. P./Schmidt, F. (Hrsg.), Festschrift Coenenberg (1998), S. 564 ff.

orientierter Verfahren muß daher zwangsläufig scheitern.[73] Zur Ermittlung des Unternehmenswerts sowie der Höhe des immateriellen Vermögens ist vielmehr eine risikobehaftete ertragsabhängige Gesamtbewertung erforderlich.[74]

C. Goodwill als besondere Form immaterieller Werte

Nachdem das Spektrum der immateriellen Werte aufgezeigt und der Goodwill darin eingeordnet wurde, erfolgt in diesem Abschnitt eine ausführliche Untersuchung des Begriffs und Wesens des Goodwills, deren Kenntnis für die spätere Analyse der Bilanzierung dieses Vermögenswerts[75] von zentraler Bedeutung ist.

1. Begriff des Goodwills

Der englische Begriff *‚Goodwill'* bedeutet im allgemeinen Sinne freundliche Einstellung, Wohlwollen oder guter Wille, im engeren wirtschaftlichen Sinne wird er zumeist als geschäftliches Ansehen, guter Ruf oder Kundenkreis übersetzt. Wie LEAKE nachweist, wird der Begriff bereits seit Ende des 16. Jahrhunderts im kaufmännischen Sprachgebrauch verwendet.[76] Das frühe Verständnis des Goodwills als wirtschaftlichen Vorteil läßt sich anhand eines Vertragsabschlusses aus dem Jahre 1620 in England illustrieren: Dem Verkäufer eines alteingesessenen Geschäfts wurde damals über seine Waren hinaus ein Entgelt für eine Vereinbarung gezahlt, wonach er seine Geschäftstätigkeit am selben Ort einstellen sollte (Wettbewerbsverbot). Der Erwerber spekulierte darauf, daß ihm auf diese Weise der Kundenstamm zufiele. Entgegen der Absprache stellte der Verkäufer sein Geschäft jedoch nicht ein, sondern stattete es mit neuen Waren aus, woraufhin ihn der Käufer verklagte und recht bekam.[77]

Die älteste überlieferte Definition des Goodwills stammt von LORD ELDON aus einem englischen Gerichtsurteil im Jahre 1810: „The Goodwill which has been the subject of sale is nothing more than the probability that the old customers will

---

73 So bereits Schmalenbach, E., Dynamische Bilanz (1933), S. 82 ff.

74 Vgl. z. B. Döring, U., Goodwill, in: Chmielewicz, K./Schweitzer, M. (Hrsg.), HWR (1993), Sp. 811 f.

75 Streng genommen müßte der Goodwill stets als Aggregat immaterieller Werte und nicht als *ein* (einzelner) Vermögenswert bezeichnet werden. Der besseren Lesbarkeit halber wird hierauf jedoch verzichtet.

76 Dies belegt folgendes Zitat aus dem Jahre 1571, in dem es um einen Steinbruch (*quarry*) geht: „I gyve to John Stephen ... my whole interest and good will of my Quarrell (i. e. quarry)." Leake, P. D., Goodwill (Accountant 1914), S. 81.

77 Vgl. Yang, J. M., Goodwill and other intangibles (1927), S. 27.

resort to the old place."[78] Der Vorteil des Goodwills wurde demnach entsprechend der etymologischen Herkunft des Begriffs in den guten Kundenbeziehungen und dem Standort eines Unternehmens gesehen. Im Laufe der Zeit wurde die Extension des Goodwills ausgedehnt, so daß sich 1901 bereits folgende weiter gefaßte Definition findet:

> „What is Goodwill? It is a thing very easy to describe, very difficult to define. It is the benefit and advantage of the good name, reputation, and connection of a business. It is the attractive force which brings in custom. It is the one thing which distinguishes an old-established business from a new business at its first start. The Goodwill of a business must emanate from a particular centre or source. However widely extended or diffused its influence may be, Goodwill is worth nothing unless it has power of attraction sufficient to bring customers home to the source from which it emanates. *Goodwill is composed of a variety of elements. It differs in its composition in different trades and in different businesses in the same trade. One element may preponderate here, and another element there.*"[79]

Der Goodwill wird hier als wirtschaftlicher Vorteil angesehen, der auf einer Vielzahl von je nach Unternehmen unterschiedlichen Elementen oder Faktoren basiert.[80] Da auch diese Definition jedoch noch auf die äußeren Geschäftsbeziehungen gerichtet war, wurde der Goodwill-Begriff zunächst um unternehmensinterne und finanzielle Faktoren ergänzt[81] und später kontinuierlich erweitert, so daß er heute keineswegs mehr auf die Absatzsphäre beschränkt ist.[82] Der Ansicht GRÄBERS, daß dem Goodwill noch immer starke Züge seines historischen Ursprungs als Kundschaftswert anlasten,[83] kann daher nicht gefolgt werden.

OBERMÜLLER weist zu Recht darauf hin, daß der Goodwill-Begriff im deutschen Sprachraum differenzierter als im englischen ist,[84] existiert doch eine Vielzahl von Termini, wie Geschäftswert[85], Firmenwert[86], Geschäfts- oder Firmenwert[87], Praxis-

---

78 Lord Eldon in Crutwell v. Lye (1810, 17 Ves. 335) zitiert nach Dicksee, L. R./Tillyard, F., Goodwill (1906), S. 29. In dem zugrundeliegenden Fall ging es um einen Fuhrunternehmer.

79 Lord Macnaghten in Commissioners of Inland Revenue v. Muller, Lim (1901, A. C. 217) zitiert nach Dicksee, L. R./Tillyard, F., Goodwill (1906), S. 32; Herv. durch Verf.

80 Hierzu bereits auch SCHÖNWANDT: „Der Firmenwert ist in den verschiedenen Branchen sehr verschieden ..." Schönwandt, D., Bilanzunwahrheit (1908), S. 97.

81 So unterteilt YANG den Goodwill in drei Klassen: "consumer's goodwill", "industrial goodwill" und „financial goodwill". Vgl. Yang, Y. M., Goodwill and other intangibles (1927), S. 30 ff.

82 Vgl. auch Mellerowicz, K., Wert der Unternehmung (1952), S. 109 f.

83 Vgl. Gräber, H., Geschäftswertbilanzierung (1981), S. 7.

84 Vgl. Obermüller, A., Goodwill beim Zugewinnausgleich (1999), S. 5 f.

85 Vgl. jüngst Moxter, A., Rechnungslegungsmythen (BB 2000), S. 2143; Mujkanovic,

wert[88], „Kapitalisierungsmehrwert“[89], ideeller Geschäftswert[90], immaterieller Wert sowie weitere, vorwiegend ältere Bezeichnungen.[91] Hinterfragt man jedoch einmal diese sprachliche Differenzierung, so stellt man fest, daß die Begriffe zumeist lediglich Teilaspekte betonen (Firmenwert, Geschäftswert, Praxiswert), auf die rechnerische Ermittlung abheben (Kapitalisierungsmehrwert) oder unpräzise weit gefaßt sind (ideeller Geschäftswert, immaterieller Wert).[92] In der vorliegenden Arbeit wird daher der international übliche Begriff Goodwill gebraucht, der im Zuge der weltweiten Harmonisierung der Rechnungslegung zunehmend auch in Deutschland Verwendung findet.[93] Der Begriff Geschäfts- oder Firmenwert, dem vom Wortsinn her eine Verwechslungsgefahr mit dem Unternehmenswert anlastet, wird nur dann synonym zum Goodwill verwendet, wenn explizit auf deutsche Rechtsquellen Bezug genommen wird.

2. Wesen des Goodwills

Es wurde bereits darauf hingewiesen, daß der Goodwill in seiner Wesensart von einer Vielzahl einzelner Faktoren geprägt wird, die von Unternehmen zu Unternehmen variieren. Da über die Art und Dauerhaftigkeit dieser Faktoren unterschiedliche Auffassungen bestehen und sich hieraus grundlegende Erkenntnisse für die bilanzielle Behandlung ableiten lassen, sollen die wichtigsten Ansätze im folgenden kritisch dargestellt werden. In Anlehnung an DEUBNER wird dabei zwischen einer statischen und dynamischen Auffassung über das Wesen des

---

R., Abbildung von Unternehmenserwerben (WPg 2000), S. 638.

86 Vgl. z. B. Zeitler, F.-C., Firmenwert (DStR 1988), S. 303; Wagner, F. W./Schomaker, H., Abschreibung des Firmenwertes (DB 1987); S. 1365; Doralt, W., Firmenwert (1976), S. 11; Hasenack, W., Unhaltbarkeit (BFuP 1958), S. 297.

87 Diesen Begriff verwendet der deutsche Gesetzgeber sowohl im Handelsrecht (§ 255 Abs. 4, § 266 Abs. 2 A. I. 3, § 301 Abs. 3 HGB) als auch im Steuerrecht (§ 7 Abs. 1 Satz 3 EStG. Vgl. auch jüngst Krawitz, N./Klotzbach, D., Unternehmenszusammenschlüsse (WPg 2000), S. 1165.

88 Vgl. Obermüller, A., Goodwill beim Zugewinnausgleich (1999), S. 64 ff.

89 Schmalenbach, E., Dynamische Bilanz (1948), S. 106.

90 Vgl. Döhling, E., Der ideelle Geschäftswert (1950), S. 5.

91 Vgl. Take, F., Geschäfts- oder Firmenwert (1938), S. 13.

92 Für eine ausführliche Kritik vgl. Deubner, P., Aktivierung und Abschreibung (1971), S. 4-6; Gräber, H., Geschäftswertbilanzierung (1981), S. 5-8.

93 Vgl. z. B. jüngst bei Meiisel, P./Pejić, P., Goodwill (WPg 2000), S. 1055 ff.; Sellhorn, T., Goodwill (DB 2000), S. 885 ff.; Klein, G., Erfassung des Goodwill (DStR 2000), S. 788 ff.; Lopatta, K., Erfassung des Goodwill (RIW 2000), S. 354 ff.; Coenenberg, A. G. u. a., Jahresabschluß (2000), S. 584. Auch das Deutsche Rechnungslegungs Standards Committee verwendet diesen Begriff. Vgl. DRSC, DRS 4 (2000), Par. 9 ff.

Goodwills unterschieden.[94] Letzterer werden eigenständig drei Unterformen zugeordnet, wie Abb. 5 verdeutlicht:

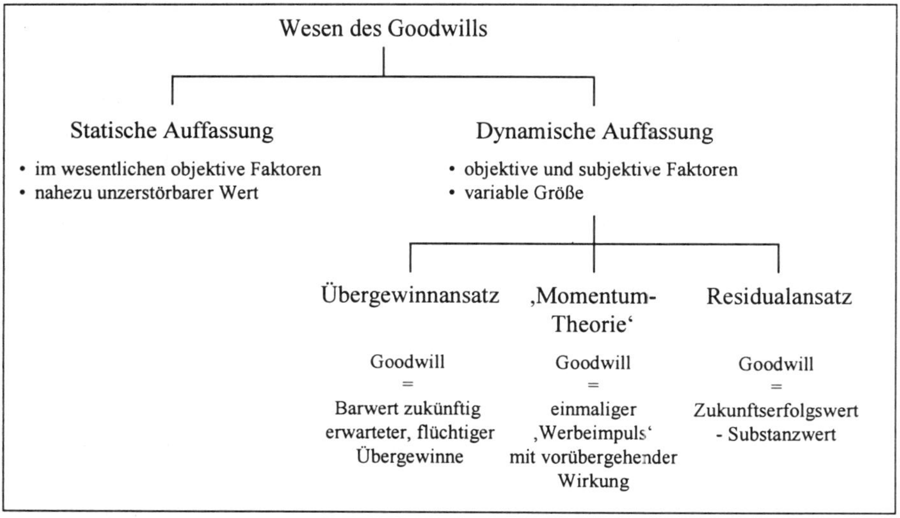

Abb. 5: Auffassungen über das Wesen des Goodwills[95]

a) Statische Auffassung

Nach der statischen Auffassung beruht der Goodwill eines Unternehmens im wesentlichen auf objektiven oder sachlichen Bestimmungsgründen[96] und entspricht einem „nahezu unzerstörbaren Wert ..., der von allen von innen und außen auf das Unternehmen einwirkenden Einflüssen unberührt bleibt"[97] und nur mit dem Unternehmen als Ganzem veräußerbar ist. Diese Auffassung findet sich vor allem im frühen deutschen und britischen Bilanzsteuerrecht, wie noch zu zeigen sein wird. Sie ist gleichwohl problematisch, da der Goodwill zum einen regelmäßig nicht losgelöst von subjektiven oder persönlichen Faktoren, d. h. den Fähigkeiten und Eigenschaften des Unternehmers, der Führungskräfte und anderer

---

94 Vgl. Deubner, P., Aktivierung und Abschreibung (1971), S. 6 f.

95 Quelle: Eigene Darstellung.

96 Diese liegen nach HASENACK „in den betrieblichen oder marktmäßigen Verhältnissen" begründet. Hasenack, W., Unhaltbarkeit (BFuP 1958), S. 301. Zu denken ist hier etwa an den Standort, die Absatzorganisation oder die besondere Qualität der Produkte.

97 Deubner, P., Aktivierung und Abschreibung (1971), S. 7.

Mitarbeiter, existiert, sich mithin aus objektiven und subjektiven Faktoren[98] zusammensetzt.[99] Darüber hinaus sind vermeintlich ‚objektive' Faktoren, wie das Betriebsklima, technologische Know-how oder die Vertriebsorganisation, häufig stark von persönlichen Faktoren abhängig,[100] weshalb die Trennung in objektive und subjektive Goodwill-Faktoren als unscharf bezeichnet werden muß. Zum anderen ist der Goodwill eines Unternehmens keine konstante Größe, da regelmäßig sowohl seine Zusammensetzung als auch der Wert einzelner Faktoren im Zeitablauf variieren wird.[101] So ist z. B. zu erwarten, daß zumindest einige Faktoren, wie der Ruf des Unternehmens, das Know-how der Mitarbeiter und die Geschäftsbeziehungen, im Wert sinken, wenn nicht ständig in sie investiert wird.[102]

b) Dynamische Auffassung

Dieser Tatsache vermag nur die dynamische Auffassung über das Wesen des Goodwills Rechnung zu tragen. Sie berücksichtigt grundsätzlich, daß sich der Goodwill mit der Zeit verändern kann und insbesondere im Fall des Unternehmenserwerbs von den subjektiven Wertvorstellungen sowie dem Verhandlungsgeschick der Vertragspartner abhängig ist.[103] Die dynamische Auffassung findet ihren Niederschlag erstens in Form des sog. ‚Übergewinnansatzes' („super-profits theory of value"[104], „Normalwerthypothese"[105]). Der Goodwill eines Unternehmens entspricht danach dem Barwert seiner zukünftig erwarteten ‚Übergewinne' über die ‚normale', marktübliche Verzinsung des Substanzwerts hinaus.[106] Der

---

98 Vgl. für ähnliche Einteilungen Obermüller, A., Goodwill beim Zugewinnausgleich (1999), S. 20 f.; Take, F., Geschäfts- oder Firmenwert (1938); S. 40-42.

99 Vgl. Hasenack, W., Unhaltbarkeit (BFuP 1958, S. 301; Klinger, K., Verbot der steuerlichen Abschreibung (DB 1959), S. 29.

100 Vgl. Deubner, P., Aktivierung und Abschreibung (1971), S. 107.

101 So bemerken bereits DICKSEE/TILLYARD: „every business which is carried on at a profit possesses a Goodwill of some value, and ... the value of that Goodwill will vary from time to time in direct relation to the profits which may on the average be earned." Dicksee, L. R./Tillyard, F., Goodwill (1906), S. 74. Bei der ersten Auflage dieses Werkes aus dem Jahr 1897 handelt es sich im übrigen um das erste Buch, das ausschließlich der Goodwill-Bilanzierung gewidmet war. Vgl. Dicksee, L. R./Stevens, T. M., Goodwill (1897).

102 Vgl. Deubner, P., Aktivierung und Abschreibung (1971), S. 10.

103 Vgl. Deubner, P., Aktivierung und Abschreibung (1971), S. 11.

104 Leake, P. D., Goodwill (Accountant 1914), S. 82.

105 Moxter, A., Unternehmensbewertung (1983), S. 46 ff.

106 Vgl. bereits More, F., Goodwill (Accountant 1891), S. 286 zitiert nach Bryer, R. A., Accounting for Goodwill (BAR 1995), S. 291 und die bei BRYER angegebene Literatur.

Substanzwert oder Teilreproduktionswert ist gleich der Summe der zu Wiederbeschaffungskosten bewerteten einzelbilanzierungsfähigen Vermögensgegenstände abzüglich der Schulden.[107] Nach dem Übergewinnansatz ist der Goodwill stets eine temporäre Erscheinung, da sich die Übergewinne vor allem wegen des bestehenden Wettbewerbs und einer sich verändernden Nachfrage über kurz oder lang verflüchtigen werden. Übergewinne können daher auch keine ewige Rente, sondern nur eine Annuität bilden.[108]

Die Kritik am Übergewinnansatz setzt zum einen an der Grenzziehung zwischen Normal- und Übergewinnen an, die als künstlich und subjektiv bezeichnet werden muß.[109] So weist YANG darauf hin, daß sich selbst ein ‚Normalgewinn' nicht erzielen läßt, wenn etwa die Arbeitnehmerbeziehungen oder der Ruf bei den Kunden ein ‚übliches' Niveau nicht erreichen. Ein Teil des Goodwills, den YANG als „generic goodwill"[110] bezeichnet, kreiert demnach gar keine Übergewinne. Umgekehrt muß auch die Existenz von Übergewinnen nicht immer durch einen Goodwill bedingt sein, sondern kann auch in einzelnen, besonders ertragreichen Vermögensgegenständen begründet liegen.[111] Problematisch ist ferner die mit der Normalwerthypothese verbundene Vorstellung, der ‚richtige' Unternehmenswert entspreche langfristig dem Substanzwert (Teilrekonstruktionswert). Die neuere Bewertungslehre lehnt dies entschieden ab, da ein vollständiger Unternehmensnachbau nur zum Vollrekonstruktionswert möglich ist, bei dem es sich um den Zukunftserfolgswert handelt. Von einem ‚Normalgewinn' könnte deshalb höchstens in Form einer Verzinsung des Vollrekonstruktionswerts gesprochen werden.[112] Konzeptionelle Kritik wird zudem von GYNTHER geübt, der zu Recht auf die fehlende Differenzierung des Übergewinnansatzes zwischen dem Wesen und der Berechnung des Goodwills hinweist. Schließlich entspricht der Goodwill in seiner Wesensart nicht den kapitalisierten Übergewinnen, sondern ist vielmehr

---

Vgl. auch Paton, W. A./Littleton, A. C., Corporate Accounting Standards (1940), S. 92 f.

107 Vgl. z. B. Jacobs, O. H./Scheffler, W., Unternehmensbewertung, in: Chmielewicz, K./ Schweitzer, M. (Hrsg.), HWR (1993), Sp. 1984.

108 Vgl. Leake, P. D., Goodwill (Accountant 1914), S. 83 f.

109 So auch Lee, T. A., Goodwill (ABR 1971), S. 319.

110 Yang, J. M., Goodwill (1927), S. 23.

111 Vgl. Smith, G. V./Parr, R. L., Valuation of Intellectual Property (2000), S. 26; Gynther, R. S., Conceptualizing (AR 1969), S. 249.

112 Vgl. Döring, U., Goodwill, in: Chmielewicz, K./Schweitzer, M. (Hrsg.), HWR (1993), Sp. 813.

durch die zugrunde liegenden Ursachen charakterisiert, womit wiederum auf die Goodwill-Faktoren verwiesen wird.[113]

Trotz dieser Kritikpunkte finden heute noch immer zahlreiche, auf den Übergewinnansatz zurückgehende Verfahren zur Berechnung des Goodwills Anwendung, wie etwa das Mittelwertverfahren nach SCHMALENBACH[114], verschiedene Verfahren der Übergewinnkapitalisierung (z. B. Stuttgarter Verfahren[115]) und der verkürzten Goodwillrentendauer.[116]

Unter die dynamische Auffassung subsumierbar ist zweitens die sog. ‚Momentum-Theorie' (*Momentum Theory*) nach NELSON, die sich jedoch ausschließlich auf den Goodwill im Rahmen eines Unternehmenserwerbs bezieht. Da sie im wissenschaftlichen Diskurs keine Bedeutung erlangt hat, soll sie hier nur knapp dargestellt werden. Nach der ‚Momentum-Theorie' repräsentiert der Goodwill eine Art einmaligen ‚Werbeimpuls oder -anstoß' (*promotional ‚push'*), den der Erwerber dadurch erhält, daß das Unternehmen bereits etabliert ist. Der Impuls hängt von den subjektiven Vorstellungen des Erwerbers ab und ‚verliert mit der Zeit an Schwung' – daher der Ausdruck ‚momentum' –, so daß der Erwerber in der Folge eigene Anstrengungen unternehmen muß.[117] Unklar bleibt jedoch, was den ‚Impuls' konkret ausmacht, insbesondere vor dem Hintergrund, daß auch identifizierbare immaterielle Vermögenswerte wie Patente, Urheberrechte und Markenzeichen dem Goodwill zugerechnet werden.[118]

Der dritte Ansatz ist die heute dominierende investitionstheoretische Auffassung, auch Residualansatz (*residual approach*)[119] genannt. Danach bezeichnet der Goodwill die Differenz zwischen dem Zukunftserfolgswert und dem Substanzwert eines Unternehmens und ist ein vollwertiger Bestandteil des Unternehmenswerts.[120] Der Zukunftserfolgswert entspricht dem Barwert der künftig erwarteten

---

113 Vgl. Gynther, R. S., Conceptualizing (AR 1969), S. 247; Lee, T. A., Goodwill (ABR 1971), S. 320.

114 Ausführlich zur Mittelwertmethode vgl. z. B. Kolbe, K., Theorie und Praxis (1967), S. 3 ff.

115 Vgl. Wöhe, G., Betriebswirtschaftliche Steuerlehre (1992), S. 281.

116 Vgl. Wöhe, G./Döring, U., Allgemeine Betriebswirtschaftslehre (2000), S. 682 f.

117 Vgl. Nelson, R. H., Momentum Theory (AR 1953), S. 492.

118 Vgl. Nelson, R. H., Momentum Theory (AR 1953), S. 494 ff.

119 Vgl. Smith, G. V./Parr, R. L., Valuation of Intellectual Property (2000), S. 26; Paquette, L., Accounting For Goodwill, http://www.mscpaonline.org/.../goodwill.htm (11.07.2001); Diamond, M. A./Nicolaisen, D. T., Intangibles, in: Choi, F. D. S. (Hrsg.), International Accounting (1997), Chapter 14, S. 4 f.

120 Vgl. Ballwieser, W., Geschäftswert, in: Busse v. Colbe, W./Pellens, B. (Hrsg.), Lexi-

Einzahlungsüberschüsse,[121] während es sich bei dem Substanzwert um den Zeitwert (Tageswert)[122] der einzelbilanzierungsfähigen Vermögensgegenstände abzüglich der Schulden handelt. Entsprechend der oben vorgebrachten Kritik GYNTHERS muß jedoch auch hier angemerkt werden, daß der Residualansatz streng genommen nicht auf das Wesen des Goodwills abstellt, sondern seine Bewertung beschreibt.[123] Daher wird diesem Ansatz in der vorliegenden Arbeit zwar grundsätzlich gefolgt; es soll jedoch zwischen dem Wesen und Wert des Goodwills differenziert werden.

3. Abgrenzung von Wesen und Wert des Goodwills

(1) Der Goodwill ist seinem *Wesen* nach ein Konglomerat von einzelnen, nicht abstrakt bilanzierungsfähigen immateriellen Faktoren, mit denen i. d. R. zukünftige Einzahlungserwartungen verbunden sind, die aber auch (Netto-)Auszahlungen nach sich ziehen können. Letzterer Fall kann etwa eintreten, wenn der gute Ruf eines Unternehmens ins Negative umschlägt oder aus einer schlagkräftigen Organisation eine nicht mehr wettbewerbsfähige wird.[124] Die Goodwill-Faktoren variieren je nach Branche und Unternehmen und unterliegen sowohl in ihrer Komposition als auch im Wert regelmäßig Veränderungen im Zeitablauf. Der Goodwill ist nur mit dem Unternehmen als Ganzes übertragbar, und auch die einzelnen Goodwill-Faktoren befinden sich nur teilweise im Einflußbereich des Managements.[125] Im Schrifttum werden zahlreiche Klassifikationen von Faktoren angeführt, auf deren Wiedergabe an dieser Stelle verzichtet werden kann.[126] Statt

---

kon des Rechnungswesens (1998), S. 283; Adler, H./Düring, W./Schmaltz, K., Rechnungslegung und Prüfung (1995/2000), § 255, Rn. 257; Döring, U., Goodwill, in: Chmielewicz, K./Schweitzer, M. (Hrsg.), HWR (1993), Sp. 810.

121 Die zur Ermittlung des Zukunftserfolgswerts gängigen Verfahren wie die Ertragswertmethode und Discounted Cash-flow-Verfahren werden an dieser Stelle als bekannt vorausgesetzt. Vgl. hierzu z. B. Drukarczyk, J., Unternehmensbewertung (1998), S. 176 ff.

122 Anzusetzen ist der Stichtagswert bei Fortführung des Unternehmens, nicht der Liquidationswert.

123 Vgl. auch Johnson, L. T./Petrone, K. R., Goodwill (Accounting Horizons 1998), S. 298.

124 Zu weiteren Beispielen vgl. bereits Auler, W., Unternehmungsmehr- und -minderwert (ZfB 1927), S. 657.

125 Vgl. Lee, T. A., Goodwill (ABR 1971), S. 320.

126 Vgl. für eine Übersicht Rütte, M. v./Hoenes, R. C., Rechnungslegung immaterieller Werte (1995), S. 33-35; Deubner, P., Aktivierung und Abschreibung (1971), S. 18-20; Mellerowicz, K., Wert der Unternehmung (1952), S. 109-111 m. w. N.

dessen soll hier eine Unterscheidung in unternehmensbezogene und umweltbezogene Goodwill-Faktoren erfolgen.[127] Abb. 6 versucht exemplarisch, unternehmens- und umweltbezogene Goodwill-Faktoren typisierten Stakeholdern eines Unternehmens zuzuordnen.[128]

(2) Der *Wert des Goodwills* ($W_{Goodwill}$) wird von der Ertragskraft der Goodwill-Faktoren bestimmt. Er läßt sich wegen der fehlenden Einzelbewertbarkeit dieser Faktoren jedoch nur auf indirektem Wege als Differenz zwischen dem Zukunftserfolgswert (Unternehmenswert, UW) und dem Substanzwert (SW) eines Unternehmens ermitteln:

$$W_{Goodwill} = UW - SW$$

Sowohl bei der Ermittlung des Unternehmenswerts als auch des Substanzwerts besteht in der Praxis bekanntlich ein nicht unerheblicher Spielraum, der auf die Höhe der Residualgröße einwirkt. Z. B. beeinflußt die Aufdeckung stiller Reserven, die aufgrund ihrer Zugehörigkeit zu Einzelgütern konzeptionell nicht Bestandteil des Goodwills sind,[129] im Rahmen der Substanzwertfeststellung den Wert des Goodwills. Denn: „Je mehr stille Reserven den Vermögensgegenständen zugeordnet werden, um so geringer ist dann der Geschäfts- oder Firmenwert und umgekehrt."[130] Der Goodwill hat somit einen subjektiven,[131] jedoch objektivierbaren Wert.[132]

---

127 Diese Einteilung lehnt sich an MELLEROWICZ an, der als Goodwill-Elemente Vorteile aus den „äußeren Geschäftsbeziehungen" und den „inneren Einrichtungen" unterscheidet. Mellerowicz, K., Wert der Unternehmung (1952), S. 111.

128 Für weitere Beispiele vgl. ASC, Discussion paper (Accountancy 1980), S. 115; Deubner, P., Aktivierung und Abschreibung (1971), S. 15; Mutze, O., Aktivierung und Bewertung (1960), S. 227. Es wird noch einmal betont, daß jede Aufzählung von Goodwill-Faktoren zwangsläufig unvollständig bleiben muß.

129 Vgl. hierzu bereits Becker, E., Einkommensteuerrechtliche Behandlung (StuW 1931), Sp. 1415. Ausführlich zum Verhältnis des Goodwills zu den stillen Reserven vgl. Take, F., Geschäfts- oder Firmenwert (1938), S. 43.

130 Küting, K., Geschäfts- oder Firmenwert (AG 2000), S. 100.

131 So auch bereits Schönwandt, D., Bilanzunwahrheit (1908), S. 100.

132 Vgl. Haller, A., Immaterielle Vermögenswerte, in: Möller, H. P./Schmidt, F. (Hrsg.), Festschrift Coenenberg (1998), S. 568.

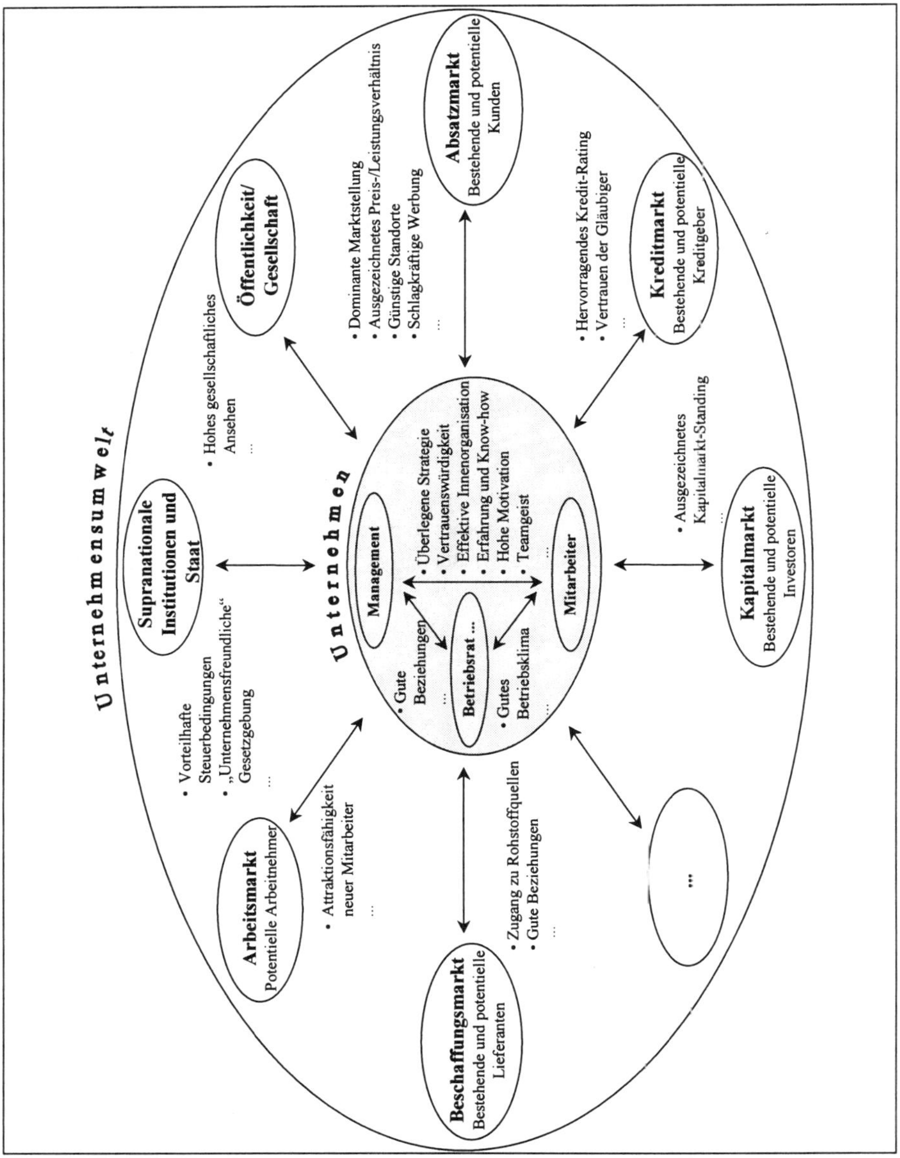

Abb. 6: Unternehmens- und umweltbezogene Goodwill-Faktoren[133]

---

133 Quelle: Eigene Darstellung.

4. Arten des Goodwills

Für Zwecke der Bilanzierung wird der Goodwill üblicherweise in verschiedene Arten untergliedert, die sich in allen der später zu untersuchenden Rechnungslegungssystemen wiederfinden.

a) Originärer und derivativer Goodwill

Nach der Entstehungsweise wird traditionell zwischen einem originären und derivativen Goodwill unterschieden. Der *originäre oder selbstgeschaffene Goodwill* bildet sich im Unternehmen selbst; er ist jedoch nicht etwa auf etablierte Unternehmen beschränkt, sondern kann auch bereits in jungen, vielversprechenden Unternehmen auftreten.[134] Der originäre Goodwill wird auf die oben dargestellten Goodwill-Faktoren zurückgeführt, die mit bzw. ohne (meßbare) Ausgaben des Unternehmens entstanden sein können.[135] Als Teilmenge des durch Ausgaben geschaffenen originären Goodwills sollen hier die sogenannten *Ingangsetzungs- und Erweiterungsaufwendungen* verstanden werden, die ihrer Natur nach ebenfalls immateriell sind.[136] Beispiele hiefür sind außerordentliche Forschungs-, Werbe-, Personalbeschaffungs- und Schulungsausgaben. Der übrige Teil des originären Goodwills mit Ausnahme der Ingangsetzungs- und Erweiterungsaufwendungen wird in dieser Arbeit auch als *originärer Goodwill im engeren Sinne* bezeichnet. Der Wert des gesamten originären Goodwills entspricht der Differenz aus dem Zukunftserfolgswert und dem Substanzwert des Unternehmens zum jeweiligen Bewertungszeitpunkt.

Demgegenüber entsteht der *derivative*[137] *oder entgeltlich erworbene Goodwill* im Rahmen des externen Wachstums[138] beim entgeltlichen Unternehmenserwerb. Er umfaßt zum einen den abgegoltenen Teil des originären Goodwills und stellt daher ebenfalls einzelne Goodwill-Faktoren dar, kann darüber hinaus aber auch Zusatzkomponenten (z. B. erwartete Synergieeffekte) beinhalten.[139] Die Höhe des deriva-

---

134 So bereits Leake, P. D., Goodwill (Accountant 1914), S. 81.

135 Vgl. Deubner, P., Aktivierung und Abschreibung (1971), S. 21; Stapf, A., Immaterielle Anlagewerte (1968), S. 19; Take, F., Geschäfts- oder Firmenwert (1938), S. 47; Auler, W., Unternehmungsmehr- und -minderwert (ZfB 1927), S. 839 ff.

136 Vgl. Doralt, W., Firmenwert (1976), S. 21; Stapf, A., Immaterielle Anlagewerte (1968), S. 22; Take, F., Geschäfts- oder Firmenwert (1938), S. 92. Ähnlich auch Coenenberg, A. G. u. a., Jahresabschluß (2000), S. 157.

137 Derivativ meint daher aus dem Übernahmewert, i. d. R. also dem Kaufpreis, abgeleitet.

138 Zu den Begriffen des internen und externen Wachstums vgl. z. B. Sigloch, J., Unternehmenswachstum (1974), S. 27.

139 Vgl. hierzu im einzelnen S. 147 f.

tiven Goodwills ergibt sich aus den Anschaffungskosten abzüglich dem (anteiligen) Substanzwert des erworbenen Unternehmens zum Akquisitionszeitpunkt; sie ist damit in hohem Maße von den subjektiven Erwartungen des Erwerbers und dem Verhandlungsgeschick der Vertragsparteien abhängig.

Problematisch an dieser Einteilung ist die Einordnung eines unentgeltlich erworbenen Goodwills (z. B. aus Schenkung, Erbfall). Da für seinen Erwerb keine Anschaffungskosten anfallen, läßt sich der unentgeltliche Goodwill nicht unter den derivativen Goodwill subsumieren. Andererseits kann er auch schwerlich als Spezialfall des originären Goodwills angesehen werden, da er nicht im Unternehmen, sondern im Zuge einer Unternehmensübernahme entsteht.

b) Positiver und negativer Goodwill

Die zweite bedeutende Unterscheidung im Rahmen der Arten des Goodwills resultiert bereits aus dem Vorzeichen seines Werts.[140] So liegt der Regelfall eines *positiven Goodwills* vor, wenn der Unternehmens- bzw. Übernahmewert über dem Substanzwert des Unternehmens liegt. Umgekehrt handelt es sich um einen *negativen Goodwill*, wenn der Substanzwert unterschritten wird. Für den Ausdruck negativer Goodwill, der dem Wortsinn nach widersprüchlich erscheinen mag,[141] findet – allerdings vorwiegend in der deutschsprachigen Literatur – z. T. auch die Bezeichnung Badwill Verwendung.[142] Indes wird in dieser Arbeit der international weit verbreitete Begriff negativer Goodwill zugrunde gelegt.[143]

---

140 Vgl. bereits Auler, W., Unternehmungsmehr- und -minderwert (ZfB 1927), S. 655; Take, F., Geschäfts- oder Firmenwert (1938), S. 47.

141 Für eine kritische Begriffsdiskussion vgl. auch Küting, K./Harth, H.-J., Negative Aufrechnungsdifferenz (WPg 1999), S. 489 f.

142 Vgl. z. B. Coenenberg, A. G. u. a., Jahresabschluß (2000), S. 584. Häufig wird von einem Badwill jedoch nur dann gesprochen, wenn künftig erwartete Verluste/Aufwendungen zugrunde liegen. So etwa Heurung, R., Kapitalkonsolidierungsmethoden (DB 2000), S. 1779; Küting, K./Hayn, S., Angelsächsischer Konzernabschluß (AG 1996), S. 60.

143 Vgl. bspw. IASC, IAS 22 (revised 1998), Par. 59 ff.; ASB, FRS 10 (1997), Par. 2 ff.; Bryer, R. A., Goodwill (Lecture Notes 1999), S. 34 ff. Die US-GAAP sprechen hingegen neuerdings von einem „Überschuß über die Anschaffungskosten" (*excess over cost*). FASB, Proposed Statement Accounting for Goodwill (2001), Par. 6. Im deutschen Sprachraum hat sich der Begriff ‚passiver Unterschiedsbetrag' etabliert, wobei dieser i. d. R. auf den Konzernabschluß bezogen wird. Vgl. Förschle, G./Deubert, M., in: Budde, W. D. u. a. (Hrsg.), Beck'scher Bilanz-Kommentar (1999), § 301, Rn. 162 ff.

Über die formale Erklärung auf Basis des Vorzeichens hinaus liegen einem positiven und negativen Goodwill unterschiedliche materielle Interpretationen zugrunde. Während sich der positive Goodwill aus Faktoren zusammensetzt, mit denen überwiegend zukünftige Ertragschancen verbunden sind, liegen einem negativen Goodwill mehrheitlich solche Elemente zugrunde, die künftige Aufwendungen/ Verluste erwarten lassen.[144] Darüber hinaus wird im Falle einer Unternehmensübernahme üblicherweise von einem negativen Goodwill gesprochen, wenn die Anschaffungskosten den Substanzwert unterschreiten (Gelegenheitskauf, *bargain purchase*, *lucky buy*)[145]. Der negative Goodwill ist in seiner Existenz jedoch grundsätzlich umstritten, was noch im einzelnen zu untersuchen sein wird.

Positiver und negativer Goodwill können derzeit im Falle des Unternehmenserwerbs jeweils in zwei Unterformen in der Bilanz auftreten. Ein Nicht-Konsolidierungs-Goodwill (*nonconsolidation goodwill*) entsteht immer dann, wenn „ein am Wirtschaftsverkehr teilnehmendes, selbständiges Gebilde"[146], in aller Regel ein Einzelunternehmen, eine Personengesellschaft oder ein rechtlich unselbständiger Teilbetrieb, zu einem vom Substanzwert abweichenden Kaufpreis übernommen wird. Da hierbei einzelne Vermögensgegenstände und Schulden erworben werden, spricht man auch von einem sogenannten *Asset Deal*. Im Gegensatz dazu entsteht bei einem *Share Deal*, d. h. dem Erwerb von Gesellschaftsanteilen i. d. R. an einer Kapitalgesellschaft, im Einzelabschluß hingegen kein Goodwill, da statt der einzelnen Vermögensgegenstände und Schulden eine Beteiligung in Höhe der Anschaffungskosten aktiviert wird. Da hiermit jedoch regelmäßig eine Konzernbeziehung begründet wird, ist die Erstellung eines Konzernabschlusses erforderlich. Im Rahmen der Kapitalkonsolidierung ergibt sich dabei bei einem vom Substanzwert abweichenden Betrag ein Konsolidierungs-Goodwill (*consolidation goodwill*).[147] Grundsätzlich kommt die Unterscheidung in einen Konsolidierungs- und Nicht-Konsolidierungs-Goodwill allerdings auch bei einem originären

---

[144] Insofern kann ein positiver Goodwill sehr wohl auch einige negative Goodwill-Faktoren enthalten und umgekehrt. So bereits Auler, W., Unternehmungsmehr- und -minderwert (ZfB 1927), S. 657.

[145] Die Begriffe Gelegenheitskauf, ‚bargain purchase' und ‚lucky buy' werden in dieser Arbeit synonym verwendet. Anderer Ansicht Küting, K./Harth, H.-J., Negative Aufrechnungsdifferenz (WPg 1999), S. 490.

[146] Adler, H./Düring, W./Schmaltz, K., Rechnungslegung und Prüfung (1995/2000), § 255 HGB, Rn. 260.

[147] Vgl. Nobes, C./Norton, J., Treatments of Goodwill (JoIAAT 1996), S. 180; Paquette, L., Accounting For Goodwill, http://www.mscpaonline.org/.../goodwill.htm (11.07.2001); Döring, U., Goodwill, in: Chmielewicz, K./Schweitzer, M. (Hrsg.), HWR (1993), Sp. 816.

Goodwill in Betracht. Abb. 7 faßt die verschiedenen Arten des Goodwills noch einmal zusammen:

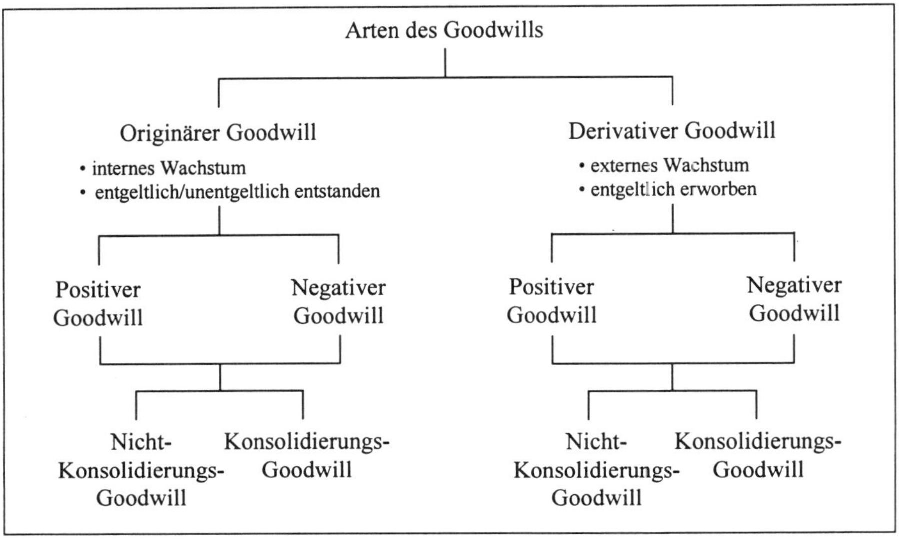

Abb. 7: Arten des Goodwills[148]

III. Zwischenfazit

Globalisierung, verstärkte Kapitalmarktorientierung der Unternehmen, weltweites M&A-Wachstum und der Wandel zur Informationsgesellschaft lassen immaterielle Vermögenswerte in einem neuen Licht erscheinen. Als Werttreiber für den Börsenwert von Unternehmen hat ihre Bedeutung in den letzten Jahren erheblich zugelegt, ohne daß ein Ende dieses Trends absehbar ist. Der Wert des bilanziellen Eigenkapitals entspricht hingegen häufig nur einem Bruchteil des Börsen- oder Marktwerts von Unternehmen. Ein Teil dieser Bilanzlücke wird üblicherweise auf das immaterielle Vermögen zurückgeführt.

Das Spektrum der immateriellen Vermögenswerte ist breit und reicht von konkreten Einzelwerten bis hin zum abstrakten Goodwill. Dabei stellt insbesondere der Goodwill aufgrund seines dynamischen Wesens als Konglomerat nicht abstrakt bilanzierungsfähiger immaterieller Werte seit langer Zeit einen bilanziellen Problembereich dar. Die Kenntnis des Goodwills konnte sogar bis ins 16. Jahrhundert zurückverfolgt werden.

---

148 Quelle: Eigene Darstellung.

Für Zwecke der Bilanzierung ist derzeit vor allem die Unterscheidung zwischen originärem und derivativem, positivem und negativem sowie Konsolidierungs- und Nicht-Konsolidierungs-Goodwill relevant.

Nach diesen Ausgangsüberlegungen wird die Bilanzierung des Goodwills in den folgenden drei Teilen in ausgewählten Rechnungslegungssystemen eingehend untersucht. Betrachtet werden neben dem deutschen Bilanzrecht die Vorschriften Großbritanniens (UK-GAAP) und der International Accounting Standards (IAS). Die Auswahl des britischen Rechnungslegungssystems erklärt sich wie folgt: Zum einen ist der Goodwill – soweit bekannt – erstmals in Großbritannien zum Gegenstand kaufmännischer Betrachtungen geworden, was eine lange Tradition und Erfahrung hinsichtlich seiner bilanziellen Behandlung erwarten läßt. Zum anderen handelt es sich bei der britischen Rechnungslegung um ein Mischsystem, das der angelsächsischen Rechnungslegungswelt zuzuordnen ist, gleichzeitig aber (detailliertes) kodifiziertes Bilanzrecht enthält. Die IAS basieren demgegenüber ausschließlich auf Rechnungslegungsstandards und sind insofern von besonderer Bedeutung, als sie bereits von zahlreichen deutschen Unternehmen im Konzernabschluß angewandt werden.

Zweiter Teil: Bilanzierung des Goodwills in Deutschland

Mit dem zweiten Teil beginnt die Darstellung und kritische Analyse ausgewählter Rechnungslegungssysteme hinsichtlich der Bilanzierung des Goodwills. Nach einem Überblick über die historische Entwicklung im deutschen Handels- und Steuerrecht werden die gegenwärtigen Vorschriften zum Einzel- und Konzernabschluß dargelegt. Die Kenntnis der Grundlagen der deutschen Rechnungslegung wird an dieser Stelle vorausgesetzt.

I. Historische Entwicklung der Bilanzierung des Goodwills

Die Bilanzierung des Geschäfts- oder Firmenwerts ist in Deutschland seit langem durch separate handels- und steuerrechtliche Normen für den Einzelabschluß geregelt, worauf sich die historische Betrachtung hier konzentriert. Die Darstellung beschränkt sich ferner auf den Regelfall des positiven Goodwills.[149]

A. Handelsrecht

Die erste gesetzliche Vorschrift im deutschen Handelsrecht, die mit der Bilanzierung des Goodwills in Zusammenhang stand, wurde mit der Aktienrechtsnovelle 1884 erlassen. So enthielt Art. 185 a Nr. 4 AktG 1884 ein Aktivierungsverbot für Organisations- und Verwaltungskosten als Teilmenge eines auf Ausgaben basierenden originären Goodwills,[150] da hiermit zuvor Mißbrauch betrieben worden war.[151] Dieses Verbot wurde noch in das GmbH-Gesetz von 1892[152] sowie das Handelsgesetzbuch von 1897[153] übernommen, fehlte jedoch interessanterweise im HGB 1931, da sich mit der Zeit die Verkehrsauffassung geändert hatte.[154] Mit der Aktienrechtsreform 1937 wurde aus der ehemaligen ‚Mißbrauchsvorschrift' schließlich ein Aktivierungswahlrecht für Betriebseinrichtungskosten (Organisationskosten),[155] das aus Billigkeitsgründen gewährt wurde[156] und in ähnlicher

149 Als Ergänzung zu diesem Abschnitt sind die wesentlichen der hier genannten Vorschriften im Anhang im Wortlaut wiedergegeben. Vgl. S. 168 ff.

150 Vgl. AktG 1884, RGBl. 1884, S. 136.

151 Vgl. Take, F., Geschäfts- oder Firmenwert (1938), S. 95 f.

152 Vgl. § 43 Nr. 2 GmbHG 1892, RGBl. 1892, S. 488.

153 Vgl. § 261 Nr. 4 HGB 1897, RGBl. 1897, S. 280.

154 Vgl. Take, F., Geschäfts- oder Firmenwert (1938), S. 96.

155 Vgl. § 133 Nr. 4 Satz 2 AktG 1937, RGBl. I 1937, S. 135.

Form auch Eingang ins Aktiengesetz von 1965 fand. Dort war allerdings von Ingangsetzungskosten die Rede.[157]

Für den übrigen Teil des originären Geschäfts- oder Firmenwerts führte die Aktienrechtsverordnung 1931 ein gesetzliches Aktivierungsverbot ein.[158] Hierbei handelte es sich letztlich jedoch nur um eine Normierung der herrschenden Meinung, die bereits vor 1931 eine Aktivierung des originären Geschäfts- oder Firmenwerts für unzulässig hielt, da sich dieser nicht als Vermögensgegenstand qualifiziere und somit nach den §§ 39, 40 Abs. 2 HGB 1897 nicht in die Bilanz aufzunehmen sei.[159] In nur leicht verändertem Wortlaut wurde das Aktivierungsverbot des originären Geschäfts- oder Firmenwerts in das Aktiengesetz von 1937[160] und 1965[161] übernommen.

Die Bilanzierung des derivativen Geschäfts- oder Firmenwerts wurde ebenfalls erstmals im Jahre 1931 gesetzlich geregelt. In Übereinstimmung mit der damals herrschenden betriebswirtschaftlichen und juristischen Auffassung, wonach der entgeltlich erworbene Goodwill ein aktivierungsfähiger – aufgrund seiner fehlenden Greifbarkeit indes nicht aktivierungspflichtiger – Vermögensgegenstand war,[162] räumte das HGB 1931 ein Aktivierungswahlrecht ein. Im Falle der Aktivierung war eine Tilgung durch angemessene jährliche Abschreibungen vorgeschrieben,[163] die nach herrschender Meinung aus Vorsichtsgründen möglichst schnell durchgeführt werden sollten.[164] Diese Regelung wurde ins Aktiengesetz von 1937 übernommen, wobei alternativ zur jährlichen Abschreibung noch eine indirekte Abschreibung mittels Wertkorrekturen zugelassen wurde.[165] Das Aktiengesetz von 1965 folgte in § 153 Abs. 5 zwar grundsätzlich seinem Vorgänger, verlangte jedoch zwingend eine Abschreibung in Höhe von jährlich mindestens

156 Vgl. Take, F., Geschäfts- oder Firmenwert (1938), S. 97.

157 Vgl. § 153 Abs. 4 Satz 2 u. 3 AktG 1965, BGBl. I 1965, S. 1127.

158 Vgl. § 261 Nr. 4 Satz 1 HGB 1931, RGBl. I 1931, S. 496.

159 Vgl. Auler, W., Unternehmungsmehr- und -minderwert (ZfB 1927), S. 735; Take, F., Geschäfts- oder Firmenwert (1938), S. 104. Für ein Aktivierungsverbot des originären Geschäfts- oder Firmenwerts sprach sich auch bereits das Reichsgericht im Jahre 1914 aus. Vgl. RG-Urteil v. 27.06.1914 (LZ 1915), Sp. 231.

160 Vgl. § 133 Nr. 5 Satz 1 AktG 1937, RGBl. I 1937, S. 135.

161 Vgl. § 153 Abs. 5 Satz 1 AktG 1965, BGBl. I 1965, S. 1127.

162 Vgl. Take, F., Geschäfts- oder Firmenwert (1938), S. 86. Auch das Reichsgericht hatte bereits im Jahre 1901 die Aktivierung des derivativen Geschäfts- oder Firmenwerts erlaubt. Vgl. RG-Urteil v. 09.07.1901 (JW 1901), S. 653.

163 Vgl. § 261 Nr. 4 Satz 2 u. 3 HGB 1931, RGBl. I 1931, S. 496.

164 Vgl. Take, F., Geschäfts- oder Firmenwert (1938), S. 115 f.

165 Vgl. § 133 Nr. 5 Satz 2 AktG 1937, RGBl. I 1937, S. 135.

20% in den der Unternehmensübernahme folgenden Geschäftsjahren.[166] Obwohl die genannten Vorschriften streng genommen nur für Aktiengesellschaften und Kommanditgesellschaften auf Aktien galten, fanden sie ohne Bedenken auch auf Personenunternehmen Anwendung, da es sich um verschärfende Ergänzungen gegenüber den allgemeinen Rechtsnormen des HGB handelte.[167]

Zusammenfassend kann man sagen, daß der Gesetzgeber im Handelsrecht grundsätzlich eine Aktivierung des originären Geschäfts- oder Firmenwerts untersagte, sie jedoch ausnahmsweise für Ingangsetzungskosten zuließ. Das Aktivierungswahlrecht für Ingangsetzungskosten kann somit als ‚lex specialis' zum Aktivierungsverbot des originären Goodwills interpretiert werden.[168] Für den derivativen Geschäfts- oder Firmenwert gewährten die handelsrechtlichen Vorschriften ein Aktivierungswahlrecht mit zwingender Abschreibung, die aus Vorsichtsgründen schnell durchgeführt werden sollte.

B. Steuerrecht

Für die bilanzielle Behandlung von Ingangsetzungskosten läßt sich steuerrechtlich eine dem Handelsrecht gerade entgegenlaufende Entwicklung beobachten. So sprach sich 1931 der Senatspräsident des Reichsfinanzhofs, BECKER, für eine weitgehende Aktivierung besonderer Ausgaben zum Aufbau oder zur Erweiterung eines originären Geschäfts- oder Firmenwerts aus und begründete dies mit dem Grundsatz der Gleichmäßigkeit der Besteuerung sowie mit volkswirtschaftlichen Argumenten.[169] Zudem finden sich frühe Urteile, in denen der Reichsfinanzhof (RFH) etwa die Aktivierung von außerordentlichen Werbeausgaben zur Erweiterung des Kundenkreises sogar vorschrieb.[170] Demgegenüber war der Bundesfinanzhof (BFH) deutlich zurückhaltender[171] und lehnte die Aktivierung von

---

166 Vgl. § 153 Abs. 5 Satz 3 AktG 1965, BGBl. I 1965, S. 1127.

167 So auch Take, F., Geschäfts- oder Firmenwert (1938), S. 87. Die Zweiteilung der Rechnungslegung in liberale Vorschriften für alle Kaufleute und strengere Vorschriften für Kapitalgesellschaften wird auch als „Dualismus der handelsrechtlichen Rechnungslegung" bezeichnet. Sigloch, J., Neuordnung der Rechnungslegung, in: Böhler, H. u. a. (Hrsg.), Mittelstand und Betriebswirtschaft (1987), S. 111.

168 Vgl. Doralt, W., Firmenwert (1976), S. 21.

169 Vgl. Becker, E., Einkommensteuerrechtliche Behandlung (StuW 1931), Sp. 1413 u. 1418.

170 Vgl. RFH-Urteil v. 18.09.1934 (StuW 1934), Sp. 1604 ff. Vgl. für weitere Nachweise Plückebaum, R., Geschäftswert (DB 1964), S. 4.

171 Vgl. Deubner, P., Aktivierung und Abschreibung (1971), S. 87 ff.

Ingangsetzungskosten in der Steuerbilanz ab, da kein zuverlässig bewertbares Wirtschaftsgut vorliege.[172]

Für den originären Geschäfts- oder Firmenwert i. e. S. verfügte bereits der RFH ein Aktivierungsverbot, da es an einer objektiven Markthandlung fehle.[173] Das Aktivierungsverbot ließ sich zudem aus dem Maßgeblichkeitsprinzip der handelsrechtlichen Grundsätze ordnungsmäßiger Buchführung für die steuerliche Gewinnermittlung ableiten. Explizit gesetzlich verankert wurde es mit der Einführung des § 5 Abs. 2 EStG durch das Einkommensteueränderungsgesetz 1969, wonach *nur* entgeltlich erworbene immaterielle Wirtschaftsgüter anzusetzen sind.[174]

Mit der steuerbilanziellen Behandlung des derivativen Geschäfts- oder Firmenwerts setzte sich erstmals das Preußische Oberverwaltungsgericht intensiv auseinander. In seiner Entscheidung vom 2. April 1902 umschrieb das Gericht den Geschäfts- oder Firmenwert als „alle diejenigen Verhältnisse, die nicht mit der Persönlichkeit des zeitigen Inhabers des Geschäfts zusammenhängen“[175] und vertrat damit eine statische Auffassung über das Wesen des Goodwills. Die Aktivierung des entgeltlich erworbenen Geschäfts- oder Firmenwerts wurde zugelassen. Bemerkenswert erscheint allerdings, daß das Gericht eine Abschreibung desselben auf jene Fälle beschränkte, in denen sich „die Differenz zwischen dem Werte des ganzen angekauften Etablissements und der Summe der Werte der einzelnen darunter begriffenen Gegenstände und Rechte in Wirklichkeit vermindert hat, und zwar wegen Wegfalls oder Schmälerung der für die Werterhöhung maßgebend gewesenen Momente ...“[176]. Eine Abschreibung des derivativen Geschäfts- oder Firmenwerts außer auf den niedrigeren gemeinen Wert lehnte auch BECKER in seinem Kommentar zum EStG 1925 ab, in dem er die folgenreiche These vertrat, daß sich der erworbene Goodwill nicht in wenigen Jahren verflüchtige und durch einen selbstgeschaffenen Goodwill ersetzt werde.[177] Anders als im Handelsrecht hielt er den Geschäfts- oder Firmenwert zudem nicht nur für aktivierungsfähig, sondern für aktivierungspflichtig.[178] BECKERS These von der

---

[172] Vgl. BFH-Urteil v. 28.01.1954, BStBl. III 1954, S. 109.

[173] Vgl. als Grundsatzurteile RFH-Urteil v. 28.02.1930, RStBl. 1930, S. 207; RFH-Urteil v. 15.07.1931 (StuW 1931), Sp. 1680.

[174] Vgl. EStÄndG 1969, BGBl. I 1969, S. 421.

[175] Preuß. OVG-Entscheidung v. 02.04.1902 zitiert nach Doralt, W., Firmenwert (1978), S. 52.

[176] Preuß. OVG-Entscheidung v. 02.04.1902 zitiert nach Doralt, W., Firmenwert (1978), S. 52.

[177] Vgl. Becker, E., Einkommensteuergesetz 1925 (1928), § 13, Bem. 55 sowie § 12, Bem. 18.

[178] Vgl. Becker, E., Einkommensteuerrechtliche Behandlung (StuW 1931), Sp. 1410.

Nichtabnutzbarkeit des Geschäfts- oder Firmenwerts wurde vom RFH in seinem Urteil vom 29. Juli 1931 aufgegriffen, das als Geburtsstunde der sogenannten *Einheitstheorie* bezeichnet werden kann. Der RFH sah den Geschäfts- oder Firmenwert danach als ein „einheitliches Wirtschaftsgut"[179] an, das keiner regelmäßigen Abnutzung unterliege und nicht in einen schwindenden derivativen und einen nicht aktivierungsfähigen originären Geschäfts- oder Firmenwert zerlegbar sei. Wertminderungen einzelner Faktoren würden vielmehr durch Werterhöhungen anderer Faktoren ausgeglichen, so daß steuerrechtlich eine Abschreibung nur bei einer tatsächlichen Wertminderung im Ganzen zulässig sei.[180] Die Einheitstheorie fand Eingang ins Einkommensteuergesetz von 1934, in dem der Geschäfts- oder Firmenwert ausdrücklich in § 6 Abs. 1 Nr. 2 Satz 1 unter den aktivierungspflichtigen, nicht abnutzbaren Wirtschaftsgütern aufgeführt wurde.[181] Wahlweise konnte der niedrigere Teilwert angesetzt werden. Der Bundesfinanzhof folgte der vom RFH entwickelten Einheitstheorie, wobei er jedoch den sogenannten Praxiswert freier Berufe und andere personenbezogene Geschäfts- oder Firmenwerte davon ausnahm und ihnen regelmäßige Abschreibungen zuerkannte,[182] um nicht mit seinem statischen Verständnis des Goodwills als personenungebundenen Wert[183] zu brechen. Die bereits erwähnte Einführung des § 5 Abs. 2 EStG 1969 bestätigte noch einmal die Aktivierungspflicht des entgeltlich erworbenen Geschäfts- oder Firmenwerts im Steuerrecht, da dieser als immaterielles Wirtschaftsgut angesehen wurde.

Zusammenfassend läßt sich sagen, daß Handels- und Steuerrecht in der Vergangenheit bei der Bilanzierung des Goodwills grundlegend unterschiedlichen Wegen folgten. Inwiefern die festgestellte Diskrepanz im gegenwärtigen Recht fortbesteht, wird im nächsten Kapitel behandelt.

---

179 RFH-Urteil v. 29.07.1931, RStBl. 1931, S. 852.

180 Für eine ausführliche Darstellung der Einheitstheorie vgl. statt vieler Doralt, W., Firmenwert (1976), S. 56 ff.; Deubner, P., Aktivierung und Abschreibung (1971), S. 92 ff.

181 Vgl. EStG 1934, RGBl. I 1934, S. 1007. § 6 Abs. 1 Nr. 2 Satz 1 EStG 1934 kann daher als die erste explizite gesetzliche Vorschrift zur Bilanzierung des Geschäfts- oder Firmenwerts im deutschen Bilanzsteuerrecht gelten.

182 Vgl. insbes. BFH-Urteil v. 15.04.1958, BStBl. III 1958, S. 330 f. Zur neueren Rechtsprechung vgl. Söffing, G., Geschäfts- oder Firmenwert, in: Knobbe-Keuk, B. u. a. (Hrsg.), Festschrift Döllerer (1988), S. 609 f.

183 Vgl. z. B. BFH-Urteil v. 10.11.1960, BStBl. III 1961, S. 95.

II. Bilanzierung des Goodwills im Einzelabschluß

Im Rahmen der grundlegenden Neuordnung der deutschen Rechnungslegung durch das Bilanzrichtlinien-Gesetz (BiRiLiG) vom 19. Dezember 1985[184] erfolgten auch wesentliche Änderungen der handels- und steuerrechtlichen Vorschriften zur Bilanzierung des Goodwills. Da sie noch immer geltendes Recht darstellen, bilden sie den Kern der nachfolgenden Analyse.

A. Handelsbilanz

1. Originärer Geschäfts- oder Firmenwert

Analog zum AktG 1965 enthält auch das HGB nach dem Inkrafttreten des BiRiLiG Vorschriften zur bilanziellen Behandlung von Ingangsetzungskosten als Teilmenge des originären Goodwills.[185] Gemäß § 269 HGB besteht nunmehr für Kapitalgesellschaften und bestimmte Personengesellschaften[186] ein explizites Wahlrecht, Aufwendungen für die Ingangsetzung und Erweiterung des Geschäftsbetriebs, die nicht abstrakt bilanzierungsfähig sind, unter gleichnamigem Posten in der Handelsbilanz anzusetzen und separat vor dem Anlagevermögen auszuweisen.[187] Ergänzend verlangt § 282 HGB eine Abschreibung dieses Postens in Höhe von mindestens 25% in jedem folgenden Geschäftsjahr; die Abschreibungsdauer beträgt demnach maximal fünf Jahre.[188] Das Gesetz weist den Ingangsetzungs- und Erweiterungsaufwendungen erstmals ausdrücklich den Status einer Bilanzierungs-

---

184 Vgl. BiRiLiG, BGBl. I 1985, S. 2355-2433. Mit dem BiRiLiG transformierte der Gesetzgeber die 4., 7. und 8. EG-Richtlinie in deutsches Recht. Für eine ausführliche Diskussion wesentlicher Änderungen vgl. z. B. Sigloch, J., Neuordnung der Rechnungslegung, in: Böhler, H. u. a. (Hrsg.), Mittelstand und Betriebswirtschaft (1987), S. 105 ff.

185 Vgl. S. 27 dieser Arbeit.

186 Haftungsbeschränkte Personengesellschaften sind seit der Änderung des HGB durch das Kapitalgesellschaften und Co-Richtlinie-Gesetz v. 24.02.2000 eingeschlossen. Da das Aktivierungswahlrecht jedoch bereits vor dem Inkrafttreten des BiRiLiG ein Grundsatz ordnungsmäßiger Buchführung war, ist es auch den übrigen Personenunternehmen zuzuerkennen. Vgl. Adler, H./Düring, W./Schmaltz, K., Rechnungslegung und Prüfung (1995/2000), § 269 HGB, Rn. 7.

187 Das Mitgliedstaatenwahlrecht der 4. EG-Richtlinie, wonach die Ingangsetzungs- und Erweiterungsaufwendungen auch unter den immateriellen Vermögensgegenständen hätten ausgewiesen werden können, wurde insofern nicht genutzt. Vgl. Art. 9 Aktiva B. Satz 1 der 4. EG-Richtlinie.

188 Sie ergibt sich bei folgender Mindestabschreibungsreihe: 0% im Zugangsjahr und je 25% in den vier Folgejahren.

hilfe zu,[189] womit die ausnahmsweise zulässige Aktivierung von Aufwendungen bezeichnet wird, die weder einen Vermögensgegenstand noch einen Rechnungsabgrenzungsposten begründen. Es handelt sich dabei um eine Billigkeitsmaßnahme, mit der ein unverhältnismäßig hoher Verlustausweis von Unternehmen in Anlauf- oder Erweiterungsphasen vermieden oder verringert werden soll.[190] Neben der ausdrücklichen Bezeichnung als Bilanzierungshilfe und der Verkürzung der Abschreibungsfrist unterscheidet sich das geltende Recht von § 153 Abs. 4 AktG 1965 darin, daß nicht nur Ingangsetzungs-, sondern auch Erweiterungskosten erfaßt sind. Darüber hinaus besteht eine Erläuterungspflicht im Anhang, und es ist zwingend eine Ausschüttungssperre einzurichten. Zu den Ingangsetzungsaufwendungen zählen vor allem Aufwendungen für den Organisationsaufbau, die Personalbeschaffung und -schulung sowie Einführungswerbung, während mit Erweiterungsaufwendungen eine sprunghafte Steigerung der Kapazität des Unternehmens von außerordentlicher Art und wesentlicher Bedeutung einhergehen muß.[191] Betont sei noch, daß auch selbsterstellte immaterielle Vermögensgegenstände, die nach § 248 Abs. 2 HGB einem Aktivierungsverbot unterliegen, unter die aktivierbaren Ingangsetzungs- und Erweiterungsaufwendungen fallen können, sofern mit ihnen eine erhebliche Ausweitung des Produktions- und Vertriebspotentials einhergeht; eine Aushöhlung des § 248 Abs. 2 HGB ist jedoch nicht statthaft.[192]

Für den übrigen selbstgeschaffenen Geschäfts- oder Firmenwert gilt im Handelsrecht noch immer ein striktes Aktivierungsverbot, das traditionell aus den Grundsätzen ordnungsmäßiger Buchführung abgeleitet wird. Es wird üblicherweise damit begründet, daß weder die Höhe der zu seinem Aufbau getätigten Ausgaben noch der Zeitwert des originären Goodwills mit hinreichender Sicherheit und Genauigkeit feststellbar seien,[193] da keine marktmäßige Bestätigung stattgefunden habe. Gegenüber seinem entgeltlichen Pendant besteht für den originären Geschäfts- oder Firmenwert daher ein größeres Bewertungs- bzw. Objektivierungsproblem, weshalb das Vorsichtsprinzip seinen Bilanzansatz zum Zweck des

---

[189] Vgl. § 269 Satz 1 HGB.

[190] Vgl. Adler, H./Düring, W./Schmaltz, K., Rechnungslegung und Prüfung (1995/2000), § 269 HGB, Rn. 8.

[191] Vgl. zum Aktivierungsumfang im einzelnen Adler, H./Düring, W./Schmaltz, K., Rechnungslegung und Prüfung (1995/2000), § 269 HGB, Rn. 12-15. Von den Ingangsetzungs- und Erweiterungsaufwendungen streng zu unterscheiden sind die Kosten für die Gründung und Kapitalbeschaffung eines Unternehmens, für die nach § 248 Abs. 1 HGB ein Aktivierungsverbot besteht.

[192] Vgl. Coenenberg, A. G. u. a., Jahresabschluß (2000), S. 158.

[193] Vgl. Adler, H./Düring, W./Schmaltz, K., Rechnungslegung und Prüfung (1995/2000), § 255 HGB, Rn. 257.

Gläubigerschutzes verbietet.[194] Zudem sei es nicht Aufgabe der Bilanz, den Unternehmensgesamtwert abzubilden.[195] Die herrschende Meinung lehnt es ferner ab, den originären Geschäfts- oder Firmenwert wegen seiner mangelnden Einzelbewertbarkeit als Vermögensgegenstand anzusehen.[196] Erkennt man den (positiven) originären Geschäfts- oder Firmenwert hingegen trotz fehlender selbständiger Bewertbarkeit und Einzelverwertbarkeit grundsätzlich als immateriellen Vermögensgegenstand an,[197] so beruht sein Nichtansatz in der Bilanz ‚lediglich' auf dem Aktivierungsverbot des § 248 Abs. 2 HGB.

2. Derivativer Geschäfts- oder Firmenwert

a) Bilanzansatz

Die handelsrechtliche Bilanzierung des derivativen Geschäfts- oder Firmenwerts wurde mit dem BiRiLiG erstmals für alle Kaufleute gesetzlich geregelt. In § 255 Abs. 4 führt das HGB aus, daß der Unterschiedsbetrag, „um den die für die Übernahme eines Unternehmens bewirkte Gegenleistung den Wert der einzelnen Vermögensgegenstände des Unternehmens abzüglich der Schulden im Zeitpunkt der Übernahme übersteigt"[198], als Geschäfts- oder Firmenwert in der Bilanz angesetzt werden darf.[199] Aus Sicht des Gesetzgebers ist der Goodwill damit ein „verfahrensbedingter, also technischer Differenzbetrag"[200], für den ein Ansatzwahlrecht eingeräumt wird.[201] Auch eine Teilaktivierung wird für zulässig befunden.[202] Das Gesetz spezifiziert nicht näher, was in § 255 Abs. 4 HGB mit ‚Unternehmen' gemeint ist. Da die Norm jedoch für den Einzelabschluß gilt,

---

194 Vgl. Mutze, O., Aktivierung und Bewertung (1960), S. 230 f.

195 Vgl. zu diesem Argument bereits Schmalenbach, E., Dynamische Bilanz (1933), S. 85.

196 Vgl. statt vieler Söffing, G., Geschäfts- oder Firmenwert, in: Knobbe-Keuk, B. u. a. (Hrsg.), Festschrift Döllerer (1988), S. 600 f.

197 Dieser Ansicht sind etwa Moxter, A., Geschäfts- oder Firmenwert, in: Bierich, M./ Hommelhoff, P./Kropff, B. (Hrsg.), Festschrift Semler (1993), S. 853; Weber-Grellet, H., in: Schmidt, L. (Hrsg.), Einkommensteuergesetz (2001), § 5, Rn. 222; Döring, U., Goodwill, in: Chmielewicz, K./Schweitzer, M. (Hrsg.), HWR (1993), Sp. 814. So wohl auch Ellrott, H./Schmidt-Wendt, D., in: Budde, W. D. u. a. (Hrsg.), Beck'scher Bilanz-Kommentar (1999), § 255, Rn. 511.

198 § 255 Abs. 4 Satz 1 HGB.

199 Der Gesetzgeber verwendet anstelle des Adjektivs ‚derivativ' insofern eine Erklärung.

200 Moxter, A., Geschäftswertbilanzierung (BB 1979), S. 743.

201 Die unter den Bewertungsvorschriften aufgeführte Norm stellt damit zugleich eine Ansatzvorschrift dar.

202 Vgl. Adler, H./Düring, W./Schmaltz, K., Rechnungslegung und Prüfung (1995/2000), § 255 HGB, Rn. 274.

kommt es nur im Falle eines Asset Deals zum Entstehen eines derivativen Geschäfts- oder Firmenwerts.

Die Rechtsnatur des derivativen Geschäfts- oder Firmenwerts ist im Handelsrecht sehr umstritten. Insbesondere wegen seiner fehlenden Einzelverwertbarkeit, dem bestehenden Aktivierungswahlrecht und der Durchbrechung des Grundsatzes der Einzelbewertung votiert die herrschende Meinung für eine Einordnung als Bilanzierungshilfe[203] und schafft damit den Nährboden für eine Divergenz der Begriffe Vermögensgegenstand und Wirtschaftsgut.[204] Gegen diese Argumentation spricht zum einen, daß der Gesetzgeber den (derivativen) Geschäfts- oder Firmenwert in § 266 Abs. 2 A. I. 2 HGB unter den immateriellen Vermögensgegenständen des Anlagevermögens aufgeführt hat;[205] zum anderen, daß abweichend zu den im Gesetz ausdrücklich als Bilanzierungshilfen bezeichneten Posten[206] keine Ausschüttungssperre zu bilden ist.[207] ADLER/DÜRING/SCHMALTZ schließlich sehen im derivativen Goodwill aufgrund der Widersprüche im Gesetz weder eine Bilanzierungshilfe noch einen Vermögensgegenstand, sondern einen „Wert eigener Art“[208], der wahlweise wie ein Vermögensgegenstand behandelt werden könne. Insgesamt ist festzuhalten, daß die Rechtsnatur des derivativen Geschäfts- oder Firmenwerts dem HGB nicht zweifelsfrei entnommen werden kann.[209]

---

203 Vgl. Coenenberg, A. G. u. a., Jahresabschluß (2000), S. 157; Ballwieser, W., Geschäftswert, in: Busse v. Colbe, W./Pellens, B. (Hrsg.), Lexikon des Rechnungswesens (1998), S. 284; Westerfelhaus, H., Zwei-Stufen-Ermittlung (DB 1995), S. 885 f.; Weber, C.-P./Zündorf, H., Geschäfts- oder Firmenwert (DB 1989), S. 334; Söffing, G., Geschäfts- oder Firmenwert, in: Knobbe-Keuk, B. u. a. (Hrsg.), Festschrift Döllerer (1988), S. 599 f.; Wöhe, G., Bilanzierung und Bewertung (StuW 1980), S. 100.

204 Vgl. Ballwieser, W., Geschäftswert, in: Busse v. Colbe, W./Pellens, B. (Hrsg.), Lexikon des Rechnungswesens (1998), S. 284. Vgl. auch S. 46 dieser Arbeit.

205 Vgl. auch Zeitler, F.-C., Firmenwert (DStR 1988), S. 304.

206 Vgl. §§ 269, 274 Abs. 2 HGB.

207 So etwa Moxter, A., Geschäfts- oder Firmenwert, in: Bierich, M./Hommelhoff, P./ Kropff, B. (Hrsg.), Festschrift Semler (1993), S. 855. ELLROTT/SCHMIDT-WENDT plädieren demgegenüber für einen „Vermögensgegenstand besonderer Art“. Vgl. Ellrott, H./Schmidt-Wendt, D., in: Budde, W. D. u. a. (Hrsg.), Beck'scher Bilanz-Kommentar (1999), § 255, Rn. 511.

208 Adler, H./Düring, W./Schmaltz, K., Rechnungslegung und Prüfung (1995/2000), § 255 HGB, Rn. 272.

209 So auch Weber, C.-P./Zündorf, H., Geschäfts- oder Firmenwert (DB 1989), S. 334; Söffing, G., Geschäfts- oder Firmenwert, in: Knobbe-Keuk, B. u. a. (Hrsg.), Festschrift Döllerer (1988), S. 597. FÖRSCHLE/HOFFMANN bezeichnen den derivativen Goodwill als einen „Grenzfall zwischen Vermögensgegenstand und Bilanzierungshilfe“. Förschle, G./Hoffmann, K., in: Budde, W. D. u. a. (Hrsg.), Beck'scher Bilanz-Kommentar (1999), § 309, Rn. 6.

b) Bilanzbewertung

Bei der erstmaligen Wertermittlung des derivativen Geschäfts- oder Firmenwerts ist der Substanzwert des übertragenen Unternehmens zu bestimmen und von den Anschaffungskosten abzuziehen. Der Substanzwert umfaßt sämtliche erworbenen Vermögensgegenstände, Rechnungsabgrenzungsposten und Schulden zu ihren Zeitwerten im Übernahmezeitpunkt; er schließt insbesondere originäre immaterielle Anlagewerte, die beim erworbenen Unternehmen zuvor wegen § 248 Abs. 2 HGB nicht aktivierungsfähig waren, sowie bislang nicht passivierte Schulden ein. Bilanzierungshilfen gemäß § 269 HGB sind hingegen nicht zu berücksichtigen.[210] Aktivierte Ingangsetzungs- und Erweiterungskosten gehen somit im Falle des Unternehmenserwerbs im derivativen Goodwill auf. Die Zeitwerte der Vermögensgegenstände und Schulden orientieren sich grundsätzlich an den Verwendungsabsichten des Managements, sind im Zweifel jedoch vorsichtig zu bemessen.[211] Da vor allem bei der Aufdeckung stiller Reserven und Lasten weitreichende Ermessens- und Schätzspielräume bestehen, die bilanzpolitisch genutzt werden können, ist DÖRING zuzustimmen, der dem HGB neben dem gesetzlichen Aktivierungswahlrecht ein faktisches Bewertungswahlrecht hinsichtlich des derivativen Goodwills zuschreibt.[212]

Insofern der derivative Geschäfts- oder Firmenwert aktiviert wurde, unterliegt er als Folgebehandlung einer zwingenden Abschreibung, die wahlweise pauschal oder planmäßig erfolgen kann. Die pauschale Abschreibung zu mindestens 25% in jedem folgenden Geschäftsjahr[213] steht grundsätzlich in der Rechtstradition des § 153 Abs. 5 Satz 2 AktG 1965, verkürzt jedoch die maximale Abschreibungsdauer auf fünf Jahre.[214] In dieser vom Vorsichtsprinzip geleiteten, auffallend kurzen Abschreibungsfrist spiegelt sich die Übergewinnauffassung wider, die den Goodwill als ein ‚flüchtiges Gut' ansieht, welches möglichst rasch wieder aus der Bilanz entfernt werden soll.[215] Alternativ bietet § 255 Abs. 4 Satz 3 HGB die Mög-

---

210 Vgl. Ellrott, H./Schmidt-Wendt, D., in: Budde, W. D. u. a. (Hrsg.), Beck'scher Bilanz-Kommentar (1999), § 255, Rn. 512 ff.; Adler, H./Düring, W./Schmaltz, K., Rechnungslegung und Prüfung (1995/2000), § 255 HGB, Rn. 265 ff.

211 Vgl. Adler, H./Düring, W./Schmaltz, K., Rechnungslegung und Prüfung (1995/2000), § 255 HGB, Rn. 269.

212 Vgl. Döring, U., Goodwill, in: Chmielewicz, K./Schweitzer, M. (Hrsg.), HWR (1993), Sp. 815.

213 Vgl. § 255 Abs. 4 Satz 2 HGB.

214 Sie ergibt sich bei folgender Mindestabschreibungsreihe: 0 % im Zugangsjahr und je 25% in den vier Folgejahren. Vgl. Förschle, G./Hoffmann, K., in: Budde, W. D. u. a. (Hrsg.), Beck'scher Bilanz-Kommentar (1999), § 309, Rn. 11.

215 Ähnlich Döring, U., Goodwill, in: Chmielewicz, K./Schweitzer, M. (Hrsg.), HWR

lichkeit zu einer planmäßigen Verteilung der Anschaffungskosten des Goodwills auf seine voraussichtliche – in jedem Fall aber endliche – Nutzungsdauer. Diese Option wurde eingefügt, um nach dem Inkrafttreten des BiRiLiG eine einheitliche Bilanzierung des derivativen Goodwills in Handels- und Steuerbilanz zu ermöglichen.[216] So sprechen sich ADLER/DÜRING/SCHMALTZ für eine Akzeptanz der steuerlichen Nutzungsdauerfiktion von 15 Jahren[217] im Regelfall auch für die Handelsbilanz aus.[218] Gleichwohl ist eine unkritische Übernahme dieser Frist abzulehnen – insbesondere, da bei einer erwarteten kürzeren Nutzungsdauer gegen das Vorsichtsprinzip verstoßen würde.[219] Vielmehr ist die Nutzungsdauer des derivativen Goodwills für die Handelsbilanz eigenständig zu schätzen, wobei grundsätzlich auch eine längere Frist als 15 Jahre in Frage kommt.[220] In der Praxis ist die Schätzung der Nutzungsdauer mit großer Unsicherheit behaftet, was dem Bilanzierenden erhebliche bilanzpolitische Spielräume eröffnet.[221] Für die planmäßige Abschreibung werden allgemein die Methoden der linearen und degressiven Abschreibung anerkannt.[222]

Der derivative Geschäfts- oder Firmenwerts ist bei vorzeitigem Wegfall eines

---

(1993), Sp. 816.

216 Vgl. Deutscher Bundestag, BT-Drucksache 10/4268 v. 18.11.1995, S. 101; Söffing, G., Geschäfts- oder Firmenwert, in: Knobbe-Keuk, B. u. a. (Hrsg.), Festschrift Döllerer (1988), S. 606 f.; Sigloch, J., Neuordnung der Rechnungslegung, in: Böhler, H. u. a. (Hrsg.), Mittelstand und Betriebswirtschaft (1987), S. 117.

217 Vgl. § 7 Abs. 1 Satz 3 EStG sowie S. 47 dieser Arbeit.

218 Vgl. Adler, H./Düring, W./Schmaltz, K., Rechnungslegung und Prüfung (1995/2000), § 255, Rn. 283. MOXTER lehnt sowohl eine Unter- als auch eine Überschreitung dieser Frist ab. Vgl. Moxter, A., Geschäfts- oder Firmenwert, in: Bierich, M./Hommelhoff, P./ Kropff, B. (Hrsg.), Festschrift Semler (1993), S. 858. SÖFFING sieht 15 Jahre als Höchstgrenze an. Vgl. Söffing, G., Geschäfts- oder Firmenwert, in: Knobbe-Keuk, B. u. a. (Hrsg.), Festschrift Döllerer (1988), S. 607.

219 Vgl. Wagner, F. W./Schomaker, H., Abschreibung des Firmenwertes (DB 1987), S. 1366.

220 Vgl. Ballwieser, W., Geschäftswert, in: Busse v. Colbe, W./Pellens, B. (Hrsg.), Lexikon des Rechnungswesens (1998), S. 285; Ellrott, H./Schmidt-Wendt, D., in: Budde, W. D. u. a. (Hrsg.), Beck'scher Bilanz-Kommentar (1999), § 255, Rn. 520. Einige Autoren halten – wohl in Anlehnung an den US- Standard APB Opinion No. 17 – eine Nutzungsdauer von maximal 40 Jahren für zulässig. Vgl. z. B. Küting, K./Hayn, S., Angelsächsischer Konzernabschluß (AG 1996), S. 57.

221 Vgl. Wagner, F. W./Schomaker, H., Abschreibung des Firmenwertes (DB 1987), S. 1367.

222 Vgl. Adler, H./Düring, W./Schmaltz, K., Rechnungslegung und Prüfung (1995/2000), § 255 HGB, Rn. 282; Döring, U., Goodwill, in: Chmielewicz, K./Schweitzer, M. (Hrsg.), HWR (1993), Sp. 816.

wesentlichen Bestimmungsfaktors außerplanmäßig abzuschreiben.[223] Trotz des grundsätzlichen Wertaufholungsgebots nach § 280 Abs. 1 HGB wird eine Zuschreibung von der Literatur unter Hinweis auf das Vorsichtsprinzip allgemein abgelehnt.[224]

c) Angabepflichten

Da der derivative Geschäfts- oder Firmenwert dem Anlagevermögen zugeordnet ist, müssen Kapitalgesellschaften und bestimmte Personengesellschaften seine Entwicklung im Anlagespiegel darstellen.[225] Ferner sind die auf diesen Posten angewandten Bilanzierungs- und Bewertungsmethoden gemäß § 284 Abs. 2 Nr. 1 HGB im Anhang anzuführen. Nach § 285 Nr. 13 HGB besteht darüber hinaus die Pflicht zur Angabe der Gründe, falls die planmäßige Abschreibung gewählt wurde, was die Vermutung nahelegt, das HGB halte diese Option für eine erklärungsbedürftige Abweichung vom ‚Normalfall' der pauschalen Abschreibung.[226]

3. Sonderfall: Negativer Geschäfts- oder Firmenwert

Ein negativer (derivativer) Geschäfts- oder Firmenwert kommt, wie bereits ausgeführt wurde, formal zustande, wenn die Übernahme eines Unternehmens zu einem Wert unterhalb des (anteiligen) Substanzwerts erfolgt. Seine Existenz und bilanzielle Behandlung ist im Einzelabschluß heftig umstritten. So gelangt SÖFFING zu dem Schluß, daß ein negativer Geschäfts- oder Firmenwert nicht existiere, da weder das HGB noch das EStG explizite gesetzliche Regelungen enthalten.[227] Ein Minderkaufpreis sei daher im Rahmen der Wertansätze der einzelnen Vermögensgegenstände und Schulden zu berücksichtigen.[228] ADLER/DÜRING/SCHMALTZ halten ebenfalls i. d. R. eine ursächliche Verteilung des Differenzbetrages im Wege

---

223 Vgl. Ellrott, H./Schmidt-Wendt, D., in: Budde, W. D. u. a. (Hrsg.), Beck'scher Bilanz-Kommentar (1999), § 255, Rn. 524. Anderer Ansicht Söffing, G., Geschäfts- oder Firmenwert, in: Knobbe-Keuk, B. u. a. (Hrsg.), Festschrift Döllerer (1988), S. 607.

224 Vgl. Adler, H./Düring, W./Schmaltz, K., Rechnungslegung und Prüfung (1995/2000), § 255 HGB, Rn. 287.

225 Vgl. § 268 Abs. 2 HGB.

226 Vgl. Döring, U., Goodwill, in: Chmielewicz, K./Schweitzer, M. (Hrsg.), HWR (1993), Sp. 817.

227 Zudem wird ein negativen Geschäfts- oder Firmenwerts nicht in der Bilanzgliederung erwähnt. So auch Heurung, R., Der negative Geschäftswert (DB 1995), S. 385.

228 Vgl. Söffing, G., Geschäfts- oder Firmenwert, in: Knobbe-Keuk, B. u. a. (Hrsg.), Festschrift Döllerer (1988), S. 596. Ihm folgend Niemann, U., Immaterielle Wirtschaftsgüter (1999), S. 47.

der Abstockung sowie Aufstockung für möglich und geboten;[229] sie begründen dies mit dem Anschaffungswertprinzip[230], das eine Bilanzbewertung oberhalb der Anschaffungskosten verbiete. Verbleibe in Ausnahmefällen dennoch ein Restbetrag, weil nur noch nicht abstockungsfähiges Vermögen (z. B. Kasse) vorliege, so sei der Ansatz eines ergänzenden Passivums unerläßlich,[231] bei dem es sich weder um eine Verbindlichkeit, Rückstellung noch um einen passiven Rechnungsabgrenzungsposten handele.[232] Der Posten ist erst bei Eintritt der zugrunde liegenden Verlusterwartungen gewinnerhöhend aufzulösen.[233] SIEGEL/BAREIS hingegen lehnen eine Passivierung mit Hinweis auf das Anschaffungswertprinzip stets ab und befürworten den Ausweis eines Erwerbsgewinns,[234] wohingegen MOXTER argumentiert, der Ansatz eines negativen Geschäfts- oder Firmenwerts könne sich auf das gesetzliche Ausweisverbot unrealisierter Gewinne (§ 252 Abs. 1 Nr. 4 HGB) stützen.[235] Ein negativer Goodwill im Einzelabschluß wird z. T. auch aus den Vorschriften zur Kapitalkonsolidierung im Konzernabschluß abgeleitet,[236] die den Ansatz eines solchen Postens offenbar vorsehen.[237] Die Mindermeinung plädiert für einen unverzerrten Ansatz der erworbenen Vermögensgegenstände und Schulden zu Zeitwerten bei gleichzeitiger Passivierung des vollständigen negativen Goodwills.[238] Dieser habe einen den Drohverlustrückstellungen ähnlichen

---

229 Zu den verschiedenen Abstockungsalternativen vgl. Ernsting, I., Bilanzierung eines negativen Geschäfts- oder Firmenwerts (WPg 1998), S. 409 f.

230 Vgl. § 253 Abs. 1 Satz 1 HGB.

231 So auch Ellrott, H./Schmidt-Wendt, D., in: Budde, W. D. u. a. (Hrsg.), Beck'scher Bilanz-Kommentar (1999), § 255, Rn. 516. Zur Verdeutlichung wird ein Beispiel angeführt: Unternehmen U_1 erwerbe in einem Asset Deal das Unternehmen U_2 zu Anschaffungskosten von 80 GE; der Substanzwert betrage 100 GE. Im Fall a) verfüge U_2 einzig über ein Grundstück und sei vollständig eigenfinanziert (Buchwert jeweils 100 GE). Es kommt zu einer Abstockung des Grundstücks um 20 GE, ein negativer Goodwill entsteht nicht. Im Fall b) bestehe das Vermögen von U_2 anstelle des Grundstücks aus Bar- und Buchgeld. Da eine Abstockung von Nominalgütern abgelehnt wird, ist der Differenzbetrag von -20 GE zu passivieren (negativer Goodwill).

232 Auch eine ‚Passivierungshilfe' kommt nach SIEGEL/BAREIS nicht in Betracht. Vgl. Siegel, T./Bareis, P., Der „negative Geschäftswert" (BB 1993), S. 1482.

233 Vgl. Adler, H./Düring, W./Schmaltz, K., Rechnungslegung und Prüfung (1995/2000), § 255 HGB, Rn. 294 f.

234 Vgl. Siegel, T./Bareis, P., Der „negative Geschäftswert" (BB 1993), S. 1481 f. u. 1485.

235 Vgl. Moxter, A., Geschäfts- oder Firmenwert, in: Bierich, M./Hommelhoff, P./Kropff, B. (Hrsg.), Festschrift Semler (1993), S. 857.

236 Vgl. z. B. Bachem, R. G., Der „negative Geschäftswert" (BB 1993), S. 1976. Ablehnend Siegel, T./Bareis, P., Zum „negativen" Geschäftswert (BB 1994), S. 319.

237 Vgl. § 309 Abs. 2 i. V. m. § 301 Abs. 3 Satz 1 HGB sowie S. 59 dieser Arbeit.

238 So bereits auch Auler, W., Unternehmungsmehr- und -minderwert (ZfB 1927), S. 843.

Charakter und sei bei Eintritt der erwarteten Verluste/Aufwendungen ertragswirksam aufzulösen.[239]

Insgesamt verbleibt bei der handelsrechtlichen Bilanzierung eines negativen Geschäfts- oder Firmenwerts ein Interpretationsspielraum. In jüngerer Zeit scheint jedoch weniger dessen grundsätzliche Passivierung – wie immer der Posten auch genannt wird – als vielmehr der Umfang des Passivpostens strittig zu sein.[240] Überwiegend wird eine Abstockung des Vermögens (ausgenommen Bar- und Buchgeld) sowie eine Aufstockung der Schulden (d. h. Zuschreibung bereits passivierter und Ansatz nicht ausgewiesener Verpflichtungen) verlangt. Für den Restbetrag kann von einem Passivierungsgebot ausgegangen werden,[241] wobei ein über dem Eigenkapitalbuchwert des erworbenen Unternehmens liegender Substanzwert jedoch unberücksichtigt bleibt.[242]

B. Steuerbilanz

1. Originärer Geschäfts- oder Firmenwert

Im Unterschied zum Handelsrecht ist der Ansatz von Ingangsetzungs- und Erweiterungsaufwendungen in der Steuerbilanz verboten, da diese keine Wirtschaftsgüter darstellen und die Rechtsprechung keine steuerlichen Bilanzierungshilfen anerkennt.[243] Es liegt somit ein Fall der fakultativen Durchbrechung des

---

In obigem Beispiel würde demnach auch im Fall a) auf eine Abstockung verzichtet, vielmehr käme es zum Ansatz eines negativen Goodwills in Höhe von -20 GE.

239 Vgl. Bachem, R. G., Berücksichtigung negativer Geschäftswerte (BB 1993), S. 968 ff. m. w. N.

240 Vgl. Ernsting, I., Bilanzierung eines negativen Geschäfts- oder Firmenwerts (WPg 1998), S. 413.

241 Vgl. Ellrott, H./Schmidt-Wendt, D., in: Budde, W. D. u. a. (Hrsg.), Beck'scher Bilanz-Kommentar (1999), § 255, Rn. 516.

242 Hierzu wiederum ein Beispiel: U_1 erwerbe in einem Asset Deal U_2 zu Anschaffungskosten von 80 GE; der Substanzwert betrage nunmehr 120 GE. Das Vermögen von U_2 bestehe aus einem Grundstück (Buchwert = 10 GE) sowie Kassenbestand (90GE) und sei vollständig eigenfinanziert. Nach herrschender Meinung ist das Grundstück um 10 GE abzustocken und der Restbetrag zwischen Anschaffungskosten und Eigenkapitalbuchwert in Höhe von -10 GE zu passivieren (negativer Goodwill). Der über den Eigenkapitalbuchwert hinausgehende Teil des Substanzwerts (20 GE) bleibt demgegenüber außer Betracht.

243 Vgl. Weber-Grellet, H., in: Schmidt, L. (Hrsg.), Einkommensteuergesetz (2001), § 5, Rn. 32 u. 101; Coenenberg, A. G. u. a., Jahresabschluß (2000), S. 109 f. Es handelt sich um eine Ausnahme vom Grundsatz, daß handelsrechtliche Aktivierungswahlrechte zu steuerlichen Aktivierungsgeboten werden.

Maßgeblichkeitsgrundsatzes vor, da das Aufstellen einer Einheitsbilanz nur bei Nichtinanspruchnahme des Aktivierungswahlrechts in der Handelsbilanz möglich ist. Wird das Wahlrecht hingegen ausgeübt, so ist in der Handelsbilanz nach § 274 Abs. 1 i. V. m. § 249 Abs. 1 HGB eine Rückstellung für latente Steuern zu bilden.[244]

Der originären Geschäfts- oder Firmenwert i. e. S. unterliegt im Steuerrecht ebenfalls einem Aktivierungsverbot, das bereits aus dem Maßgeblichkeitsprinzip resultiert.[245] Da der Geschäfts- oder Firmenwert steuerlich unabhängig von seiner Entstehungsweise als Wirtschaftsgut angesehen wird, ergibt sich das Ansatzverbot für seine originäre Erscheinungsform auch als Umkehrschluß aus § 5 Abs. 2 EStG.[246]

2. Derivativer Geschäfts- oder Firmenwert

Der derivative Geschäfts- oder Firmenwert ist in der Steuerbilanz nach § 5 Abs. 2 EStG als immaterielles Wirtschaftsgut aktivierungspflichtig.[247] Folglich handelt es sich auch hier um einen Fall der fakultativen Durchbrechung der Maßgeblichkeit; eine Einheitsbilanz wird grundsätzlich nur im Falle der Aktivierung des Goodwills in der Handelsbilanz möglich. Die Ermittlung der Anschaffungskosten des derivativen Goodwills folgt weitgehend der handelsrechtlichen Vorgehensweise, wobei einige Besonderheiten zu abweichenden Wertansätzen in der Steuerbilanz führen können.[248] Im Rahmen der Feststellung des Substanzwerts existiert insgesamt auch steuerrechtlich ein nicht unbeachtlicher bilanzpolitischer Spielraum.[249]

---

244 Vgl. auch Veit, K.-R., Inanspruchnahme von Bilanzierungshilfen (DB 1995), S. 2129.

245 Vgl. Döring, U., Goodwill, in: Chmielewicz, K./Schweitzer, M. (Hrsg.), HWR (1993), Sp. 817. So wohl auch Moxter, A., Geschäfts- oder Firmenwert, in: Bierich, M./Hommelhoff, P./Kropff, B. (Hrsg.), Festschrift Semler (1993), S. 854.

246 Vgl. Söffing, G., Geschäfts- oder Firmenwert, in: Knobbe-Keuk, B. u. a. (Hrsg.), Festschrift Döllerer (1988), S. 597 u. 600 f.

247 Vgl. Weber-Grellet, H., in: Schmidt, L. (Hrsg.), Einkommensteuergesetz (2001), § 5, Rn. 222; Döring, U., Goodwill, in: Chmielewicz, K./Schweitzer, M. (Hrsg.), HWR (1993), Sp. 817. Darüber hinaus werden handelsrechtliche Aktivierungswahlrecht nach ständiger Rechtsprechung des BFH zu steuerlichen Aktivierungsgeboten. Vgl. Wöhe, G., Betriebswirtschaftliche Steuerlehre (1992), S. 283.

248 Zu denken ist beispielsweise an den sogenannten Lästigenzuschlag zur Abfindung eines ‚lästigen' Gesellschafters, der im Handelsrecht zum Geschäfts- oder Firmenwert zählt, steuerrechtlich dagegen nicht. Vgl. Söffing, G., Geschäfts- oder Firmenwert, in: Knobbe-Keuk, B. u. a. (Hrsg.), Festschrift Döllerer (1988), S. 595 f. Kritisch zum steuerrechtlichen Vorgehen Ballwieser, W., Geschäftswert, in: Busse v. Colbe, W./ Pellens, B. (Hrsg.), Lexikon des Rechnungswesens (1998), S. 285 f.

249 Vgl. Döring, U., Goodwill, in: Chmielewicz, K./Schweitzer, M. (Hrsg.), HWR (1993),

Durch das BiRiLiG entfernte der Gesetzgeber den (entgeltlich erworbenen) Geschäfts- oder Firmenwert aus der Aufzählung der nicht abnutzbaren Wirtschaftsgüter in § 6 Abs. 1 Nr. 2 EStG. Damit wurde das seit 1934 gesetzlich verankerte Verbot einer systematischen Abschreibung aufgegeben.[250] Seit dem 1.1.1987 gehört der derivative Geschäfts- oder Firmenwert nunmehr zu den abnutzbaren Wirtschaftsgütern und ist entsprechend der Neuregelung in § 7 Abs. 1 Satz 3 EStG zwingend über eine betriebsgewöhnliche Nutzungsdauer von 15 Jahren abzuschreiben. Bei dieser – fiskalisch motivierten[251] – Frist handelt es sich um eine unwiderlegbare Vermutung: Sie ist entgegen dem Handelsrecht auch im Falle einer kürzeren Nutzungsdauer anzuwenden ist.[252] Als Abschreibungsmethode ist ausschließlich die lineare Absetzung für Abnutzung zulässig.[253]

Damit ist festzuhalten, daß eine Übereinstimmung von Handels- und Steuerbilanz hinsichtlich des derivativen Goodwills streng genommen nur unter den Prämissen eines gleichen Werts bei erstmaliger Ermittlung, einer tatsächlichen (!) Nutzungsdauer von 15 Jahren und Anwendung der linearen Abschreibung gegeben ist.[254] Da die Kommentarliteratur jedoch teilweise auch die Übernahme der steuerlichen Nutzungsdauerfiktion ins Handelsrecht für akzeptabel hält,[255] weitet sich der Anwendungsbereich für eine Einheitsbilanz aus.

Strittig ist, ob mit der Einordnung des Geschäfts- oder Firmenwerts unter die abnutzbaren Wirtschaftsgüter die Einheitstheorie aufgegeben wurde oder ob diese im Rahmen der Teilwertabschreibung noch immer zu berücksichtigen ist. Während die überwiegende Meinung von der Unwirksamkeit der Einheitstheorie ausgeht,[256] vertritt GLANEGGER die Auffassung, daß eine Teilwertermittlung für den

---

Sp. 817.

250 Vgl. BiRiLiG, BGBl. I 1985, S. 2425 f.

251 Vgl. Söffing, G., Geschäfts- oder Firmenwert, in: Knobbe-Keuk, B. u. a. (Hrsg.), Festschrift Döllerer (1988), S. 610.

252 Vgl. BMF-Schreiben v. 20.11.1986, BStBl. I 1986, S. 532.

253 Vgl. Weber-Grellet, H., in: Schmidt, L. (Hrsg.), Einkommensteuergesetz (2001), § 5, Rn. 227.

254 Abweichende Jahresergebnisse in Handels- und Steuerbilanz erfordern ggf. die Berücksichtigung latenter Steuern. Vgl. Veit, K.-R., Der derivative Firmenwert (DB 1989), S. 1095.

255 Vgl. S. 42 dieser Arbeit.

256 Vgl. Ellrott, H./Schmidt-Wendt, D., in: Budde, W. D. u. a. (Hrsg.), Beck'scher Bilanz-Kommentar (1999), § 255, Rn. 526; Ballwieser, W., Geschäftswert, in: Busse v. Colbe, W./Pellens, B. (Hrsg.), Lexikon des Rechnungswesens (1998), S. 286; Moxter, A., Geschäfts- oder Firmenwert, in: Bierich, M./Hommelhoff, P./Kropff, B. (Hrsg.), Festschrift Semler (1993), S. 860; Söffing, G., Geschäfts- oder Firmenwert, in:

Goodwill überhaupt nur auf Grundlage der Einheitstheorie durchführbar sei.[257]

3. Sonderfall: Negativer Geschäfts- oder Firmenwert

Die Frage nach der Anerkennung eines negativen Geschäfts- oder Firmenwerts in der Steuerbilanz ist insbesondere vor dem Hintergrund relevant, daß durch seine Passivierung der Ausweis eines Erwerbsgewinns bzw. eine Abstockung der Wirtschaftsgüter vermieden wird und damit zukünftiges Abschreibungspotential erhalten bleibt. Der negative Geschäfts- oder Firmenwert bewirkt damit eine zinslose Steuerstundung.[258]

In Ermangelung einer gesetzlichen Vorschrift ist seine bilanzielle Behandlung im Steuerrecht nicht weniger kontrovers als im Handelsrecht; für eine Darstellung des Meinungsspektrums in der Literatur kann daher auf obige Diskussion verwiesen werden. Die Steuerrechtsprechung hat die Existenz des negativen Geschäfts- oder Firmenwerts lange Zeit abgelehnt und für eine pauschale Abstockung der Wirtschaftsgüter plädiert.[259] Dies wurde zum einen damit begründet, daß eine falsche, d. h. überhöhte Bewertung der einzelnen Wirtschaftsgüter vorliegen müsse, die zu korrigieren sei.[260] Ferner schreibe das Anschaffungswertprinzip[261] die Anschaffungskosten als Wertobergrenze fest.[262] Zum anderen sei ein negativer Geschäfts- oder Firmenwert nicht passivierungsfähig, da es sich weder um ein negatives Wirtschaftsgut noch um einen passiven Rechnungsabgrenzungsposten handele.[263]

Bemerkenswert erscheint, daß das Niedersächsische Finanzgericht in seinem Urteil vom 24.10.1991 die Passivierung eines negativen Geschäfts- oder Firmenwerts

---

Knobbe-Keuk, B. u. a. (Hrsg.), Festschrift Döllerer (1988), S. 612; Zeitler, F.-C., Firmenwert (DStR 1988), S. 304.

257 Vgl. Glanegger, P., in: Schmidt, L. (Hrsg.), Einkommensteuergesetz (2001), § 6, Rn. 242.

258 Vgl. Ernsting, I., Bilanzierung eines negativen Geschäfts- oder Firmenwerts (WPg 1998), S. 406.

259 Hierzu ausführlich Ernsting, I., Bilanzierung eines negativen Geschäfts- oder Firmenwerts (WPg 1998), S. 408 f.; Bachem, R. G., Berücksichtigung negativer Geschäftswerte (BB 1993), S. 970 f.

260 So bereits RFH-Urteil v. 15.10.1924, RFHE, Bd. 15, S. 5.

261 Vgl. § 6 Abs. 1 Nr. 7 EStG.

262 Vgl. BFH-Urteil v. 19.02.1981, BStBl. II 1981, S. 730 f.

263 Vgl. Ernsting, I., Bilanzierung eines negativen Geschäfts- oder Firmenwerts (WPg 1998), S. 409; Bachem, R. G., Berücksichtigung negativer Geschäftswerte (BB 1993), S. 971.

ausdrücklich zuließ, sofern kein abstockungsfähiges Vermögen mehr vorliege.[264] Zwar lehnte der BFH dies in der Revisionsentscheidung grundsätzlich ab, kreierte statt dessen jedoch einen ‚passiven Ausgleichsposten', der erst bei Eintreten der erwarteten Verluste bzw. dem Abgang der Beteiligung aufzulösen ist.[265] Der BFH hat diese Rechtsanschauung im Jahre 1996 ausdrücklich bestätigt.[266] Im Ergebnis kann damit nunmehr von einer ‚De facto-Passivierungspflicht' eines negativen Goodwills – wenngleich auch unter anderer Bezeichnung – in der Steuerbilanz ausgegangen werden, die jedoch erst nach einer pauschalen Abstockung der Aktiva (mit Ausnahme des Bar- und Buchgeldbestands) auf Null und Aufstockung der Schulden greift.[267]

In der Gegenüberstellung von Handels- und Steuerrecht läßt sich insgesamt feststellen, daß die historisch gewachsenen Unterschiede im Rahmen der Goodwill-Bilanzierung durch das BiRiLiG nur teilweise beseitigt wurden. Abweichungen insbesondere hinsichtlich der Behandlung der Ingangsetzungs- und Erweiterungskosten sowie des derivativen Geschäfts- oder Firmenwerts bestehen fort. Während der derivative Goodwill vom Steuerrecht als immaterielles Wirtschaftsgut angesehen wird, scheint sich das Handelsrecht noch immer nicht zwischen der Einordnung als Bilanzierungshilfe oder Vermögensgegenstand sicher zu sein, wodurch ein erheblicher bilanzpolitischer Ermessensspielraum entsteht.

III. Bilanzierung des Goodwills im Konzernabschluß

In diesem Kapitel wird die Bilanzierung eines Konsolidierungs-Goodwills nach den Vorschriften zur Konzernrechnungslegung behandelt. Da hinsichtlich des originären Geschäfts- oder Firmenwerts keine Abweichungen zum Einzelabschluß bestehen,[268] konzentriert sich die nachfolgende Darstellung auf die Bilanzierung des derivativen Goodwills.

Obgleich mit dem *Deutschen Rechnungslegungs Standard Nr. 4 (DRS 4) ‚Unternehmenserwerbe im Konzernabschluß' (2000)* nunmehr in Deutschland erstmals verbindliche, nicht-kodifizierte Bestimmungen zur Goodwill-Bilanzierung vorlie-

---

264 Vgl. Niedersächsisches Finanzgericht, Urteil v. 24.10.1991, EFG 1993, S. 15.

265 Vgl. BFH-Urteil v. 21.04.1994, BStBl. II 1994, S. 745 ff. Kritisch zum passiven Ausgleichsposten Gießler, O. S., Der negative Geschäftswert (1996), S. 105 f.

266 Vgl. BFH-Urteil v. 12.12.1996 (WPg 1998), S. 65 f.

267 Vgl. Ernsting, I., Bilanzierung eines negativen Geschäfts- oder Firmenwerts (WPg 1998), S. 420 f.

268 In Ermangelung abweichender Vorschriften gelten nach § 298 Abs. 1 HGB die entsprechenden Normen des Einzelabschlusses.

gen, kann auf eine Analyse der gesetzlichen Bestimmungen nach dem HGB hier nicht verzichtet werden, da der Geltungsbereich von DRS 4 (noch) eingeschränkt ist.[269]

A. Entstehung des Goodwills im Rahmen der Kapitalkonsolidierung

Der Konzernabschluß hat nach § 297 Abs. 2 Satz 2 HGB die Aufgabe, ein den tatsächlichen Verhältnissen entsprechendes Bild der Vermögens-, Finanz- und Ertragslage des Konzerns zu vermitteln und dient damit ausschließlich der Information der Rechnungslegungsadressaten.[270] Seine Aufstellung wird immer dann erforderlich, wenn ein wirtschaftlicher Zusammenschluß von rechtlich selbständigen Unternehmen unter einheitlicher Leitung vorliegt.[271] Dies ist insbesondere bei Unternehmenserwerben im Wege des Share Deals regelmäßig der Fall. Zentrales Prinzip bei der Aufstellung des Konzernabschlusses ist die Fiktion der rechtlichen Einheit der Konzernunternehmen.[272] Bei der Zusammenfassung der Einzelabschlüsse zum Konzernabschluß erfüllt die Kapitalkonsolidierung den Zweck, Doppelzählungen aufgrund kapitalmäßiger Verflechtungen zu vermeiden, indem die Beteiligungen des Mutterunternehmens mit den zugehörigen Eigenkapitalpositionen der Tochtergesellschaften aufgerechnet werden.[273] Die Kapitalkonsolidierung kann mittels verschiedener Methoden durchgeführt werden, wovon im folgenden die Erwerbsmethode als Regelfall sowie die Interessenzusammenführungsmethode diskutiert werden.[274]

---

269 So ist der Standard derzeit ausschließlich von Unternehmen, die gemäß § 290 HGB zur Aufstellung eines Konzernabschlusses verpflichtet sind (d. h. insbes. für Kapitalgesellschaften und ihnen gleichgestellte Personengesellschaften), in Geschäftsjahren, beginnend nach dem 31.12.2000, verbindlich anzuwenden. Unternehmen, die nach § 11 PublG einen Konzernabschluß aufstellen, ist die Anwendung hingegen bislang freigestellt; sie wird jedoch vom DSR nahegelegt. Vgl. DRSC, DRS 4 (2000), Par. 1, 5 u. 62. De lege ferenda empfiehlt DRS 4 auch diese Unternehmen in seinen Geltungsbereich einzubeziehen. Vgl. DRSC, DRS 4 (2000), Par. A3.

270 Vgl. Coenenberg, A. G. u. a., Jahresabschluß (2000), S. 502.

271 Zu den Aufstellungspflichten im einzelnen etwa Coenenberg, A. G. u. a., Jahresabschluß (2000), S. 508 ff.

272 Hierfür wird häufig ebenfalls der Begriff ‚Einheitstheorie‘ verwendet, so daß dieser Begriff unglücklicherweise doppelt besetzt ist.

273 Vgl. Förschle, G./Deubert, M., in: Budde, W. D. u. a. (Hrsg.), Beck'scher Bilanz-Kommentar (1999), § 301, Rn. 1.

274 Weitere Methoden sind die Quotenkonsolidierung als Spezialform der Erwerbsmethode für Gemeinschaftsunternehmen sowie die Equity-Methode als konsolidierungsähnliche Bewertung von assoziierten Unternehmen.

1. Erwerbsmethode

Ziel der Erwerbsmethode ist es, Unternehmenserwerbe in der Konzernbilanz grundsätzlich wie Asset Deals abzubilden.[275] Statt der Übernahme der Kapitalanteile wird daher der Erwerb der einzelnen Vermögensgegenstände und Schulden des Tochterunternehmens fingiert (Einzelerwerbsfiktion). Als Konsequenz erfolgt im Rahmen der Erstkonsolidierung eine Neubewertung der Vermögensgegenstände und Schulden des Tochterunternehmens zu Tageswerten zum Übernahmezeitpunkt.[276] Die Erwerbsmethode ist im HGB in zwei Varianten kodifiziert, zwischen denen ein Wahlrecht besteht:[277] Bei der Buchwertmethode nach § 301 Abs. 1 Satz 2 Nr. 1 HGB wird zunächst der Beteiligungsbuchwert[278] des Mutterunternehmens mit dem Buchwert des anteiligen Eigenkapitals des Tochterunternehmens aufgerechnet.[279] Eine eventuell entstehende aktive bzw. passive Aufrechnungsdifferenz wird anschließend durch die Aufdeckung stiller Reserven und Lasten in Höhe der Beteiligungsquote verteilt.[280] Verbleibt ein nicht verteilbarer Restbetrag, so bildet dieser den positiven bzw. negativen Geschäfts- oder Firmenwert; das Gesetz verwendet für letzteren die wenig glückliche Bezeichnung „Unterschiedsbetrag aus der Kapitalkonsolidierung“[281]. Nach herrschender Meinung dürfen die aufgelösten stillen Reserven und Lasten per saldo die Höhe einer aktiven Aufrechnungsdifferenz nicht überschreiten, da andernfalls gegen das Anschaffungswertprinzip verstoßen würde. Hieraus resultiert ein Verteilungsproblem, sobald der Substanzwert des Tochterunternehmens die Anschaffungskosten übersteigt.[282] Ein negativer Goodwill wird hier aus Objektivierungs- und Vereinfachungsgründen[283]

---

275 Vgl. Coenenberg, A. G. u. a., Jahresabschluß (2000), S. 568.

276 Vgl. Förschle, G./Deubert, M., in: Budde, W. D. u. a. (Hrsg.), Beck'scher Bilanz-Kommentar (1999), § 301, Rn. 5.

277 Vgl. § 301 Abs. 1 Satz 2 HGB.

278 Der Beteiligungsbuchwert entspricht i. d. R. den Anschaffungskosten der Beteiligung, sofern seit dem Übernahmezeitpunkt keine Abschreibungen vorgenommen wurden.

279 Heranzuziehen sind dabei stets die Wertansätze nach Anpassung an die konzerneinheitlichen Bilanzierungs- und Bewertungsmethoden (Handelsbilanz II).

280 Der auf Minderheitsgesellschafter entfallende Teil stiller Reserven und Lasten wird damit nicht aufgedeckt. Insofern handelt es sich bei der Buchwertmethode um eine Form der beteiligungsproportionalen Neubewertung.

281 § 301 Abs. 3 Satz 1 HGB.

282 Vgl. zu den Verteilungsmöglichkeiten stiller Reserven ausführlich Förschle, G./Deubert, M., in: Budde, W. D. u. a. (Hrsg.), Beck'scher Bilanz-Kommentar (1999), § 301, Rn. 96-101; Coenenberg, A. G. u. a., Jahresabschluß (2000), S. 578 f.

283 Kritisch hierzu Förschle, G./Deubert, M., in: Budde, W. D. u. a. (Hrsg.), Beck'scher Bilanz-Kommentar (1999), § 301, Rn. 95.

nicht ausgewiesen.[284] Nur wenn nach erfolgter Kapitalaufrechnung und Zuordnung stiller Lasten ein negativer Restbetrag verbleibt, kommt es nach herrschender Meinung zum Ansatz eines negativen Goodwills. Die Auflösung stiller Reserven, die nicht durch stille Lasten kompensiert werden und den negativen Goodwill noch erhöhen würden, wird in diesem Fall jedoch abgelehnt.[285]

Die Neubewertungsmethode nach § 301 Abs. 1 Satz 2 Nr. 2 HGB als zweite Variante der Erwerbsmethode differiert von der Buchwertmethode zum einen formal im Verrechnungszeitpunkt, da die Kapitalaufrechnung nach der Neubewertung des anteiligen Eigenkapital des Tochterunternehmens stattfindet. In materieller Hinsicht besteht ein Unterschied zudem dahingehend, daß stille Reserven und Lasten unabhängig von der Beteiligungsquote aufgedeckt werden (vollständige Neubewertung).[286] Die Neubewertung des anteiligen Eigenkapitals ist jedoch ausdrücklich auf die Anschaffungskosten der Beteiligung begrenzt,[287] damit das Anschaffungswertprinzip eingehalten wird.[288] Daraus folgt, daß die Neubewertungsmethode nicht durchgeführt werden kann, sobald die Anschaffungskosten der Beteiligung geringer als das anteilige Eigenkapital zu Buchwerten sind. Für diese Fälle verbleibt allein die Buchwertmethode.[289] Ein negativer Geschäfts- oder Firmenwert ist allerdings prinzipiell auch bei Anwendung der Neubewertungs-

---

284 Dies sei an folgendem Beispiel illustriert: Das Unternehmen TU mit einem EK-Buchwert von 400 GE werde zu 100% vom Unternehmen MU zu Anschaffungskosten von 800 GE (= Beteiligungsbuchwert) übernommen. Der Substanzwert von TU betrage 900 GE und sei ausschließlich auf stille Reserven zurückzuführen. Als Aufrechnungsdifferenz aus der Kapitalkonsolidierung ergibt sich damit nach der Buchwertmethode 800 GE - 400 GE = 400 GE. Somit können maximal 400 GE der vorhandenen 500 GE an stillen Reserven aufgelöst werden; ein Goodwill entsteht nicht. Bei Nichtgeltung des Anschaffungswertprinzips würden die stillen Reserven hingegen vollständig aufgedeckt und ein negativer Goodwill von -100 GE ausgewiesen.

285 Vgl. Förschle, G./Deubert, M., in: Budde, W. D. u. a. (Hrsg.), Beck'scher Bilanz-Kommentar (1999), § 301, Rn. 107.

286 Vgl. Lopatta, K., Erfassung des Goodwill (RIW 2000), S. 356.

287 Vgl. § 301 Abs. 1 Satz 4 HGB; DRSC, DRS 4 (2000), Par. 24.

288 Vgl. Adler, H./Düring, W./Schmaltz, K., Rechnungslegung und Prüfung (1995/2000), § 301 HGB, Rn. 106. Damit ergibt sich auch bei der Neubewertungsmethode ein Verteilungsproblem, falls der Substanzwert die Anschaffungskosten übersteigt.

289 Vgl. Adler, H./Düring, W./Schmaltz, K., Rechnungslegung und Prüfung (1995/2000), § 301 HGB, Rn. 109. Verdeutlicht sei dies wiederum an einem Beispiel: Das Unternehmen TU mit einem Eigenkapital-Buchwert von 800 GE und stillen Reserven in Höhe von 200 GE werde vom Unternehmen MU zu 100% zu Anschaffungskosten von 600 GE übernommen. Da das neubewertete Eigenkapital von TU nach § 301 Abs. 1 Satz 4 HGB maximal mit den Anschaffungskosten, d. h. mit 600 GE, angesetzt werden darf, ist die Neubewertungsmethode in diesem Fall nicht durchführbar.

methode denkbar, wenn nämlich das neubewertete Eigenkapital den Beteiligungsbuchwert überschreitet, dieser aber unterhalb der Anschaffungskosten liegt (z. B. aufgrund zwischenzeitlich vorgenommener Abschreibungen).[290]

Im Ergebnis hat die Entscheidung, welche Variante der Erwerbsmethode angewandt wird, keinen Einfluß auf die Höhe des Goodwills aus der Kapitalkonsolidierung, da auch bei der Neubewertungsmethode eine Hochrechnung des Goodwills um den Anteil der Minderheitsgesellschafter unterbleibt.[291] Der neue Rechnungslegungsstandard DRS 4 hat für zahlreiche Konzerne zudem zu einer Abschaffung des Wahlrechts zugunsten einer verpflichtenden Anwendung der Neubewertungsmethode geführt.[292] Langfristig strebt DRS 4 auch die Aufhebung der Anschaffungswertrestriktion an.[293]

2. Interessenzusammenführungsmethode

Die Interessenzusammenführungs- oder Pooling-of-Interests-Methode nach § 302 HGB stellt eine weitere wichtige Methode der Kapitalkonsolidierung dar,[294] die in Deutschland bisher zwar eher selten angewandt wurde, jedoch seit der Fusion von Daimler-Benz und Chrysler einen Popularitätszuwachs verzeichnet.[295] Anders als bei der Erwerbsmethode liegt dem Pooling-of-Interests eine Fusionsfiktion zugrunde. Es handelt sich nicht um einen Unternehmenserwerb, sondern um eine „Zusammenlegung der Aktivitäten ohne einen Abfluß von Finanzmitteln und ohne ein Ausscheiden von Alteigentümern“[296]; ein Anteilstausch zwischen den Eigentü-

---

290 Vgl. Coenenberg, A. G. u. a., Jahresabschluß (2000), S. 581.

291 So auch Klein, G., Erfassung des Goodwill (DStR 2000), S. 789.

292 Vgl. DRSC, DRS 4 (2000), Par. 23.

293 Vgl. DRSC, DRS 4 (2000), Par. A.7. FÖRSCHLE/DEUBERT befürworten ebenfalls eine vollständige Aufdeckung sämtlicher stillen Reserven und Lasten bei gleichzeitiger Passivierung eines negativen Goodwills, sehen hierin jedoch gar keinen Verstoß gegen das Anschaffungswertprinzip. Vgl. Förschle, G./Deubert, M., in: Budde, W. D. u. a. (Hrsg.), Beck'scher Bilanz-Kommentar (1999), § 301, Rn. 117.

294 Die Kapitalkonsolidierung nach der Interessenzusammenführungsmethode bleibt von DRS 4 unberührt. Vgl. DRSC, DRS 4 (2000), Par. 4. Sie steht jedoch derzeit international auf dem Prüfstand. Zum aktuellen Stand der Diskussion vgl. FASB, Proposed Statement Accounting for Goodwill (2001); Krawitz, N./Klotzbach, D., Unternehmenszusammenschlüsse (WPg 2000), S. 1164; Focken, E./Lenz, H., Spielräume der Kapitalkonsolidierung (DB 2000), S. 2437 ff.; Johnson, L. T./Petrone, K. R., Pooling Method (FASB Status Report 1999), S. 1 ff.; Mujkanovic, R., Zukunft der Kapitalkonsolidierung (WPg 1999), S. 533; FASB, Business Combinations: G4+1 (FAS 1998).

295 Vgl. Klein, G., Erfassung des Goodwill (DStR 2000), S. 788.

296 Coenenberg, A. G. u. a., Jahresabschluß (2000), S. 569.

mern der beteiligten Unternehmen ist somit zwingend erforderlich. Die Vermögensgegenstände und Schulden der zusammengelegten Unternehmen werden zu Buchwerten fortgeführt, eine Neubewertung wird vermieden. Die Interessenzusammenführungsmethode kann wahlweise anstelle der Erwerbsmethode angewandt werden, sofern bestimmte Voraussetzungen erfüllt sind.[297] Ergibt sich aus der Aufrechnung des Beteiligungsbuchwerts mit dem anteiligen gezeichneten Eigenkapital des Tochterunternehmens ein Unterschiedsbetrag, so ist dieser nach § 302 Abs. 2 HGB mit den Rücklagen zu verrechnen bzw. diesen hinzuzurechnen. Damit kommt es bei Anwendung der Pooling-of-Interests-Methode nicht zur Entstehung eines Goodwills,[298] weshalb diese Methode in der weiteren Untersuchung ausgeblendet werden kann. Es sei jedoch darauf hingewiesen, daß durch geschickte Sachverhaltsgestaltung die Umqualifizierung eines Unternehmenserwerbs in eine Interessenzusammenführung möglich erscheint, um den Ausweis eines Goodwills sowie spätere Ertragsbelastungen durch Abschreibungen zu vermeiden.

B. Derivativer Geschäfts- oder Firmenwert

1. Bilanzansatz

Wie die Ausführungen oben gezeigt haben, kann es im Rahmen der Erwerbsmethode zur Entstehung eines Konsolidierungs-Goodwills kommen.[299] Im Unterschied zum Einzelabschluß besteht für den (positiven) derivativen Geschäfts- oder Firmenwert im Konzernabschluß nach § 301 Abs. 3 Satz 2 HGB grundsätzlich eine Aktivierungspflicht.[300] Hinsichtlich seines bilanziellen Charakters existiert jedoch keine geringere Pluralität von Meinungen, so daß auf die Ausführungen zum Einzelabschluß verwiesen werden kann.[301] Auch der Standard DRS 4 sieht eine Aktivierungspflicht vor, schweigt sich jedoch zur Rechtsnatur des Goodwills ebenfalls aus.[302]

---

297 Vgl. hierzu § 302 Abs. 1 HGB.

298 Vgl. Coenenberg, A. G. u. a., Jahresabschluß (2000), S. 592.

299 Die Regeln zur Goodwill-Bilanzierung finden im Rahmen der Quotenkonsolidierung gleichermaßen auf Gemeinschaftsunternehmen sowie im Rahmen der Equity-Methode auf assoziierte Unternehmen Anwendung. Vgl. § 310 Abs. 2 HGB bzw. § 312 Abs. 2 Satz 3 HGB; Adler, H./Düring, W./Schmaltz, K., Rechnungslegung und Prüfung (1995/2000), § 309 HGB, Rn. 6.

300 Vgl. Weber, C.-P./Zündorf, H., Geschäfts- oder Firmenwert (DB 1989), S. 334.

301 Vgl. S. 40 f.

302 Vgl. DRSC, DRS 4 (2000), Par. 9 u. 27.

2. Bilanzbewertung

Die für die erstmalige Wertermittlung eines Konsolidierungs-Goodwills erforderliche Neubewertung des (anteiligen) Eigenkapitals eines Tochterunternehmens folgt weitgehend der Substanzwertbestimmung im Einzelabschluß,[303] so daß eine gesonderte Darstellung hier unterbleibt. In der Konzernbilanz gehen im Posten ‚Geschäfts- oder Firmenwert' allerdings neben dem ‚reinen' Goodwill aus der Kapitalkonsolidierung auch bestehende Geschäfts- oder Firmenwerte aus den Einzelabschlüssen der Konzernunternehmen auf.[304]

Das HGB räumt in § 309 Abs. 1 weitreichende Möglichkeiten zur bilanziellen Folgebewertung eines derivativen Goodwills ein: Zum einen sind wie im Einzelabschluß die pauschale Abschreibung zu mindestens 25% in jedem folgenden Geschäftsjahr und alternativ die planmäßige Abschreibung über die voraussichtliche Nutzungsdauer anwendbar.[305] Auch eine Sofortabschreibung des Goodwills wird überwiegend für zulässig erachtet, da mit der Pauschalabschreibung auch im Zugangsjahr begonnen werden könne.[306] Bei der planmäßigen Abschreibung stellt die Schätzung der Nutzungsdauer wiederum das zentrale Problem dar.[307] Die Bilanzierungspraxis legt daher aus Vereinfachungsgründen auch im Konzernabschluß vielfach die steuerliche Nutzungsdauerfiktion von 15 Jahren zugrunde,[308] obwohl die Konzernrechnungslegung ausschließlich der Informationsfunktion verpflichtet ist. Außerplanmäßige Abschreibungen sind bei voraussichtlich dauernden Wertminderungen gemäß § 253 Abs. 2 Satz 3 i. V. m. § 298 Abs. 1 HGB vorzunehmen; Zuschreibungen werden nach den gesetzlichen Regeln trotz des bestehenden Wertaufholungsgebots aus Vorsichtsgründen überwiegend abgelehnt.[309]

---

303 Vgl. im einzelnen Förschle, G./Deubert, M., in: Budde, W. D. u. a. (Hrsg.), Beck'scher Bilanz-Kommentar (1999), § 301, Rn. 65 ff.; DRSC, DRS 4 (2000), Par. 17 ff.

304 Vgl. Weber, C.-P./Zündorf, H., Geschäfts- oder Firmenwert (DB 1989), S. 333.

305 Vgl. § 309 Abs. 1 Satz 1 u. 2 HGB.

306 Vgl. Adler, H./Düring, W./Schmaltz, K., Rechnungslegung und Prüfung (1995/2000), § 309 HGB, Rn. 17. Ähnlich Förschle, G./Hoffmann, K., in: Budde, W. D. u. a. (Hrsg.), Beck'scher Bilanz-Kommentar (1999), § 309, Rn. 11.

307 Vgl. z. B. Lopatta, K., Erfassung des Goodwill (RIW 2000), S. 358; Förschle, G./Hoffmann, K., in: Budde, W. D. u. a. (Hrsg.), Beck'scher Bilanz-Kommentar (1999), § 309, Rn. 16.

308 Vgl. Adler, H./Düring, W./Schmaltz, K., Rechnungslegung und Prüfung (1995/2000), § 309 HGB, Rn. 21.

309 So weisen FÖRSCHLE/HOFFMANN darauf hin, daß es nicht möglich sein dürfte, eine Werterholung eindeutig auf den Wegfall der Abschreibungsgründe – und nicht etwa auf einen Zuwachs des originären Goodwills – zurückzuführen. Vgl. Förschle, G./ Hoffmann, K., in: Budde, W. D. u. a. (Hrsg.), Beck'scher Bilanz-Kommentar (1999),

Insoweit bestehen kaum Abweichungen zur Abbildung im Einzelabschluß. Die Parallelität wird allerdings durchbrochen, da das HGB in § 309 Abs. 1 Satz 3 als zusätzliches Wahlrecht ermöglicht, den Geschäfts- oder Firmenwert aus der Kapitalkonsolidierung offen mit den Rücklagen zu verrechnen. Diese Option einer erfolgsneutralen Verrechnung basiert auf dem Mitgliedstaatenwahlrecht nach Art. 30 Abs. 2 der 7. EG-Richtlinie und war auf Drängen Großbritanniens darin aufgenommen worden.[310] Die Ausübung des Wahlrechts ermöglicht es, Ergebnisbelastungen aus der Abschreibung des Goodwills bis zum Ausscheiden des Tochterunternehmens aus dem Konzernverbund aufzuschieben.[311] Welche Rücklagen zur Verrechnung herangezogen werden können, geht aus dem Gesetz nicht hervor.[312] Die Verrechnung sollte allerdings grundsätzlich mit den Gewinnrücklagen erfolgen.[313] Auch hinsichtlich des Verrechnungszeitpunkts bleibt das HGB unklar, so daß z. T. die Auffassung vertreten wird, der Geschäfts- oder Firmenwert könne auch im Folgejahr oder gar ratierlich über mehrere Jahre verrechnet werden.[314] Die ratierliche Verrechnung vermeidet dabei jegliche Erfolgswirkung.[315] Ferner gelten auch kombinierte Verfahren wie eine teilweise erfolgsneutrale Verrechnung mit einem späteren Übergang zur erfolgswirksamen Abschreibung sowie der umgekehrte Fall als zulässig.[316] Das beabsichtigte Kombinationsverfahren ist dabei im vorhinein anzugeben; des weiteren ist das Gebot der sachlichen und zeitlichen Stetigkeit zu beachten.[317] Insofern sind einer willkürlichen Anwendung der verschiedenen Methoden Grenzen gesetzt. Festzuhalten ist jedoch, daß aus der Akti-

---

§ 309, Rn. 17. Vgl. auch Adler, H./Düring, W./Schmaltz, K., Rechnungslegung und Prüfung (1995/2000), § 309, Rn. 27 f.

310 Vgl. Küting, K., Geschäfts- oder Firmenwert (AG 2000), S. 102 sowie S. 80 dieser Arbeit.

311 Vgl. Adler, H./Düring, W./Schmaltz, K., Rechnungslegung und Prüfung (1995/2000), § 309 HGB, Rn. 29. Beim Abgang des zugehörigen Tochterunternehmens wird der mit den Rücklagen verrechnete Geschäfts- oder Firmenwert diesen wieder hinzugerechnet und gleichzeitig als Aufwand im Rahmen der Ermittlung des Veräußerungserfolgs berücksichtigt. Vgl. Küting, K., Geschäfts- oder Firmenwert (AG 2000), S. 104.

312 Vgl. Weber, C.-P./Zündorf, H., Geschäfts- oder Firmenwert (DB 1989), S. 337.

313 Vgl. Förschle, G./Hoffmann, K., in: Budde, W. D. u. a. (Hrsg.), Beck'scher Bilanz-Kommentar (1999), § 309, Rn. 22.

314 Vgl. Adler, H./Düring, W./Schmaltz, K., Rechnungslegung und Prüfung (1995/2000), § 309 HGB, Rn. 42 ff.

315 Vgl. Küting, K., Geschäfts- oder Firmenwert (AG 2000), S. 103.

316 Vgl. Lopatta, K., Erfassung des Goodwill (RIW 2000), S. 359; Küting, K./Hayn, S., Angelsächsischer Konzernabschluß (AG 1996), S. 56 f.

317 Vgl. Förschle, G./Hoffmann, K., in: Budde, W. D. u. a. (Hrsg.), Beck'scher Bilanz-Kommentar (1999), § 309, Rn. 35 f.

vierung eines Geschäfts- oder Firmenwerts in einem Konzernabschluß nach HGB keinesfalls auf dessen erfolgswirksame Abschreibung geschlossen werden kann.[318]

Insgesamt bietet das HGB ein breites Spektrum an Möglichkeiten zur bilanziellen Behandlung eines Konsolidierungs-Goodwills, wie die folgende Abbildung verdeutlicht:

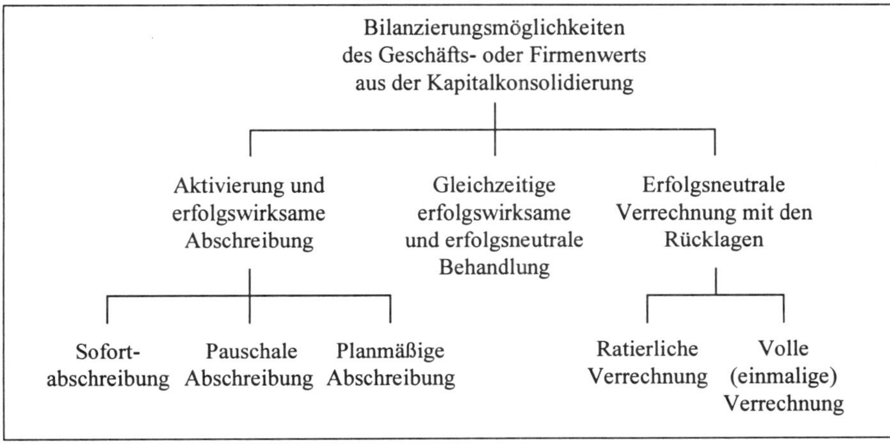

Abb. 8: Bilanzierungsmöglichkeiten eines derivativen Goodwills im HGB-Konzernabschluß[319]

Aus betriebswirtschaftlicher Sicht steht insbesondere die erfolgsneutrale Verrechnung des Goodwills mit Varianten unter heftiger Kritik: Sie führt nicht nur zu einer Ungleichbehandlung des Goodwills im Einzel- und Konzernabschluß, sondern scheint auch mit den Grundsätzen ordnungsmäßiger Buchführung, vor allem der periodengerechten Erfolgsermittlung, nur schwer vereinbar.[320] Bedenklich ist auch die aus der Saldierung mit den Rücklagen resultierende Unterbewertung des Eigenkapitals, mit der wiederum eine Verzerrung wichtiger Bilanzkennzahlen (z. B. Renditemaße, Kapitalquoten) einhergeht.[321] Zudem wird die zwischen-

---

318 Vgl. Küting, K./Hayn, S., Angelsächsischer Konzernabschluß (AG 1996), S. 57.

319 Quelle: In Anlehnung an Küting, K./Hayn, S., Angelsächsischer Konzernabschluß (AG 1996), S. 57.

320 Vgl. Lachnit, L. u. a., Geschäfts- oder Firmenwert (WPg 1999), S. 680; Adler, H./ Düring, W./Schmaltz, K., Rechnungslegung und Prüfung (1995/2000), § 309 HGB, Rn. 31.

321 So auch Klein, G., Erfassung des Goodwill (DStR 2000), S. 791.

betriebliche Vergleichbarkeit der Konzernabschlüsse erheblich behindert.[322]

Aufgrund dieser Kritik mag es kaum erstaunen, daß der neue Rechnungslegungsstandard DRS 4 die erfolgsneutrale Verrechnung und Mischformen ausdrücklich verbietet[323] und eine planmäßige Abschreibung des derivativen Goodwills zwingend vorschreibt.[324] Die zugrunde zu legende Nutzungsdauer darf dabei 20 Jahre „nur in begründeten Ausnahmefällen“[325] überschreiten.[326] Wie das Gesetz sieht auch der Standard eine jährliche Überprüfung der Werthaltigkeit des aktivierten Goodwills vor, bei der gegebenenfalls außerplanmäßig wertzuberichtigen ist.[327] Eine Wertaufholung bei einem Wegfall der Gründe für die außerplanmäßige Abschreibung ist entgegen der überwiegend zum HGB vertretenen Meinung zwingend durchzuführen.[328]

3. Angabepflichten

Im Falle der Aktivierung ist der Geschäfts- oder Firmenwert aus der Kapitalkonsolidierung unter den immateriellen Vermögensgegenständen in der Konzernbilanz auszuweisen.[329] Er kann dabei mit den Geschäfts- oder Firmenwerten aus den Einzelabschlüssen der Konzernunternehmen zusammengefaßt werden, wenngleich ein separater Ausweis sowie eine Aufgliederung des Konsolidierungs-Goodwills entsprechend der einzelnen Konsolidierungsmethoden empfehlenswert ist.[330] Als Bestandteil des Anlagevermögens ist der Goodwill in den Anlagespiegel aufzunehmen. Wesentliche Veränderungen gegenüber dem Vorjahr sind gemäß § 309 Abs. 3 Satz 2 HGB im Konzernanhang zu erläutern. Abweichend vom Einzelabschluß besteht hier keine Begründungspflicht für die Anwendung der

---

322 Vgl. Weber, C.-P./Zündorf, H., Geschäfts- oder Firmenwert (DB 1989), S. 337. Dieser Mangel wird auch durch die Angabepflichten im Anhang nur teilweise gemindert.

323 Vgl. DRSC, DRS 4 (2000), Par. 28 f.

324 Im Regelfall ist die lineare Abschreibung anzuwenden, sofern nicht eine andere Methode den Abnutzungsverlauf zutreffender beschreibt. Vgl. DRSC, DRS 4 (2000), Par. 27 u. 31.

325 DRSC, DRS 4 (2000), Par. 31. Anhaltspunkte für die Nutzungsdauerschätzung finden sich in DRSC, DRS 4 (2000), Par. 33.

326 Das Aktivierungs- und Abschreibungsgebot gilt rückwirkend, so daß auch ehemals mit den Rücklagen verrechnete Goodwills zu reaktivieren und in der Folge gemäß DRS 4 zu behandeln sind. Vgl. DRSC, DRS 4 (2000), Par. 62 f.

327 Vgl. DRSC, DRS 4 (2000), Par. 34.

328 Vgl. DRSC, DRS 4 (2000), Par. 36.

329 Vgl. § 266 Abs. 2 A. I. 2. HGB.

330 Vgl. Weber, C.-P./Zündorf, H., Geschäfts- oder Firmenwert (DB 1989), S. 339.

planmäßigen Abschreibung.[331] Aus § 313 Abs. 1 Satz 2 Nr. 1 HGB ergibt sich jedoch eine Angabepflicht der auf den Goodwill angewandten Bilanzierungs- und Bewertungsmethoden.

Wird von der Möglichkeit der erfolgsneutralen Verrechnung nach HGB Gebrauch gemacht, so ist der Goodwill aus der Kapitalkonsolidierung offen, d. h. für die Bilanzadressaten erkennbar, von den Rücklagen abzusetzen. Da dieser offene Ausweis jedoch ausschließlich im Jahr der Verrechnung vorgeschrieben ist,[332] läßt sich in den Folgejahren der mit den Rücklagen verrechnete Goodwill nicht mehr aus dem Konzernabschluß entnehmen,[333] was unter Informationsgesichtspunkten als klarer Nachteil dieser Bilanzierungsmethode zu werten ist.

Die Angabepflichten nach DRS 4 unterscheiden sich nicht wesentlich von den gesetzlichen Anforderungen für den Fall, daß für die planmäßige Abschreibung nach HGB optiert wird. Bei Überschreitung einer Nutzungsdauer von 20 Jahren verlangt DRS 4 jedoch eine Begründung.[334]

C. Sonderfall: „Unterschiedsbetrag aus der Kapitalkonsolidierung"

Ein negativer Geschäfts- oder Firmenwert bzw. „Unterschiedsbetrag aus der Kapitalkonsolidierung"[335], wie ihn das Gesetz bezeichnet, ist im HGB-Konzernabschluß passivierungspflichtig.[336] Seine Folgebehandlung nach § 309 Abs. 2 HGB orientiert sich am bilanziellen Charakter des Postens: Liegen dem negativen Geschäfts- oder Firmenwert zukünftig erwartete Aufwendungen bzw. Verluste zugrunde, so ist er bei deren Eintritt ertragswirksam aufzulösen.[337] Dies gilt auch nach DRS 4.[338] Der negative Goodwill hat in diesem Fall einen den Drohverlust-

---

331 Vgl. Förschle, G./Hoffmann, K., in: Budde, W. D. u. a. (Hrsg.), Beck'scher Bilanz-Kommentar (1999), § 309, Rn. 15.

332 Vgl. Adler, H./Düring, W./Schmaltz, K., Rechnungslegung und Prüfung (1995/2000), § 309 HGB, Rn. 85.

333 Vgl. Weber, C.-P./Zündorf, H., Geschäfts- oder Firmenwert (DB 1989), S. 337.

334 Vgl. DRSC, DRS 4 (2000), Par. 57 a).

335 § 301 Abs. 3 Satz 1 HGB. Auch der Standard DRS 4 spricht von einem „negativen Unterschiedsbetrag", während in seiner englischen Übersetzung der Ausdruck „negative goodwill arising on consolidation" gebraucht wird. DRSC, DRS 4 (2000), Par. 9, deutsche und englische Fassung.

336 Vgl. § 301 Abs. 3 Satz 1 HGB.

337 Vgl. § 309 Abs. 2 Nr. 1 HGB; Förschle, G./Hoffmann, K., in: Budde, W. D. u. a. (Hrsg.), Beck'scher Bilanz-Kommentar (1999), § 309, Rn. 47.

338 Vgl. DRSC, DRS 4 (2000), Par. 40. Der Standard ist allerdings strenger, da im Unterschied zum HGB eine Beschreibung der Art, Höhe und des zeitlichen Anfalls der

rückstellungen ähnlichen Charakter[339] und sollte daher auch unter den Rückstellungen in der Konzernbilanz ausgewiesen werden.[340] In anderen Fällen ist eine Auflösung des negativen Geschäfts- oder Firmenwerts nur geboten, wenn dieser am Abschlußstichtag einem realisierten Gewinn entspricht.[341] Dies betrifft zumeist Fälle eines Gelegenheitskaufs. Der negative Goodwill entspricht dann materiell einer offenen Rücklage und sollte dem Eigenkapital zugeordnet werden.[342] Im Unterschied zur vollständigen sofortigen Vereinnahmung schreibt DRS 4 hier eine ergebniswirksame Auflösung des negativen Goodwills bis zur Höhe des nichtmonetären Vermögens über die gewichtete durchschnittliche Restnutzungsdauer des abnutzbaren Vermögens vor. Lediglich der übersteigende Betrag ist sofort als Ertrag zu erfassen.[343]

Positive und negative Geschäfts- oder Firmenwerte aus der Kapitalkonsolidierung können nach § 301 Abs. 3 Satz 3 HGB saldiert werden. Bei diesem Saldierungswahlrecht handelt es sich jedoch – anders als bei der erfolgsneutralen Verrechnung mit den Rücklagen – nach herrschender Meinung lediglich um ein Ausweis- und kein Bewertungswahlrecht.[344] Die Einzelbeträge sind im Konzernanhang gesondert anzugeben.[345] DRS 4 wandelt das Wahlrecht hingegen in eine Ausweispflicht um, nach der ein negativer Goodwill in der Bilanz stets offen von seinem positiven Gegenstück abzusetzen ist.[346]

IV. Zwischenfazit

Im Rahmen der historischen Untersuchung wurde zunächst festgestellt, daß der Ursprung der gesetzlichen Bestimmungen zur Bilanzierung des Geschäfts- oder

---

Aufwendungen verlangt wird. Vgl. DRSC, DRS 4 (2000), Par. 58 b).

339 Vgl. Adler, H./Düring, W./Schmaltz, K., Rechnungslegung und Prüfung (1995/2000), § 309 HGB, Rn. 70.

340 So auch Coenenberg, A. G. u. a., Jahresabschluß (2000), S. 584.

341 Vgl. § 309 Abs. 2 Nr. 2 HGB. Wird hingegen keine der beiden alternativen Bedingungen von § 309 Abs. 2 HGB erfüllt, so kommt es zu einer unveränderten Fortführung des negativen Goodwills bis zum Abgang der Beteiligung. Vgl. Küting, K./Hayn, S., Angelsächsischer Konzernabschluß (AG 1996), S. 60.

342 Vgl. Adler, H./Düring, W./Schmaltz, K., Rechnungslegung und Prüfung (1995/2000), § 309 HGB, Rn. 78.

343 Vgl. DRSC, DRS 4 (2000), Par. 41.

344 Vgl. Förschle, G./Hoffmann, K., in: Budde, W. D. u. a. (Hrsg.), Beck'scher Bilanz-Kommentar (1999), § 309, Rn. 60.

345 Vgl. Weber, C.-P./Zündorf, H., Geschäfts- oder Firmenwert (DB 1989), S. 338.

346 Vgl. DRSC, DRS 4 (2000), Par. 39.

Firmenwerts in Deutschland bis ins 19. Jahrhundert zurückreicht. Eine bedeutende Ausdehnung der Regeln zur Goodwill-Bilanzierung erfolgte dann vor allem in den 1930er Jahren, womit die Basis für die heutigen Vorschriften im Einzelabschluß geschaffen wurde. So existiert noch heute ein striktes Aktivierungsverbot für den originären Geschäfts- oder Firmenwert. Dies vermag allerdings vor dem Hintergrund einer traditionell vom Gläubigerschutz geprägten Vermögens- und Erfolgsermittlung kaum zu überraschen. Als Ausnahme hiervon dürfen Ingangsetzungs- und Erweiterungsaufwendungen jedoch wahlweise aktiviert werden. Auch das bestehende handelsrechtliche Aktivierungswahlrecht für den derivativen Goodwill läßt sich historisch ableiten. Bemerkenswert erscheint ferner, daß im Bilanzsteuerrecht hingegen nicht nur eine Aktivierungspflicht für den derivativen Goodwill entstand, sondern daß der Geschäfts- oder Firmenwert zudem bis Mitte der 1980er Jahre als einheitliches, nicht abnutzbares Wirtschaftsgut angesehen und daher nur außerplanmäßig abgeschrieben wurde.

Die historisch gewachsenen Unterschiede der Goodwill-Bilanzierung im Handels- und Steuerrecht wurden durch das BiRiLiG zwar reduziert. Fraglich bleibt indes, ob die Veränderungen der Bilanzierungsregeln im Hinblick auf das Wesen des Goodwills zielführend waren. Abgesehen davon konnte allenfalls eine Teil-Harmonisierung erreicht werden, da zahlreiche Unterschiede bestehen blieben, die eine Einheitsbilanz streng genommen nur in Ausnahmefällen ermöglichen.

Die Bilanzierung des Geschäfts- oder Firmenwerts ist im deutschen Handels- und Steuerrecht noch immer nur unvollständig geregelt. Bestehende Regelungslücken und Interpretationsspielräume müssen daher von Rechtsprechung und Fachschrifttum geschlossen werden. Deutlich wurde dies vor allem am Beispiel des negativen Goodwills, für den im Einzelabschluß noch immer keinerlei kodifizierte bzw. nicht-kodifizierte Normen existieren, sowie in bezug auf den bilanziellen Charakter des derivativen Geschäfts- oder Firmenwerts.

Bei der Analyse des Goodwills aus der Kapitalkonsolidierung wurde insbesondere das breite Spektrum der nach HGB zulässigen Bilanzierungsmethoden deutlich, das erhebliche bilanzpolitische Gestaltungen ermöglicht und einem ‚true and fair view' abträglich ist. Besonders kritisch sind hierbei das Wahlrecht der erfolgsneutralen Verrechnung des Goodwills und Varianten desselben zu beurteilen. Die mit dem Standard DRS 4 jüngst eingeführte Abschreibungspflicht über eine wirtschaftliche Nutzungsdauer von i. d. R. nicht mehr als 20 Jahren als einzig mögliche Folgebehandlung des derivativen Goodwills ist insofern ein bedeutender Schritt zu mehr Transparenz im Konzernabschluß. Im Hinblick auf die fortbestehenden Probleme und Inkonsistenzen im Rahmen der Goodwill-Bilanzierung in Deutschland kann gleichwohl nur von einem ‚Etappensieg' gesprochen werden.

Dritter Teil: Bilanzierung des Goodwills in Großbritannien

Nach der Untersuchung des deutschen Rechnungslegungssystems erfolgt nun eine Analyse der Bilanzierung des Goodwills in Großbritannien[347]. Die Vorgehensweise unterscheidet sich dabei nur marginal: So wird ein Überblick über das britische Rechnungslegungssystem vorangestellt, um fundamentale Unterschiede in bezug auf die Rechtsgrundlagen, die Funktionen der Rechnungslegung und das Verhältnis von Handels- und Steuerbilanz aufzuzeigen, da deren Kenntnis nicht vorausgesetzt werden kann.

I. Überblick über die Rechnungslegung in Großbritannien

A. Rechtsgrundlagen und Standard-Setting-System

Das britische (Handels-)Bilanzrecht wird im allgemeinen als UK-GAAP bezeichnet, ohne daß für diesen Begriff jedoch – anders als in den USA – eine verbindliche Definition existiert. DAVIES/PATERSON/WILSON folgend wird UK-GAAP hier als ‚United Kingdom Generally Accepted Accounting Principles *and* Practice' verstanden und umfaßt damit neben den gesetzlichen Bestimmungen (*Companies Act*), den Rechnungslegungsstandards sowie *UITF Abstracts*[348] und den Börsenzulassungsregeln als zwingende Vorschriften alle anerkannten Rechnungslegungsmethoden und -praktiken außerhalb des offiziellen Schrifttums.[349] Nachfolgend wird ein Überblick über die gesetzlichen Vorschriften und Rechnungslegungsstandards als wichtigste Rechtsgrundlagen[350] gegeben, bevor auf das gegenwärtige Standardsetzungssystem eingegangen wird.[351]

---

347 Mit Großbritannien ist in dieser Arbeit stets das Vereinigte Königreich von Großbritannien und Nordirland (*United Kingdom of Great Britain and Northern Ireland, UK*) gemeint.

348 Vgl. im Anhang, S. 173.

349 Vgl. Davies, M./Paterson, R./Wilson, A., UK GAAP (1999), S. 2. Ähnlich PricewaterhouseCoopers, Student's Manual of Accounting (1999), Tz. 2.5 f.

350 Vgl. Taylor, P./Turley, S., Regulation of Accounting (1986), S. 18.

351 Verweise auf den Companies Act 1985 beziehen sich dabei auf die durch den Companies Act 1989 geänderte Fassung, was der üblichen Darstellungsweise entspricht. Vgl. z. B. ASB, Foreword (1993), Par. 2.

1. Rechtsgrundlagen

Während die deutsche Rechnungslegung dem kontinentaleuropäischen Rechtssystem folgend (noch) weitgehend auf detailliertem kodifizierten Recht basiert (Code Law-System), herrscht in Großbritannien traditionell eine liberalere Philosophie der Minimalregulierung und -intervention,[352] nach der eher allgemeine gesetzliche Vorschriften für den Einzelfall von der Rechtsprechung ausgelegt werden. Daher wird auch von einem Common Law- bzw. Case Law-System gesprochen.[353] So existierten zwar seit 1844 gesetzliche Vorschriften zur Rechnungslegung.[354] Diese gaben jedoch lediglich einen Rahmen vor, innerhalb dessen der Berufsstand der *Chartered Accountants*[355] selbst detaillierte Regeln und Verfahrensweisen entwickeln konnte.[356] Der Gesetzgeber verließ sich weitgehend auf die Vorrangstellung der Generalnorm des ‚true and fair views'[357], welche die Vermitt-

---

352 Vgl. Gordon, P. D./Gray, S. J., United Kingdom (1994), S. 17.

353 Vgl. Nobes, C./Parker, R., Comparative International Accounting (2000), S. 19; Pellens, B., Internationale Rechnungslegung (1999), S. 25; Roberts, C./Weetman, P./ Gordon, P., International Financial Accounting (1998), S. 14. Indes erscheint fraglich, ob diese Bezeichnung angesichts des umfangreichen Volumens an schriftlich fixierten Normen durch Rechnungslegungsstandards und Gesellschaftsrecht heute noch angebracht ist. Zur Kritik am Umfang der Regulierung vgl. PricewaterhouseCoopers, Student's Manual of Accounting (1999), Tz. 1.2 ff.

354 Die Befolgung der Rechnungslegungsvorschriften war allerdings im Zeitraum von 1856-1900, als Großbritannien vom Laissez-faire-Prinzip beherrscht war, vollkommen freiwillig. Vgl. Day, R. G., UK Accounting Regulation (Working Paper 2000), S. 8.

355 Auf eine deutsche Übersetzung der Begriffe ‚Chartered Accountant' sowie ‚Accountant' wird hier bewußt verzichtet, da es sich um Spezifika des britischen Rechnungslegungssystems handelt und entgegen landläufiger Vorstellungen hierzulande weder die Berufe Buchhalter noch Wirtschaftsprüfer zutreffende deutsche Übersetzungen sind. Ein Wirtschaftsprüfer (*auditor*) ist nämlich nicht notwendigerweise zugleich Chartered Accountant und umgekehrt. Zudem sind viele Chartered Accountants außerhalb der wirtschaftsprüfenden Berufe, z. B. im Rechnungswesen von Unternehmen, tätig, ohne dabei jedoch ihre Mitgliedschaft einzubüßen. Insgesamt existieren in Großbritannien sechs Berufsverbände der Accountants, von denen das Institute of Chartered Accountants in England and Wales (ICAEW) mit z. Z. über 119.000 Mitgliedern der größte und bekannteste Verband ist. Vgl. im einzelnen Walton, P., United Kingdom, in: Walton, P./Haller, A./Raffournier, B. (Hrsg.), International Accounting (1998), S. 132 ff.; ICAEW, About Chartered Accountants, http://www.icaew.co.uk/.../index.asp (11.07.2001).

356 Vgl. Gordon, P. D./Gray, S. J., United Kingdom (1994), S. 68.

357 So enthielt bereits der Joint Stock Companies Act 1844 eine Klausel, nach der Kapitalgesellschaften zur Aufstellung einer ‚full and fair'-Bilanz verpflichtet waren. Vgl. Post-Pawelleck, G., Geschichte des englischen Bilanzrechts (1991), S. 64. Zusätzlich führte der Companies Act 1862 die Verpflichtung ein, daß ein Jahresabschluß einen ‚true and

lung eines den tatsächlichen Verhältnissen entsprechenden Bildes der Vermögens-, Finanz- und Ertragslage verlangt. Ausweitungen der gesetzlichen Bestimmungen erfolgten über lange Zeit in erster Linie als Reaktionen auf Problemfälle in der Unternehmenspraxis und beschränkten sich auf einen niedrigen Detaillierungsgrad. Insgesamt war das britische Bilanzrecht damit bis zum Beginn der 1970er Jahre durch ein hohes Maß an Flexibilität und Pragmatismus gekennzeichnet.[358]

Erst mit der Gründung des *Accounting Standards Steering Committee* im Jahre 1970, später umbenannt in das *Accounting Standards Committee* (*ASC*), als erstem modernen[359] privaten Standard-Setter in Großbritannien nahm die Regulierung der Rechnungslegung signifikant zu. Das ASC entwickelte *Statements of Standard Accounting Practice (SSAP)*, die als schriftlich fixierte ‚Best-Practice-Lösungen' insbesondere den großen Freiraum bei der Bilanzierung einschränken und für eine stärkere Offenlegung sorgen sollten. Problematisch war allerdings, daß die Genehmigung und Verabschiedung der Rechnungslegungsstandards nicht im Kompetenzbereich des ASC angesiedelt war, sondern vielmehr den sechs Berufsverbänden der ‚Accountants' oblag.[360]

Neben der Entwicklung von Rechnungslegungsstandards leitete der Beitritt Großbritanniens zur Europäischen Gemeinschaft im Jahre 1973 weitere bedeutende Veränderungen für die Rechnungslegung ein, da in den Folgejahren wie in Deutschland die EG-Richtlinien zu entscheidenden Triebkräften des Handelsrechts wurden. Mit der Umsetzung der 4. EG-Richtlinie durch den Companies Act 1981 wurden erstmals detaillierte Vorschriften zur Darstellung und zum Inhalt des Jahresabschlusses im Gesetz festgeschrieben,[361] womit der bestehende ‚Dualismus' von gesetzlichen Bestimmungen und Rechnungslegungsstandards[362] verschärft

---

correct view' der Unternehmenslage zu vermitteln hat. Der Companies Act 1947 ersetzte diese Formulierung durch den Ausdruck ‚true and fair view', der sich noch heute im Gesetz findet. Vgl. sec. 226 (2) CA 1985 für Einzelabschlüsse bzw. sec. 227 (3) CA 1985 für Konzernabschlüsse; Davies, M./Paterson, R./Wilson, A., UK GAAP (1999), S. 3 f.

358 Vgl. Gordon, P. D./Gray, S. J., United Kingdom (1994), S. 72.

359 Vgl. Walton, P., United Kingdom, in: Walton, P./Haller, A./Raffournier, B. (Hrsg.), International Accounting (1998), S. 135.

360 Die Berufsverbände hatten für diesen Zweck ein gemeinsames Gremium, das *Consultative Committee of Accountancy Bodies (CCAB)*, eingerichtet, in dem jeder Verband ein Vetorecht besaß. Vgl. Gordon, P. D./Gray, S. J., United Kingdom (1994), S. 79.

361 Vgl. Gordon, P. D./Gray, S. J., United Kingdom (1994), S. 76.

362 Vgl. Emmrich, M., Reform der externen Rechnungslegung (1999), S. 29. Ein ‚Dualismus' besteht streng genommen nur für Kapitalgesellschaften und Konzerne, da der

wurde – freilich nicht ohne Überschneidungen und Widersprüche. Die traditionelle Flexibilität des britischen Rechnungslegungssystems ist seitdem sowohl für Bilanzersteller als auch für den Standard-Setter trotz ‚liberaler' Ausübung der Mitgliedstaatenwahlrechte sichtlich eingeschränkt.[363] Die Veränderungen durch die Umsetzung der 7. EG-Richtlinie mit dem Companies Act 1989 waren demgegenüber weniger einschneidend, da sie weitgehend auf der angelsächsischen Rechnungslegungspraxis fußten.[364] Der Companies Act 1989 war allerdings dahingehend bedeutsam, daß er die gesetzliche Grundlage für ein neues Standard-Setting-System schuf.

2. Gegenwärtiges Standard-Setting-System

Das ASC war in den 1980er Jahren unter anderem aufgrund einiger spektakulärer Unternehmenskonkurse hinsichtlich seiner Effektivität und Glaubwürdigkeit in starke Kritik geraten.[365] Als Konsequenz wurde 1987 ein *Review Committee* mit dem Ziel eingesetzt, die Qualität des Rechnungslegungssystems zu verbessern.[366] Die im sogenannten *Dearing Report* vorgelegten Reformempfehlungen[367] wurden weitgehend implementiert und begründeten das seit 1990 geltende Standard-Setting-System in Großbritannien.[368]

Kern der Reform war die Entscheidung, die Rechnungslegung soweit wie möglich in der Verantwortung der ‚Accountants' zu belassen und nicht weiter gesetzlich festzuschreiben.[369] Die notwendigen Voraussetzungen hierzu wurden mit dem Companies Act 1989 geschaffen: Die Rechnungslegungsstandards sind seitdem erstmals gesetzlich definiert.[370] Zudem besteht für große Kapitalgesellschaften[371],

---

Companies Act nicht für Einzelunternehmen und Personengesellschaften gilt.

363 Vgl. Walton, P., United Kingdom, in: Walton, P./Haller, A./Raffournier, B. (Hrsg.), International Accounting (1998), S. 132. So auch PricewaterhouseCoopers, Student's Manual of Accounting (1999), Tz. 2.17.

364 Vgl. PricewaterhouseCoopers, Student's Manual of Accounting (1999), Tz. 2.18.

365 Vgl. Gordon, P. D./Gray, S. J., United Kingdom (1994), S. 68.

366 Dabei ging es nicht mehr nur um die Reaktion auf Mißbräuche der Rechnungslegung, sondern auch um die Berücksichtigung der Erwartungen des aufstrebenden Kapitalmarktes an die Rechnungslegung. Vgl. FRC, 2000 Annual Review, http://www.frc.org.uk/.../frc_annual_review_00.pdf (11.07.2001), S. 9.

367 Vgl. im einzelnen Davies, M./Paterson, R./Wilson, A., UK GAAP (1999), S. 28 ff.

368 Es ist unverkennbar, daß hierfür das US-amerikanische Standard-Setting-System weitgehend Pate gestanden hat.

369 Vgl. PricewaterhouseCoopers, Student's Manual of Accounting (1999), Tz. 2.42.

370 Vgl. sec. 256 (1) CA 1985.

371 Als große Kapitalgesellschaft gilt jede Gesellschaft, welche an zwei aufeinanderfolgen-

ihnen gleichgestellte haftungsbeschränkte Personengesellschaften und Konzerne nunmehr die Verpflichtung, anzugeben, inwieweit ihre Abschlüsse mit den einschlägigen Rechnungslegungsstandards übereinstimmen, sowie wesentliche Abweichungen zu begründen.[372] Weiterhin wurde im Gesetz die staatliche Unterstützung des neuen privaten Standard-Setting-Systems verankert.[373] Eine kurze Darstellung der einzelnen Gremien findet sich im Anhang.[374]

B. Funktionen der Rechnungslegung

Der externen Rechnungslegung werden regelmäßig eine Dokumentations-, Informations- und Zahlungsbemessungsfunktion zuerkannt.[375] Da die Dokumentationsfunktion für die spätere Analyse der Bilanzierung des Goodwills von untergeordneter Bedeutung ist, kann auf ihre Betrachtung hier verzichtet werden.

1. Informationsfunktion

Die Informationsfunktion ist in den UK-GAAP fundamental verankert.[376] Sie läßt sich sowohl im Gesellschaftsrecht als auch im nicht kodifizierten Recht problemlos nachweisen. So besteht im Companies Act für Einzel- und Konzernabschlüsse die bereits erwähnte Verpflichtung, einen ‚true and fair view' der Unternehmenslage zu vermitteln.[377] Als grundlegender Unterschied zu Deutschland ist diese Generalnorm im britischen Bilanzrecht explizit als sogenanntes ‚overriding principle' ausgeformt: Demnach besteht eine Verpflichtung zur Angabe zusätzli-

---

den Bilanzstichtagen zwei der drei folgenden Merkmale erfüllt: Umsatz > 8 Mio. Pfund, Bilanzsumme > 3,9 Mio. Pfund, durchschnittliche Mitarbeiterzahl > 250. Vgl. sec. 247 CA 1985.

372 Vgl. § 36 a Sch. 4 i. V. m. § 246 (1) (a) CA 1985. Für Konzerne folgt dies aus § 1 (1) Sch. 4a CA 1985.

373 Vgl. sec. 256 (3) u. (4) CA 1985.

374 Vgl. S. 171 ff. dieser Arbeit.

375 Vgl. z. B. Sigloch, J., Maßgeblichkeitsprinzip (BFuP 2000), S. 171; Coenenberg, A. G. u. a., Jahresabschluß (2000), S. 36; Emmrich, M., Reform der externen Rechnungslegung (1999), S. 77.

376 Als Erklärung hierfür wird vor allem die in Großbritannien vorherrschende Art der Unternehmensfinanzierung und Eigentümerstruktur herangeführt. So erfolgt die Finanzierung traditionell in hohem Maße durch Beteiligungskapital, das schwerpunktmäßig von Pensionsfonds und Versicherungsunternehmen sowie von privaten Haushalten bereitgestellt wird (sog. *Outsider-System*). Vgl. Thompson, J. K., Shareholder Value in OECD Countries (Financial Market Trends 1998), S. 16 ff.

377 Vgl. sec. 226 (2) bzw. sec. 227 (3) CA 1985.

cher Informationen im Anhang, falls die Einhaltung der gesetzlichen Vorschriften für die Vermittlung eines ‚true and fair views' nicht ausreichend ist.[378] Widerspricht die Befolgung einzelner Gesetzesnormen hingegen einem ‚true and fair view', so sind Abweichungen von den entsprechenden Vorschriften im notwendigen Ausmaß nicht nur zulässig, sondern gar gefordert (*true and fair override*).[379] Eine verzerrte Bilanz oder Gewinn- und Verlustrechnung kann damit nicht durch Zusatzangaben im Anhang kompensiert werden.[380] Die Möglichkeit des ‚true and fair override' besteht unter restriktiven Bedingungen analog im Rahmen der Einhaltung der Rechnungslegungsstandards.[381]

Darüber hinaus tritt die Informationsfunktion im *Statement of principles for financial reporting*, dem konzeptionellen Rahmen der UK-GAAP, explizit zutage, in dem es heißt:

> „The objective of financial statements is to provide information about the reporting entity's financial performance and financial position that is useful to a wide range of users for assessing the stewardship of the entity's management and for making economic decisions."[382]

Auffallend hierbei ist das für angelsächsische Rechnungslegungssysteme typische ‚Decision usefulness'-Konzept, wonach der Jahresabschluß seinen Adressaten nützliche Informationen bereitstellen soll,[383] um diese in die Lage zu versetzen, bestmöglich ihre jeweiligen wirtschaftlichen Entscheidungen treffen zu können. Das ‚Statement of principles' beschreibt daher zunächst einen breiten Kreis an möglichen Adressaten mit ihren typisierten Informationserwartungen an die Rechnungslegung.[384] Obwohl die Adressaten unterschiedliche wirtschaftliche Entscheidungen bezwecken, verbindet sie ein gemeinsames Interesse an Informationen zur

---

378 Vgl. sec. 226 (4) bzw. sec. 227 (5) CA 1985.

379 Vgl. sec. 226 (5) bzw. sec. 227 (6) CA 1985.

380 Vgl. demgegenüber § 264 Abs. 2 Satz 2 HGB, wo es heißt: „Führen besondere Umstände dazu, daß der Jahresabschluß ein den tatsächlichen Verhältnissen entsprechendes Bild im Sinne des Satzes 1 nicht vermitteln kann, so sind im Anhang zusätzliche Angaben zu machen."

381 Vgl. im Anhang, S. 172.

382 ASB, Statement of principles (1999), Chapter 1, Principles.

383 Die Nützlichkeit der Informationen wird maßgeblich durch die vier qualitativen Anforderungen Entscheidungsrelevanz, Verläßlichkeit, Vergleichbarkeit und Verständlichkeit bestimmt. Vgl. ASB, Statement of principles (1999), Chapter 3, Principles.

384 Die beschriebenen Adressatengruppen sind: Bestehende und potentielle Investoren, Fremdkapitalgeber, Lieferanten und andere (kleinere) Gläubiger, Mitarbeiter, Kunden, Regierungen und staatliche Behörden sowie die Öffentlichkeit. Vgl. ASB, Statement of principles (1999), Par. 1.3.

Vermögens-, Finanz- und Ertragslage des Unternehmens mit dem Ziel,[385] die zukünftigen Einzahlungsüberschüsse des Unternehmens und dessen finanzielle Anpassungsfähigkeit (*financial adaptability*) abzuschätzen.[386] Daraus leitet das ASB die widerlegbare Vermutung ab, daß eine Fokussierung auf die Informationsbedürfnisse bestehender und potentieller Investoren (Eigenkapitalgeber) legitim sei, da sie zugleich allen übrigen Adressaten nütze[387] – wenn auch u. U. nicht hinreichend.[388] Die neben der obigen Zielsetzung genannte Rechenschaftsfunktion des Jahresabschlusses (*stewardship*) zur Beurteilung der Leistung des Managements versteht das ASB als Spezialfall einer wirtschaftlichen Entscheidung und ordnet sie damit der ‚Decision usefulness' unter.[389]

Darüber hinaus kommt die Informationsfunktion der Rechnungslegung in zahlreichen Bestimmungen einzelner Rechnungslegungsstandards zum Ausdruck, die hier jedoch nicht näher analysiert werden sollen.[390]

2. Zahlungsbemessungsfunktion

Hinweise auf eine Zahlungsbemessungsfunktion, nach welcher auf der Grundlage des Jahresergebnisses bei Sicherstellung der Kontrakteinkommensansprüche eine Bemessung erfolgsabhängiger Zahlungen erfolgt, finden sich in unterschiedlich starker Ausprägung sowohl auf der Gewinnermittlungs- als auch Gewinnverwendungsebene. Auf der Gewinnermittlungsebene ist wie in Deutschland das Vorsichtsprinzip (*prudence principle*) als Bewertungsgrundsatz gesetzlich verankert.[391] Im Vergleich zum HGB nimmt es jedoch eine erheblich schwächere Stellung ein, was sowohl aus dem ‚Statement of principles'[392] als auch anhand

---

385 Vgl. ASB, Statement of principles (1999), Par. 1.5 f.

386 Vgl. im einzelnen ASB, Statement of principles (1999), Par. 1.13-1.22.

387 Vgl. ASB, Statement of principles (1999), Par. 1.11. Das hierzu formulierte Grundsatz lautet: „That objective can usually be met by focusing exclusively on the information needs of present and potential investors, the defining class of user." ASB, Statement of principles (1999), Chapter 1, Principles.

388 Für diesen Fall wird unterstellt, daß sich die Adressaten weitere spezifische Informationen selbständig besorgen.

389 Vgl. ASB, Statement of Principles. Technical Supplement Revised Exposure Draft (1999), Par. B1.3 f. Gemeint ist die Entscheidung, z. B. das Management zu ersetzen oder die Höhe des eigenen Investments zu verändern.

390 Als Beispiel sei der Standard *FRS 5 ‚Reporting the substance of transactions'* genannt. Vgl. ASB, FRS 5 (1998).

391 Vgl. § 12 Sch. 4 CA 1985.

392 Das ‚Statement of principles' führt hierzu aus: „it is not ... appropriate to use prudence as a reason for, for example, creating hidden reserves or excessive provisions,

einzelner Rechnungslegungsnormen deutlich wird[393] – insbesondere der Möglichkeit, im Rahmen der Neubewertung von Vermögensgegenständen unrealisierte Erträge aufzudecken und in eine Neubewertungsrücklage (*revaluation reserve*) einzustellen.[394]

Das ASB scheint der Zahlungsbemessungsfunktion der Rechnungslegung eher ablehnend gegenüberzustehen, indem es ausführt:

> „in practice – and particularly for a group – the potential for distributions, whether from profits or return of capital, is dependent on many factors ... *In these circumstances it is unrealistic to suppose that distributability per se can serve as a primary focus of the presentation of financial performance.*"[395]

Konsistent mit dieser Haltung sind die jüngeren Vorstellungen des ASB, sich für die Erfolgsermittlung vom Realisationsprinzip zu lösen und die herkömmliche Unterscheidung in realisierte und unrealisierte Gewinne/Verluste aufzuheben. Vielmehr sollen alle positiven bzw. negativen Wertveränderungen des Eigenkapitals, die nicht auf Einlagen oder Entnahmen basieren, als *gains* bzw. *losses* in einem gemeinsamen *performance statement* erfaßt werden, sofern sie nur hinreichend sicher und zuverlässig bewertbar sind.[396] Diese Prinzipien sollen in einem neuen Rechnungslegungsstandard umgesetzt werden, für den gerade ein Entwurf (FRED 22) zum Kommentar vorgelegt wurde.[397]

Trotz dieser Vorbehalte kommt eine Zahlungsbemessungsfunktion implizit auch im ‚Statement of principles' zum Ausdruck. So wird zum einen auf die Notwen-

---

deliberately understating assets or gains, or deliberately overstating liabilities or losses, because that would mean that the financial statements are not neutral and, therefore, are not reliable." ASB, Statement of principles (1999), Par. 3.20.

393 Dies folgt bspw. aus der restriktiven Rückstellungsbildung nach *FRS 12 ‚Provisions, contingent liabilities and contingent assets'*. Vgl. ASB, FRS 12 (1998).

394 Vgl. §§ 31 ff. Sch. 4 CA 1985. Die Mehrheit der britischen Großunternehmen macht von diesen alternativen Bewertungsregeln Gebrauch und unterzieht Anlagegüter, vor allem Grundstücke und Gebäude, regelmäßigen Neubewertungen. Man spricht hierbei wegen der Vermischung von Wertansätzen auf Basis historischer Zahlungen und Tageswerten auch vom sog. ‚modified historical cost accounting' oder auch ‚mixed measurement system'. Vgl. ASB, Statement of principles (1999), Appendix III, Par. 51 f.; PricewaterhouseCoopers, Student's Manual of Accounting (1999), Tz. 2.136.

395 ASB, Statement of Principles (1999), Appendix III, Par. 45; Herv. durch Verf.

396 Vgl. ASB, Statement of principles (1999), Par. 4.39 i. V. m. ASB, Statement of principles (1999), Chapter 5, Principles.

397 Vgl. ASB, FRED 22 (2000); PricewaterhouseCoopers, Quaterly accounting briefing (March 2001), S. 1 f.

digkeit hingewiesen, bei steigendem Preisniveau eine andere als die nominelle Kapitalerhaltungskonzeption anzuwenden, um den Periodenerfolg weiterhin zutreffend zu ermitteln und damit auch die Gläubiger vor einer Minderung des Haftungskapitals zu schützen.[398] Zum anderen führt das ASB im Rahmen der Zielsetzung der Rechnungslegung aus, daß Informationen über die Vermögens- und Finanzlage eines Unternehmens nützlich sind, um abzuschätzen, inwieweit zukünftige Cash-flows unter den Anteilseignern und Anspruchsberechtigten verteilt werden.[399]

Auf der Gewinnverwendungsebene nimmt die Zahlungsbemessungsfunktion durch gesellschaftsrechtliche Bestimmungen eine erhebliche Bedeutung ein.[400] Der Companies Act enthält seit der Umsetzung der 2. und 4. EG-Richtlinie im Interesse des Gläubigerschutzes detaillierte Regeln zur Kapitalerhaltung bei haftungsbeschränkten Kapitalgesellschaften. Wesentlich war dabei vor allem die Einführung eines Ausschüttungsverbots für unrealisierte Gewinne.[401] Der verteilbare Gewinn einer *private limited company* (*Ltd*)[402] wird gemäß sec. 262 (3) CA 1985 wie folgt ermittelt:

---

398 Vgl. ASB, Statement of principles (1999), Par. 6.42. Das ‚Statement of principles' spricht explizit allerdings nur vom „user of financial statements".

399 „Information about financial structure is useful in assessing how future cash flows will be distributed among those with an interest in or claims on the entity..." ASB, Statement of principles (1999), Par. 1.16 (b).

400 Vgl. Hole, D., Draft Statement of Principles (B. T. R. 1999), S. 213 f.

401 Dies folgt im Umkehrschluß aus sec. 263 (1) CA 1985. Vor 1980 wurde hingegen auch die Ausschüttung unrealisierter Gewinne als zulässig angesehen. Vgl. Dine, J., Company Law (1998), S. 112.

402 Die ‚private limited company' (Ltd) ist die Standardform der britischen Kapitalgesellschaft mit beschränkter Haftung. Im Unterschied zu einer ‚public limited company' (Plc) darf sie weder Aktien noch Anleihen öffentlich begeben, unterliegt dafür aber weniger strengen gesellschaftsrechtlichen Vorschriften. Es ist z. B. kein Mindesteigenkapital vorgeschrieben. Die Mehrheit der britischen Kapitalgesellschaften firmiert als ‚private limited companies'. Für eine ausführliche Gegenüberstellung beider Rechtsformen vgl. Gordon, P. D./Gray, S. J., United Kingdom (1994), S. 24 f.; Cooke, T./Choudhury, M./Wallace, R. S. O., United Kingdom - Individual Accounts, in: Ordelheide, D./KPMG (Hrsg.), Transnational Accounting (2001), S. 2600 ff.

+	realisierte Gewinne
–	realisierte Verluste
+/–	Gewinn- oder Verlustvortrag aus dem Vorjahr
–	Bildung einer Rücklage für eigene Anteile
–	Bildung einer satzungsmäßigen Rücklage
+	Verfügbare Gewinnrücklagen
=	**ausschüttungsfähiger Gewinn einer Ltd**

Abb. 9: Ausschüttungsfähiger Gewinn einer ‚private limited company'[403]

Was dabei realisierter Gewinn oder Verlust ist bzw. als solcher gilt, bestimmt sich nach den einschlägigen Bilanzierungsvorschriften des Companies Act und der Rechnungslegungsstandards.[404]

Eine *public limited company* (*Plc*) unterliegt demgegenüber strengeren Vorschriften. Aus sec. 264 (3) (c) CA 1985 geht hervor, daß auch unrealisierte Verluste, soweit sie nicht durch unrealisierte Gewinne kompensiert werden, ausschüttungsmindernd zu berücksichtigen sind. Der verteilbare Erfolg stellt sich daher folgendermaßen dar:

+	realisierte Gewinne
–	realisierte Verluste
+/ –	Gewinn- oder Verlustvortrag aus dem Vorjahr
–	Bildung einer Rücklage für eigene Anteile
–	Bildung einer satzungsmäßigen Rücklage
+	verfügbare Gewinnrücklagen
–	unrealisierte Verluste, soweit nicht durch unrealisierte Gewinne kompensiert
=	**ausschüttungsfähiger Gewinn einer Plc**

Abb. 10: Ausschüttungsfähiger Gewinn einer ‚public limited company'[405]

403 Quelle: Eigene Darstellung.

404 Vgl. sec. 262 (3) i. V. m. sec. 742 (2) CA 1985; ICAEW, Distributable profits (1982), Par. 10. Zuführungen zu Rückstellungen und außerplanmäßige Abschreibungen werden bspw. wie realisierte Verluste behandelt. Werterhöhungen aus der Neubewertung von Anlagegegenständen sind ein Beispiel für unrealisierte Gewinne. Vgl. sec. 275 (1) u. (2) CA 1985.

405 Quelle: Eigene Darstellung.

Insgesamt kann festgehalten werden, daß hinsichtlich der Funktionen der Rechnungslegung ein bemerkenswertes Nebeneinander von Regeln im Gesellschaftsrecht und in den Rechnungslegungsstandards bzw. dem ‚Statement of principles' besteht. Obwohl auch Gläubigerschutzvorschriften wie das Vorsichtsprinzip dem britischen Bilanzrecht nicht fremd sind, ist auf der Gewinnermittlungsebene eine eindeutige Dominanz der Informationsfunktion gegenüber der Zahlungsbemessungsfunktion festzustellen. Die Gewinnverwendungsebene ist dagegen stark von Gläubigerschutzvorschriften im Gesellschaftsrecht geprägt, die gleichwohl weniger ‚vorsichtig' als in Deutschland sind. Inwiefern der nach den UK-GAAP ermittelte Erfolg auch als Bemessungsgrundlage für die Unternehmensbesteuerung gilt, wird im nächsten Abschnitt untersucht.

C. Verhältnis von Handels- und Steuerbilanz

Trotz unerschütterlicher Bekundungen, in Großbritannien herrsche eine strikte Trennung zwischen der Handels- und Steuerbilanz,[406] finden sich stichhaltige Hinweise für eine Verbindung beider Rechenwerke. Zwar wurde das Einkommensteuerrecht historisch vor dem Handelsrecht kodifiziert und konnte sich daher für die Gewinnermittlung nicht auf bereits bestehende handelsrechtliche Normen stützen.[407] Doch existiert seit einer Gerichtsentscheidung im Jahre 1892 eine Anknüpfung der Steuerbilanz an die Handelsbilanz dergestalt, daß der nach anerkannten handelsrechtlichen Grundsätzen ermittelte Jahreserfolg („profit based on ‚ordinary principles of commercial trading'"[408]) den Ausgangspunkt für die steuerliche Gewinnermittlung bildet.[409] Ausgehend von diesem Betrag werden Hinzurechnungen und Kürzungen auf der Basis der steuerrechtlichen Vorschriften vorgenommen, um schließlich zum steuerpflichtigen Gewinn (*taxable profits*) als Bemessungsgrundlage für die Einkommen- bzw. Körperschaftsteuer zu gelangen. Als wohl prominentestes Beispiel für derartige Anpassungen kann der Ersatz

---

406 Vgl. jüngst z. B. Cooke, T./Choudhury, M./Wallace, R. S. O., United Kingdom - Individual Accounts, in: Ordelheide, D./KPMG (Hrsg.), Transnational Accounting (2001), S. 2619.

407 Vgl. Walton, P., United Kingdom, in: Walton, P./Haller, A./Raffournier, B. (Hrsg.), International Accounting (1998), S. 137. Die Einkommensteuer wurde 1799 zur Finanzierung des Krieges gegen Frankreich eingeführt.

408 Lamb, M., Defining ‚profits' (Conference Paper 2001), S. 6 f.

409 In der Entscheidung hieß es: „The word ‚profits', I think, is to be understood in its natural and proper sense – in a sense which no commercial man could misunderstand." Lord Halsbury L. C. in Gresham Life Assurance Soc. v Styles (1892) 3 TC 185 zitiert nach Freedman, J., Role of Realisation, in: International Fiscal Association (Hrsg.), Determining Taxable Income (1997), S. 40.

handelsrechtlicher Abschreibungen (*depreciation charges*) durch steuerliche Absetzungen (*capital allowances*) angeführt werden.[410]

Bei der Auslegung der allgemein anerkannten Bilanzierungsgrundsätze zeichnet sich im jüngeren Case Law der Trend zu einer stärkeren Ankopplung an die Rechnungslegungsstandards ab, soweit diese nicht im Konflikt zu steuerrechtlichen Bestimmungen stehen.[411] Ebenso hat sich die Finanzverwaltung (*Inland Revenue*) grundsätzlich für die Akzeptanz der handelsrechtlichen Bilanzierungspraxis ausgesprochen,[412] und die jüngere Steuergesetzgebung folgt sichtlich einzelnen Rechnungslegungsstandards (z. B. im Rahmen der bilanziellen Behandlung von Rückstellungen).[413] Daher kann mindestens von der Existenz einer ‚De facto-Maßgeblichkeit' in Großbritannien gesprochen werden.[414]

Fehlte es bisher noch an einer allgemeinen gesetzlichen Vorschrift, welche die Anknüpfung der Steuerbilanz an die Handelsbilanz konstituiert, so kann die Einführung des ‚true and fair views' im Finance Act 1998 als gesetzliche Verankerung eines Maßgeblichkeitsprinzips verstanden werden. In sec. 42 (1) heißt es dort:

> "For the purposes of Case I or II of Schedule D the *profits* of a trade, profession or vocation *must be computed on an accounting basis which gives a true and fair view*, subject to any adjustment required or authorised by law in computing profits for those purposes."[415]

Da den Rechnungslegungsstandards wesentliche Bedeutung bei der Auslegung des ‚true and fair views' zukommt,[416] entfalten sie über diese Regel zugleich Bindungswirkung für die Steuerbilanz, wobei offene und verdeckte Bilanzvorbehalte zu beachten sind. Damit ist offenkundig, daß die steuerliche Gewinnermittlung in Großbritannien heute zu wesentlichen Teilen auf der Erfolgsermittlung nach UK-

---

410 Ein weiteres Beispiel sind Veräußerungsgewinne, die bei Personenunternehmen der *Capital Gains Tax* als gesonderter Steuer unterliegen und daher nicht von der Einkommensteuer erfaßt werden.

411 Vgl. Freedman, J., Role of Realisation, in: International Fiscal Association (Hrsg.), Determining Taxable Income (1997), S. 42 f. m. w. N.

412 „In general the Revenue will accept a generally-accepted accounting practice which does not violate any rules of tax law." Inland Revenue, IM607, http://www.inland revenue.gov.uk/.../07_0026_im607.htm (11.07.2001), S. 3.

413 Vgl. Lamb, M., Defining ‚profits' (Conference Paper 2001), S. 7.

414 Ähnlich Sigloch, J., Maßgeblichkeitsprinzip (BFuP 2000), S. 167.

415 Sec. 42 (1) ICTA 1988, geändert durch FA 1998; Herv. durch Verf.

416 Vgl. im Anhang, S. 172 sowie Gotch, A., True and Fair Profits, in: ICAEW Tax Faculty (Hrsg.), Taxline Tax Review (1998), S. 103.

GAAP basiert, wenngleich sich (noch) häufig Unterschiede zwischen beiden Erfolgsgrößen ergeben.[417]

Demgegenüber hat es das ASB traditionell abgelehnt, bei der Entwicklung seiner Standards zugleich deren Eignung für die steuerliche Gewinnermittlung zu berücksichtigen, um nicht ‚Dienerin zweier Herren', nämlich den Informationsinteressen der Investoren und der Finanzverwaltung, zu sein.[418] Dies kommt auch im ‚Statement of principles' zum Ausdruck, in dem das Board zwischen Jahresabschlüssen mit allgemeiner und solchen mit spezieller Zwecksetzung unterscheidet[419] und sich auf erstere konzentriert.[420] Als Beispiel für einen Abschluß mit spezieller Zwecksetzung wird auch die Steuerbilanz (*tax return*) angeführt. Das ASB geht offenbar davon aus, daß die zur Ermittlung der Steuerbemessungsgrundlage notwendigen Informationen effektiver mit speziellen Rechenwerken erhoben werden können.[421] Eine umgekehrte Maßgeblichkeit kann insgesamt ausgeschlossen werden, da die Rechnungslegungsstandards zum einen verbindlich sind und zum anderen der ‚true and fair view' etwaigen Verzerrungen des Jahresabschlusses aufgrund von steuerrechtlichen Vorschriften Einhalt gebietet.

Nach diesem Überblick über die Rechnungslegung in Großbritannien erfolgt im nächsten Kapitel eine Untersuchung der historischen Entwicklung der Goodwill-Bilanzierung.

II. Historische Entwicklung der Bilanzierung des Goodwills

In diesem Kapitel wird zunächst die frühe historische Entwicklung der Bilanzierung des Goodwills aufgezeigt.[422] Besondere Bedeutung kommt anschließend der kritischen Betrachtung von SSAP 22, dem ersten britischen Standard zur Goodwill-Bilanzierung, zu, da sich dieser zum einen aufgrund der Übergangsbestimmungen des gegenwärtigen Standards FRS 10 weiter auswirkt. Zum ande-

---

417 Dies erklärt auch, warum der Bilanzierung latenter Steuern (*deferred taxation*) in Großbritannien eine größere Bedeutung als in Deutschland zukommt.

418 Vgl. Freedman, J., Role of Realisation, in: International Fiscal Association (Hrsg.), Determining Taxable Income (1997), S. 43.

419 Vgl. ASB, Statement of principles (1999), Par. 6, in dem von „general purpose financial reports" und „special purpose financial reports" die Rede ist.

420 Vgl. ASB, Statement of principles (1999), Par. 7.

421 Dies folgt aus ASB, Statement of principles (1999), Par. 1.3 (f).

422 Es sei darauf hingewiesen, daß der Verfasser in seinem Zugang zu älteren britischen Rechtsquellen starken Beschränkungen unterlag, so daß sich die Darstellung der Zeitspanne bis 1948 ausschließlich auf Sekundärliteratur stützt.

ren verspricht die durch SSAP 22 entfachte *brand accounting debate* wichtige Hinweise für den späteren Reformvorschlag.

A. Kodifiziertes Recht

Wie im ersten Teil dargestellt,[423] läßt sich eine Auseinandersetzung des englischen Case Law mit dem Goodwill bis in das 16. Jahrhundert zurückverfolgen. Bilanzierungsfragen spielten zu dieser Zeit jedoch offenbar nur eine untergeordnete Rolle. So wurde der Goodwill erst in einer Gerichtsentscheidung im Jahre 1743 als Vermögensgegenstand (*asset*) anerkannt.[424] Eine intensive fachliche Diskussion mit ersten Publikationen zur Bilanzierung des Goodwills setzte schließlich erst in der zweiten Hälfte des 19. Jahrhunderts ein und war eng mit der Entstehung der Berufsverbände der ‚Accountants' und der ersten Fachzeitschriften zur Rechnungslegung verbunden.[425] Die zur Jahrhundertwende herrschende Meinung sah den derivativen Goodwill ähnlich wie Grundvermögen als ‚permanent asset' an, d. h. als nicht abnutzbaren Vermögensgegenstand. Bemerkenswert erscheint, daß aus diesem Verständnis heraus jedoch nicht – wie seinerzeit im deutschen Bilanzsteuerrecht – für die Aktivierung und periodische Werthaltigkeitsüberprüfung, sondern eine sofortige Verrechnung des Goodwills mit den Rücklagen plädiert wurde. Begründet wurde dies damit, daß der Periodenerfolg nicht durch Wertfluktuationen verzerrt werden sollte.[426] Einzelunternehmen und Personengesellschaften, die nicht reglementiert waren, folgten dieser Bilanzierungsmethode weitgehend, zumal sie einfach handhabbar war.[427] Kapitalgesellschaften unterlagen demgegenüber mit dem Companies Act gesetzlichen Vorschriften, die eine Ver-

---

423 Vgl. S. 17.

424 Vgl. Allan, C. E., Law Relating to Goodwill (1889) zitiert nach Hughes, H. P., Goodwill in Accounting (1982), S. 18.

425 Der erste Aufsatz zur Bilanzierung des Goodwills erschien im Jahre 1884 in der Zeitschrift *The Accountant*, die 1874 gegründet worden war. Intensiv mit der Bewertung des Goodwills beschäftigte sich erstmals FRANCIS MORE ebenfalls in ‚The Accountant' im Jahre 1891. Vgl. More, F., Goodwill (Accountant 1891), S. 282 ff. zitiert nach Hughes, H. P., Goodwill in Accounting (1982), S. 24 bzw. 27. Für eine ausführliche Diskussion früher Ansätze zur Bilanzierung und Bewertung des Goodwills vgl. Bryer, R. A., Accounting for Goodwill (BAR 1995), S. 291 ff.; Carsberg, B. V., Goodwill Valuation (JoAR 1966), S. 2 ff.

426 Vgl. hierzu auch BROWNE, der schreibt: „Goodwill … should not appear as an asset in a private Balance Sheet, but it should be at once eliminated by a debit to capital. … it is an error of principle to write it off through Profit and Loss Account." Browne, E. A., Goodwill (Accountant 1902), S. 1342.

427 Vgl. Hughes, H. P., Goodwill in Accounting (1982), S. 31.

rechnung mit den Rücklagen ausschlossen.[428] Da auch eine (erfolgswirksame) Sofortabschreibung seinem Charakter nicht Rechnung getragen hätte,[429] führte die Mehrheit der Kapitalgesellschaften den derivativen Goodwill schließlich dennoch unverändert in der Bilanz fort und schrieb ihn nur bei tatsächlicher Wertminderung ab.[430] Aus Vorsichtserwägungen sowie als Konsequenz des Übergewinnverständnisses[431] wurde z. T. auch eine systematische Abschreibung befürwortet,[432] wobei in der Praxis zunächst nur in erfolgreichen Jahren abgeschrieben wurde.[433]

Entsprechend seines liberalen Grundverständnisses enthielt das britische Bilanzrecht keine weiteren Verbote, was eine Aktivierung des originären Goodwills sowie Neubewertung des derivativen Goodwills grundsätzlich möglich machte. Gleichwohl blieben derartige Bilanzierungspraktiken in Großbritannien die Ausnahme.[434] Einzig der Ansatz von Ingangsetzungs- und Erweiterungskosten, v. a. Organisations- und außerordentlichen Werbekosten, schien breitere Zustimmung zu genießen.[435]

Die nächste bedeutende Gesetzesänderung hinsichtlich der Bilanzierung des Goodwills vor Umsetzung der EG-Richtlinien erfolgte mit dem Companies Act 1948,[436] der das Verbot der erfolgsneutralen Verrechnung aufhob.[437] Damit stand auch Kapitalgesellschaften das gesamte Spektrum an Bilanzierungsmöglichkeiten

---

428 Vgl. Browne, E. A., Goodwill (Accountant 1902), S. 1342. Darüber hinaus schrieb der CA 1900 vor, im Falle einer Kapitalerhöhung zum Zweck des Unternehmenserwerbs die Höhe des Goodwills gesondert im Börsenprospekt anzugeben. Vgl. Carsberg, B. V., Goodwill Valuation (JoAR 1966), S. 2.

429 „Goodwill is an asset distinctly paid for by shareholders and represented in their capital on the opposite side of the Balance Sheet, profits should not be subject to a charge for its reduction or extinction." Browne, E. A., Goodwill (Accountant 1902), S. 1342.

430 Vgl. Hughes, H. P., Goodwill in Accounting (1982), S. 32. So auch Browne, E. A., Goodwill (Accountant 1902), S. 1343.

431 Vgl. S. 21 ff.

432 Vgl. z. B. Leake, P. D., Goodwill (Accountant 1914), S. 87 ff.

433 Vgl. Hughes, H. P., Goodwill in Accounting (1982), S. 32.

434 Vgl. Hughes, H. P., Goodwill in Accounting (1982), S. 42.

435 Vgl. Hughes, H. P., Goodwill in Accounting (1982), S. 45 ff.

436 Von der Änderung des Bilanzausweises der immateriellen Vermögensgegenstände Goodwill, Patente und Markenzeichen durch den CA 1928 sei hier abgesehen. Vgl. Edwards, J. R., History of Financial Accounting (1989), S. 134.

437 Dies ergibt sich aus sec. 66 CA 1948, wonach Verrechnungen mit dem Kapitalkonto, sofern von der Satzung der Gesellschaft erlaubt, zulässig waren.

wie den Personenunternehmen offen, wovon sie in der Folgezeit auch sichtlich Gebrauch machten.[438]

Im Ergebnis kann festgehalten werden, daß alle wesentlichen Methoden der Bilanzierung des derivativen Goodwills, d. h.

- die Aktivierung und außerplanmäßige Abschreibung nur bei eingetretener Wertminderung,
- die Aktivierung und planmäßige Abschreibung über die Nutzungsdauer,
- die sofortige Abschreibung sowie
- die erfolgsneutrale Verrechnung mit den Rücklagen

bereits seit Beginn des 20. Jahrhunderts in Großbritannien bekannt waren.

Zur steuerlichen Behandlung eines derivativen Goodwills bleibt anzumerken, daß die Rechtsprechung und Finanzverwaltung traditionell den Standpunkt vertraten, eine Begrenzung der Nutzungsdauer des Goodwills sei nicht gegeben. Abschreibungen auf den Goodwill waren deshalb nicht steuerlich abzugsfähig.[439] Vielmehr erfolgte in der Steuerbilanz gewissermaßen eine ‚Dauerbilanzierung' zu Anschaffungskosten.[440]

B. Nicht-kodifiziertes Recht

Im Jahre 1980 veröffentlichte der britische Standard-Setter als erste offizielle Stellungnahme zur Goodwill-Bilanzierung ein Diskussionspapier.[441] Darin wurde dem Goodwill ohne Differenzierung die Vermögensgegenstandseigenschaft zuerkannt. Während der Ansatz eines originären Goodwills abgelehnt wurde,[442] war für seine derivative Erscheinungsform eine Verpflichtung zur Aktivierung und planmäßigen

---

[438] Vgl. zur Bilanzierungspraxis im Zeitraum von 1962-72 die empirische Studie von Lee, T. A., Accounting for Goodwill (ABR 1973), S. 179 u. 188; für 1973-74 Holgate, P. A., History and regulation, in: Power, M. (Hrsg.), Goodwill Accounting (1990), S. 10; für 1976-1992 Higson, C., Goodwill (BAR 1998), S. 141 m. w. N.

[439] Vgl. Hughes, H. P., Goodwill in Accounting (1982), S. 204 f.

[440] Vgl. Auler, W., Unternehmungsmehr- und -minderwert (ZfB 1927), S. 844.

[441] Diesem waren jedoch mehrjährige innere Meinungsverschiedenheiten vorausgegangen. Vgl. Holgate, P. A., History and regulation, in: Power, M. (Hrsg.), Goodwill Accounting (1990), S. 9 f.

[442] Das Aktivierungsverbot des originären Goodwills entsprach bereits der damaligen Verkehrssitte, wie das ASC deutlich macht: „the panel is not aware of any cases of businesses which evaluate and recognise inherent goodwill as a separate item in their financial statements." ASC, Discussion paper (Accountancy 1980), Par. 5.1.

Abschreibung über seine wirtschaftliche Nutzungsdauer – maximal jedoch 40 Jahre[443] – vorgesehen.[444] Da die Reaktion der Öffentlichkeit im Hinblick auf die Vorschläge zur Behandlung des derivativen Goodwills geteilt war, enthielt der folgende Standardentwurf *ED 30 (1982)* statt einer einzigen Bilanzierungsmethode ein Wahlrecht zwischen der Aktivierung und planmäßigen Abschreibung über maximal 20 Jahre sowie der sofortigen erfolgsneutralen Verrechnung. Die gewählte Methode sollte konsistent auf alle Übernahmen angewandt werden.[445] Im Jahre 1984 schließlich wurde *SSAP 22* als erster Standard zur Goodwill-Bilanzierung in Großbritannien verabschiedet.[446] Statt eines neutralen Wahlrechts wie noch in ED 30 verlangte (!) der Standard nunmehr die Verrechnung des derivativen Goodwills mit den Rücklagen (bevorzugte Methode),[447] ließ alternativ aber auch seine Aktivierung und planmäßige Abschreibung als Vermögensgegenstand zu.[448] Eine Höchstnutzungsdauer war für letzteren Fall nicht mehr vorgeschrieben.[449] Die zuvor in Konzernabschlüssen noch übliche unveränderte Fortführung des Goodwills war jedoch ebenso verboten[450] wie der Ansatz eines originären Goodwills.[451] Ein negativer Goodwill war zwingend den Rücklagen hinzuzurechnen.[452]

Als theoretisches Argument für die sofortige Eliminierung des derivativen Goodwills bei seiner Entstehung führte SSAP 22 an, daß diese Vorgehensweise kon-

---

443 Vgl. ASC, Discussion paper (Accountancy 1980), Par. 1.5 u. 1.7 f. Zur Begründung dieses Vorgehens stellte das ASC klar: „goodwill as an asset does not have the characteristics of a permanent asset, or a perpetuity, but is consumed with the effluxion of time." ASC, Discussion paper (Accountancy 1980), Par. 6.1.

444 Insgesamt waren die Vorschläge den Vorschriften des US-amerikanischen Standards APB Opinion No. 17 sehr ähnlich. Vgl. zum ‚ASC Discussion paper' auch Bryer, R. A., Accounting for Goodwill (BAR 1995), S. 295 f.

445 Vgl. Davies, M./Paterson, R./Wilson, A., UK GAAP (1999), S. 777; Holgate, P. A., History and regulation, in: Power, M. (Hrsg.), Goodwill Accounting (1990), S. 12.

446 SSAP 22 galt sowohl für den Goodwill in Einzel- als auch in Konzernabschlüssen. Vgl. ASC, SSAP 22 (1984), Par. 16-19.

447 „The standard requires that purchased goodwill should normally be eliminated from accounts by immediate write-off." ASC, SSAP 22 (1984), Par. 6.

448 Vgl. ASC, SSAP 22 (1984), Par. 10.

449 Vgl. zur Nutzungsdauerschätzung im einzelnen ASC, SSAP 22 (1984), Par. 11 u. 41 sowie Appendix 1.

450 Vgl. ASC, SSAP 22 (1984), Par. 38. Im Einzelabschluß war diese Methode bereits durch die Umsetzung der 4. EG-Richtlinie mit dem CA 1981 unzulässig geworden. Vgl. auch S. 86 dieser Arbeit.

451 Vgl. ASC, SSAP 22 (1984), Par. 35.

452 Vgl. ASC, SSAP 22 (1984), Par. 40.

sistent mit dem Nichtansatz des originären Goodwills sei.[453] Hierzu ist jedoch kritisch zu bemerken, daß die sofortige Verrechnung erstens nur zu einer Gleichbehandlung in der Bilanz führt, während der originäre und derivative Goodwill in der Gewinn- und Verlustrechnung weiterhin unterschiedlich behandelt werden.[454] Zweitens kann der Standpunkt eingenommen werden, daß das Ansatzverbot des originären Goodwills eine Ausnahme darstellt und deshalb nicht als Referenzpunkt gewählt werden sollte, da schließlich – wie SSAP 22 selbst einräumte[455] – originärer und derivativer Goodwill dem Wesen nach gleich sind. Im übrigen gelten die bereits im zweiten Teil vorgetragenen Kritikpunkte.[456] Bedenklich an SSAP 22 war ferner, daß anders als noch in ED 30 eine sachliche Methodenstetigkeit nicht vorgeschrieben war,[457] so daß Unternehmen für jede Übernahme neu zwischen beiden höchst divergenten Bilanzierungsmethoden wählen konnten.[458] Der Standard sah sich des weiteren dem Vorwurf ausgesetzt, zwei wesentliche Einfallstore für bilanzpolitische Maßnahmen selbst geöffnet zu haben:[459] So wies SSAP 22 erstens explizit auf die Möglichkeit hin, separierbare immaterielle Vermögensgegenstände vom Goodwill abzuspalten.[460] Dies löste gegen Ende der 1980er Jahre die sogenannte „brand's debate"[461] aus. Ausgangspunkt dieser Kontroverse war die Tatsache, daß insbesondere Unternehmen, deren Rücklagen durch Goodwill-Verrechnungen aufgezehrt oder gar negativ (!) waren, Marken (*brands*) aus dem derivativen Goodwill herauslösten.[462] Da die Bilanzierung von

---

453 Der Standard betonte dabei, daß es sich nicht um die Unterstellung eines sofortigen Wertverlusts des Goodwills handele. Vgl. ASC, SSAP 22 (1984), Par. 7. In praktischer Hinsicht berücksichtigte SSAP 22, daß die Methode der erfolgsneutralen Verrechnung von der Mehrheit der Stellungnahmen zu ED 30 befürwortet wurde und in der Praxis bereits weit verbreitet war. Vgl. Holgate, P. A., History and regulation, in: Power, M. (Hrsg.), Goodwill Accounting (1990), S. 12.

454 So auch ASB, Discussion paper (1993), Par. 6.2.1.

455 Vgl. ASC, SSAP 22 (1984), Par. 5.

456 Vgl. S. 57 sowie Elliott, B./Elliott, J., Financial Accounting (2000), S. 536 f.; Bryer, R. A., Accounting for Goodwill (BAR 1995), S. 296 f.; ASB, Discussion paper (1993), Par. 6.3.2 ff.; Grinyer, J. R./Russell, A./Walker, M., Accounting for Goodwill (BAR 1990), S. 229 ff.; Arnold, J. u. a., Goodwill (1992), S. 59 f.

457 Vgl. ASC, SSAP 22 (1984), Par. 42.

458 Vgl. Davies, M./Paterson, R./Wilson, A., UK GAAP (1999), S. 777 f. mit einem Beispiel aus der Unternehmenspraxis.

459 So z. B. Holgate, P. A., History and regulation, in: Power, M. (Hrsg.), Goodwill Accounting (1990), S. 16 f.

460 Vgl. ASC, SSAP 22 (1984), Par. 13.

461 Barwise, P. u. a., Accounting for Brands (1989), S. 9.

462 Dabei ging es in erster Linie um Marken, die im Zusammenhang mit Unternehmensübernahmen erworben waren. Eine Aktivierung selbsterstellter Marken, wie sie etwa

immateriellen Vermögensgegenständen jedoch noch unreglementiert war, konnten Marken frei nach bilanzpolitischen Vorstellungen behandelt werden. Üblich war vor allem ihre unveränderte Fortführung in der Bilanz, um auf diese Weise Ergebnisbelastungen durch planmäßige Abschreibungen zu vermeiden, ohne gleichzeitig die Rücklagen weiter zu schmälern.[463]

Einen zweiten Ansatzpunkt für bilanzpolitische Maßnahmen lieferte SSAP 22 mit seinem Hinweis, daß bei einem erworbenen Unternehmen eventuell Rückstellungen für Restrukturierungen oder künftig erwartete Verluste notwendig seien.[464] Die Befolgung dieser Politik ermöglichte es Unternehmen, den Wert des derivativen Goodwills durch den Ansatz von Rückstellungen zu erhöhen[465] und mittels dessen erfolgsneutraler Verrechnung die Aufwandswirkung der Rückstellungen an der Gewinn- und Verlustrechnung vorbeizuschleusen.[466] Erwiesen sich die Rückstellungen später als nicht notwendig, so konnten die stillen Reserven ergebnisglättend aufgelöst werden. Dieser ‚Freibrief zum Einkellern zukünftiger Gewinne' erscheint höchst bedenklich, macht er die Bilanzierung des Goodwills doch von der Willkür des Managements abhängig.

Die heftige Kritik an SSAP 22 wegen seines weitreichenden Bilanzierungsspielraums vermochte die überwiegende Mehrheit der britischen Unternehmen nicht von der Anwendung der erfolgsneutralen Verrechnung abzuhalten.[467] Hieran änderte auch die Umsetzung der 7. EG-Richtlinie nichts, da diese Methode auf ausdrückliches Drängen Großbritanniens als Option aufgenommen worden war.[468] Das ASC akzeptierte die Kritik im Grundsatz und plante, ihr in einem Zwei-

---

das Unternehmen Ranks Hovis McDougall durchgeführte, blieb die Ausnahme. Vgl. Rutteman, P., Accounting for brands, in: Power, M. (Hrsg.), Goodwill Accounting (1990), S. 59 ff.

463 Kritisch Rutteman, P., Accounting for brands, in: Power, M. (Hrsg.), Goodwill Accounting (1990), S. 65 ff.; Davies, M./Paterson, R./Wilson, A., UK GAAP (1999), S. 738.

464 Vgl. ASC, SSAP 22 (1984), Par. 14.

465 Zu einer Erhöhung des Werts des Goodwills kommt es, indem bei gleichbleibendem Kaufpreis der Substanzwert des Zielunternehmens durch den Ansatz der Rückstellungen sinkt.

466 Vgl. hierzu mit einem Beispiel Holgate, P. A., History and regulation, in: Power, M. (Hrsg.), Goodwill Accounting (1990), S. 16 f.

467 Vgl. Taylor, P. A., United Kingdom - Group Accounts, in: Ordelheide, D./KPMG (Hrsg.), Transnational Accounting (2001), S. 2770; Bryer, R. A., Accounting for Goodwill (BAR 1995), S. 297.

468 Vgl. Art. 30 Abs. 2 7. EG-Richtlinie; Rutteman, P., Accounting for brands, in: Power, M. (Hrsg.), Goodwill Accounting (1990), S. 53 f.

Stufen-Prozeß zu begegnen. Zunächst erfolgte im Jahre 1989 lediglich eine Verschärfung der Ausweisvorschriften von SSAP 22.[469] In einem zweiten Schritt sollte dann die Bilanzierung von Unternehmenszusammenschlüssen und des Goodwills grundlegend überarbeitet werden.[470] Der folgende Standardentwurf *ED 47* im Jahre 1990 sprach sich erneut für die Aktivierung und planmäßige Abschreibung des Goodwills als einzige Methode aus.[471] Damit hatte sich das ASC mit seinen Vorschlägen seit dem Diskussionspapier 1980 praktisch einmal im Kreis gedreht.[472] ED 47 stieß auf einhelligen Widerstand in der Öffentlichkeit,[473] so daß die Bilanzierung des Goodwills vom ASC ohne Übereinkunft an seinen Nachfolger, das *Accounting Standards Board* (*ASB*), übergeben wurde.

Mit dem *UITF Abstract 3* wurde 1991 zunächst die vorherrschende Praxis verboten, einen erfolgsneutral verrechneten Goodwill im Falle der Veräußerung oder Schließung des zugehörigen Unternehmens nicht bei der Ermittlung des Veräußerungserfolgs zu berücksichtigen, so daß der Goodwill effektiv niemals erfolgswirksam behandelt wurde.[474] Im Jahre 1993 veröffentlichte das ASB dann ein Diskussionspapier, in dem sechs alternative Methoden zur Bilanzierung des derivativen Goodwills analysiert wurden.[475] Das Board befürwortete darin zum einen eine kombinierte Methode aus Aktivierung und systematischer Abschreibung bzw. jährlichen Werthaltigkeitstests, zum anderen die sofortige erfolgsneutrale Verrechnung in einer gesonderten ‚Goodwill-Verrechnungsrücklage' (*goodwill write-off reserve*), die folglich negativ war.[476] Ein 1995 veröffentlichtes Arbeitspapier[477] sowie der Standardentwurf *FRED 12* im Jahre 1996[478] zur Bilanzierung des Goodwills und immaterieller Vermögensgegenstände sprachen sich schließlich

---

469 Vgl. ASC, SSAP 22 (revised 1989), Par. 47-53.

470 Vgl. Holgate, P. A., History and regulation, in: Power, M. (Hrsg.), Goodwill Accounting (1990), S. 17 f.

471 Die wirtschaftliche Nutzungsdauer sollte dabei gewöhnlich nicht mehr als 20, in keinem Fall mehr als 40 Jahre betragen Vgl. ASB, Discussion paper (1993), Par. 2.3.2.

472 So auch Davies, M./Paterson, R./Wilson, A., UK GAAP (1999), S. 778.

473 Der Standardentwurf wurde von 93% der Unternehmen und 73% der gesamten Stellungnahmen abgelehnt. Vgl. ASB, Discussion paper (1993), Par. 2.3.11.

474 Vgl. Davies, M./Paterson, R./Wilson, A., UK GAAP (1999), S. 778 ff.

475 Diese waren 1. die Aktivierung und planmäßige Abschreibung, 2. die Aktivierung und jährliche Werthaltigkeitsprüfung, 3. eine Kombination aus 1. und 2., 4. die sofortige Verrechnung mit den Rücklagen, 5. die sofortige Verrechnung in einer separaten ‚Goodwill-Verrechnungsrücklage' sowie 6. eine Variante von 5. mit jährlichem Werthaltigkeitstest. Vgl. ASB, Discussion paper (1993), Par. 1.4.

476 Vgl. ASB, Discussion paper (1993), Par. 8.1.1 f.

477 Vgl. ASB, Goodwill working paper (1995), Par. 1.1.17.

478 Vgl. Phipps, E., Peace and goodwill (Accountancy 1996), S. 69.

für die Kombination aus Aktivierung und planmäßiger Abschreibung bzw. jährlichen Werthaltigkeitstests aus und bildeten damit die Grundlage für den gegenwärtigen Rechnungslegungsstandard FRS 10.

III. Bilanzierung des Goodwills im Einzelabschluß

Die Bilanzierung des Goodwills findet gegenwärtig in Großbritannien – nicht zuletzt wohl wegen der starken Verbreitung von Kapitalgesellschaften – in erster Linie im Konzernabschluß statt,[479] der aufgrund der hohen Bedeutung der Informationsfunktion als Hauptrechenwerk gilt.[480] Da die Ausschüttungs- und Steuerbemessung jedoch wie in Deutschland an den Einzelabschluß gekoppelt ist, kann auf eine Analyse der handels- und steuerrechtlichen Regelungen hier nicht verzichtet werden.

A. Handelsbilanz

Die Handelsbilanz ist für Kapitalgesellschaften und haftungsbeschränkte Personengesellschaften auch hinsichtlich der Bilanzierung des Goodwills durch ein Nebeneinander von kodifiziertem und nicht-kodifiziertem Recht gekennzeichnet.[481] Da die Rechnungslegungsstandards grundsätzlich sowohl für den Einzel- als auch den Konzernabschluß anzuwenden sind,[482] beschränkt sich die nachfolgende Darstellung im wesentlichen auf die gesetzlichen Bestimmungen. Ein ausführlicher Überblick über die einschlägigen Standards zur Goodwill-Bilanzierung erfolgt im vierten Kapitel zum Konzernabschluß.

1. Originärer Goodwill

Für sogenannte *start-up costs*, die mit den Ingangsetzungs- und Erweiterungsaufwendungen im deutschen Bilanzrecht prinzipiell vergleichbar sind, besteht in

---

479 Vgl. Taylor, P. A., United Kingdom - Group Accounts, in: Ordelheide, D./KPMG (Hrsg.), Transnational Accounting (2001), S. 2772.

480 Vgl. Walton, P., United Kingdom, in: Walton, P./Haller, A./Raffournier, B. (Hrsg.), International Accounting (1998), S. 147.

481 Für unbeschränkte Personenunternehmen gelten hingegen wegen fehlender gesetzlicher Bestimmungen ausschließlich die Rechnungslegungsstandards, sofern ihre Abschlüsse einen ‚true and fair view‘ zu vermitteln bezwecken. Vgl. Hopcroft, T., Rechnungslegung in Großbritannien und Deutschland (1995), S. D 2.

482 Vgl. ASB, Foreword (1993), Par. 16. Für die Goodwill-Bilanzierung im speziellen folgt dies aus ASB, FRS 10 (1997), Par. 4. Vgl. auch Wild, K./Creighton, B./Deloitte & Touche technical department, GAAP 2000 (1999), Tz. 13.46.

Großbritannien derzeit keine gesetzliche Regelung.[483] Seit Juni 2000 werden ‚start-up costs' jedoch vom *UITF Abstract 24* erfaßt, der folgende weit gefaßte Definition zugrunde liegt:

> „'start-up costs' should be construed broadly so as to include costs arising from those one-time activities related to opening a new facility, introducing a new product or service, conducting business in a new territory, conducting business with a new class of customer, initiating a new process in an existing facility, starting some new operation and similar items. They include costs of relocating or reorganising part or all of an entity, costs related to organising a new entity, and expenses and losses incurred both before and after opening."[484]

Der Umfang des Begriffs ‚start-up costs' geht damit über den deutschen Ausdruck Ingangsetzungs- und Erweiterungsaufwendungen hinaus, da insbesondere keine wesentliche Ausdehnung des Produktions- und Vertriebspotentials vorausgesetzt wird.

‚Start-up costs' sind gemäß UITF Abstract 24 analog zu ähnlichen Kosten aus dem laufenden Geschäftsbetrieb zu behandeln.[485] Existieren keine ihnen vergleichbare Kosten, so ist eine aufwandswirksame Behandlung vorgeschrieben, sofern die ‚start-up costs' nicht die Aktivierungsvoraussetzungen einschlägiger Rechnungslegungsstandards[486] erfüllen.[487] Da dies jedoch für ‚start-up costs' immaterieller Natur, die in dieser Arbeit unter den originären Goodwill subsumiert werden, nur

---

483 Sie fallen insbesondere nicht unter das Aktivierungsverbot für Gründungskosten (*preliminary expenses*) gemäß § 3 (2) (a) Sch. 4 CA 1985. Vgl. Deloitte & Touche, UK & Germany (2001), S. 35.

484 UITF, Abstract 24 (2000), Par. 4.

485 Vgl. UITF, Abstract 24 (2000), Par. 5. Kosten für Einführungswerbung oder Personalbeschaffungs- und -schulungskosten zur Ausdehnung der Vertriebsorganisation bspw. sind damit wie laufende Kosten aufwandswirksam zu erfassen.

486 Gemeint sind hiermit v. a. FRS 15 ‚Tangible fixed assets', FRS 10 ‚Goodwill and intangible assets' und SSAP 13 ‚Accounting for research and development'. Vgl. UITF, Abstract 24 (2000), Par. 6.

487 Vgl. UITF, Abstract 24 (2000), Par. 6. Zur Begründung heißt es dort: „Assets are recognised in financial statements only if certain criteria are met. ... in general, start-up costs do not meet these criteria because the relationship between the expenditure and any future economic benefits that may be derived from that expenditure is usually not sufficiently certain to warrant recognising start-up costs as assets and that, in particular, in most cases it is inappropriate to carry forward start-up costs as prepayments or deferred expenditure."

in Ausnahmefällen der Fall sein wird,[488] ist im britischen Bilanzrecht regelmäßig ihre Aufwandsverrechnung zu erwarten.[489]

Für den originären Goodwill i. e. S. (*internally generated goodwill*) ist im Companies Act ein ausdrückliches Aktivierungsverbot formuliert,[490] das von FRS 10 bestätigt wird.[491] Da als Begründung ähnliche Argumente wie in Deutschland vorgetragen werden, kann hier auf den zweiten Teil verwiesen werden.[492] Als weiteres Argument wird von BRYER angeführt, daß der originäre Goodwill außerhalb des Einfluß-/Kontrollbereichs des Managements liege, womit auf die Rechenschaftsfunktion der Rechnungslegung (‚stewardship') Bezug genommen wird. So seien die immateriellen Nutzenpotentiale der Goodwill-Faktoren, wie z. B. Teamgeist, Know-how der Mitarbeiter, vorteilhafte Geschäftsbeziehungen, nicht vom Management kontrollierbar.[493] Zwar gelte dies auch für die Faktoren des derivativen Goodwills, doch werde mit letzterem im Unterschied die Kontrolle über die Entscheidungsmacht eines anderen Unternehmens erlangt.[494]

---

488 Nach FRS 10 wird für die Aktivierungsfähigkeit eines selbsterstellten immateriellen Vermögensgegenstands neben der Einzelveräußerbarkeit die Existenz eines leicht feststellbaren Marktwerts verlangt. Vgl. ASB, FRS 10 (1997), Par. 2 u. 14. Für Forschungsausgaben besteht zudem nach SSAP 13 ein Aktivierungsverbot, während Entwicklungsausgaben unter bestimmten restriktiven Bedingungen wahlweise aktiviert werden können. Vgl. im einzelnen ASC, SSAP 13 (1989), Par. 24 ff.

489 So wohl auch Ernst & Young, GAAP news (August 2000), S. 3.

490 Vgl. § 8, Notes on the balance sheet formats (3) Sch. 4 CA 1985.

491 Vgl. ASB, FRS 10 (1997), Par. 8.

492 Vgl. S. 38 sowie Elliott, B./Elliott, J., Financial Accounting (2000), S. 528; Diamond, M. A./Nicolaisen, D. T., Intangibles, in: Choi, F. D. S. (Hrsg.), International Accounting (1997), Chapter 14, S. 5; Grinyer, J. R./Russell, A./Walker, M., Accounting for Goodwill (BAR 1990), S. 229; ASC, Discussion paper (Accountancy 1980), Par. 5.1. Kritisch Catlett, G. R./Olson, N. O., Accounting for Goodwill (1968), S. 68 f.

493 So auch ASB, FRS 10 (1997), Par. 2, Intangible assets. Bspw. können weder (potentielle) Kunden zum Kauf eines Produkts noch Mitarbeiter zum vollen Ausnutzung ihres Know-hows ‚gezwungen' werden.

494 Vgl. Bryer, R. A., Accounting for Goodwill (BAR 1995), S. 289; Bryer, R. A., Goodwill (Lecture Notes 1999), S. 6 u. 27. Der derivative Goodwill werde daher auch als „cost of control" bezeichnet. Wie der Autor an anderer Stelle ausführt, ist damit zugleich die Forderung verbunden, bei Anwendung der Equity-Methode für assoziierte Unternehmen auf einen Goodwill-Ausweis zu verzichten, da kein beherrschender Einfluß (*control*) bestehe. Vgl. Bryer, R. A., Accounting for Groups (Lecture Notes 1999), S. 7.

2. Derivativer Goodwill

Für die Bilanzierung des derivativen Goodwills (*purchased goodwill*) ist zunächst die Übernahme eines Unternehmens vom Erwerb einzelner Vermögensgegenstände abzugrenzen. In Großbritannien wird eine Übernahme immer dann angenommen, wenn ein Unternehmen unter der Verantwortung eines neuen Eigentümers im wesentlichen fortgeführt wird, wofür insbesondere der wirtschaftliche Übergang der Kundenkonten und Arbeitsverhältnisse erforderlich ist.[495] Wie in Deutschland, entsteht ein derivativer Goodwill im Einzelabschluß gegenwärtig ausschließlich im Falle eines Asset Deals, da bei einem Share Deal die erworbenen Kapitalanteile bilanziert werden.[496]

a) Bilanzansatz

Die Bilanzierung des derivativen Goodwills ist im Gesetz vor allem in § 21 Sch. 4 CA 1985 geregelt. Diese Norm findet jedoch nur Anwendung, „falls der Goodwill als Vermögensgegenstand behandelt wird“[497] und daher aktiviert wurde.[498] Ein ähnlicher Wortlaut war bereits auf Drängen Großbritanniens in die 4. EG-Richtlinie aufgenommen worden,[499] allerdings nicht etwa – wie man erwarten könnte – zu dem Zweck, eine Sofortabschreibung des Goodwills zu ermöglichen. Diese sei nämlich nur in Ausnahmefällen mit dem ‚matching principle‘ vereinbar.[500] Nach der britischen Auslegung bedeutet der Verzicht auf die Behandlung des derivativen Goodwills als Vermögensgegenstand vielmehr dessen sofortige Verrechnung mit den Rücklagen.[501] Damit besteht im Companies Act ein Wahlrecht zwischen der Aktivierung des derivativen Goodwills und der erfolgsneutralen Verrechnung bei seiner Entstehung. Wenngleich die Anwendung letzterer Alternative in Ge-

---

495 Vgl. Wild, K./Creighton, B./Deloitte & Touche technical department, GAAP 2000 (1999), Tz. 13.47.

496 Vgl. Hopcroft, T., Rechnungslegung in Großbritannien und Deutschland (1995), S. D 40. Die Begriffe ‚Asset Deal‘ und ‚Share Deal‘ sind in der englischsprachigen Literatur allerdings unüblich und werden vielmehr umschrieben.

497 § 21 (1) Sch. 4 CA 1985; eigene Übersetzung.

498 Indes ist der Vermögensgegenstandsbegriff in Großbritannien wie im deutschen Bilanzrecht nicht gesetzlich definiert.

499 Vgl. Art. 37 (2) i. V. m. 34 (1) (a) 4. EG-Richtlinie.

500 Vgl. Grinyer, J. R./Russell, A./Walker, M., Accounting for Goodwill (BAR 1990), S. 232. Kritisch auch Arnold, J. u. a., Goodwill (1992), S. 58.

501 Vgl. Holgate, P. A., History and regulation, in: Power, M. (Hrsg.), Goodwill Accounting (1990), S. 11; Rutteman, P., Accounting for brands, in: Power, M. (Hrsg.), Goodwill Accounting (1990), S. 53 f.

schäftsjahren, die nach dem 22. Dezember 1998 enden, durch FRS 10 ausgeschlossen ist,[502] bleibt sie für zuvor verrechnete und im Rahmen der Übergangsregeln fortgeführte Goodwills weiterhin relevant.[503] Insofern sind die Konsequenzen der erfolgsneutralen Verrechnung insbesondere im Hinblick auf die Funktionen der Rechnungslegung zu beachten.[504]

Da die Rechtsnatur des derivativen Goodwills aus dem Companies Act nicht zweifelsfrei hervorgeht, werden zu ihrer Klärung im vierten Kapitel Fachschrifttum und einschlägige Rechnungslegungsstandards hinzugezogen.

b) Bilanzbewertung

Die erstmalige Wertermittlung des derivativen Goodwills erfolgt im Einzelabschluß in Ermangelung eigener Bestimmungen analog zu den Regeln im Konzernabschluß.[505]

Bei Inanspruchnahme des Aktivierungswahlrechts verlangt der Companies Act als Folgebewertung eine systematische Abschreibung des derivativen Goodwills über seine wirtschaftliche Nutzungsdauer.[506] Wenngleich das Gesetz dafür keine Höchstgrenze vorschreibt, ist die ‚ewige Fortführung' des Goodwills bei Durchführung jährlicher Werthaltigkeitstests unzulässig.[507] Neben der planmäßigen Abschreibung ist der derivative Goodwill als Bestandteil des Anlagevermögens bei erwarteten dauerhaften Wertminderungen außerplanmäßig wertzuberichtigen sowie bei deren Fortfall zuzuschreiben (Wertaufholungsgebot).[508] Eine Zuschreibung über die historischen Kosten hinaus ist jedoch nach § 31 (1) Sch. 4 CA 1985 verboten.[509] Planmäßige und außerplanmäßige Abschreibungen des Goodwills stellen realisierte Verluste im Sinne des § 262 (3) CA 1985 dar und mindern folglich den ausschüttungsfähigen Gewinn, während Zuschreibungen diesen erhöhen.[510]

---

502 Vgl. ASB, FRS 10 (1997), Par. 7 u. 65 sowie S. 92 dieser Arbeit.

503 Vgl. zu den Übergangsregeln im einzelnen ASB, FRS 10 (1997), Par. 66-78.

504 Ähnlich Taylor, P. A., United Kingdom - Group Accounts, in: Ordelheide, D./KPMG (Hrsg.), Transnational Accounting (2001), S. 2769.

505 Vgl. hierzu ausführlich S. 94 f.

506 Vgl. § 21 (2) u. (3) Sch. 4 CA 1985.

507 Vgl. ASB, FRS 10 (1997), Par. 18.

508 Vgl. § 19 (2) u. (3) Sch. 4 i. V. m. § 21 (1) Sch. 4 CA 1985.

509 Demgegenüber können andere Vermögensgegenstände – so auch immaterielle Anlagegüter – in Großbritannien im Rahmen der alternativen Bewertungsregeln zu Tageswerten (*current costs*) (neu)bewertet werden. Vgl. § 31 Sch. 4 CA 1985.

510 Dies gilt sowohl für eine ‚private' als auch eine ‚public limited company'.

Bei Fortführung eines im Einzelabschluß verrechneten Goodwills ergeben sich ebenfalls Auswirkungen auf den ausschüttungsfähigen Erfolg. Da die Verrechnung des Goodwills, sofern sie keiner dauerhaften Wertminderung entsprach, nach SSAP 22 zunächst gegen eine „geeignete unrealisierte Rücklage"[511] durchzuführen war, sind die verrechneten Beträge über die wirtschaftliche Nutzungsdauer des Goodwills in eine realisierte Rücklage zu überführen,[512] um so die gleiche Erfolgswirkung wie bei der Methode der planmäßigen Abschreibung zu erzielen. Als geeignete unrealisierte Rücklagen wurden im wesentlichen zuvor entstandene negative Goodwills sowie ‚Merger relief'-Rücklagen[513] angesehen; eine Neubewertungsrücklage durfte hingegen nicht zur Goodwill-Verrechnung herangezogen werden.[514]

c) Angabepflichten

Bei Aktivierung ist die Entwicklung des derivativen Goodwills als Teil des immateriellen Anlagevermögens im Anlagespiegel darzustellen.[515] Die angewandten Bilanzierungs- und Bewertungsmethoden sind nach § 36 Sch. 4 CA 1985 anzugeben. Zudem besteht die Verpflichtung, die gewählte Nutzungsdauer im Anhang offenzulegen und ihre Wahl zu begründen.[516] Die ehemals verbreitete Praxis einer offenen Absetzung des Goodwills vom gesamten Eigenkapital (sog. *dangling debit*)[517] ist unzulässig.[518] Darüber hinaus ist der Ansatz einer separaten ‚Goodwill-

---

511 ASB, FRS 10 (1997), Appendix V, Par. 2; eigene Übersetzung.

512 Vgl. ASB, FRS 10 (1997), Appendix V, Par. 2. Erfolgte die Verrechnung bereits mit den realisierten Gewinnrücklagen, so sollte im Anhang der Anteil des noch unrealisierten Betrags der Goodwill-Verrechnung angegeben werden. Vgl. PricewaterhouseCoopers, Student's Manual of Accounting (1999), Tz. 23.663.

513 Der sog. ‚Merger relief' gemäß sec. 131 CA 1985 erlaubt Unternehmen, die im Wege des Aktientauschs mindestens 90% des Eigenkapitals eines anderen Unternehmens erwerben, anstelle der stets ausschüttungsgesperrten Kapitalrücklage eine spezielle (unrealisierte) Rücklage zu bilden. Diese wandelt sich im Rahmen der Ausschüttung von Vor-Akquisitions-Dividenden des erworbenen Unternehmens in eine realisierte Gewinnrücklage um und steht somit zur Ausschüttung zur Verfügung. ‚Merger relief' wird für den Einzelabschluß unabhängig von der Anwendung der Pooling-Methode (*merger accounting*) im Konzernabschluß gewährt. Vgl. im einzelnen Elliott, B./ Elliott, J., Financial Accounting (2000), S. 324 f. mit einem Beispiel.

514 Darüber hinaus war eine Verrechnung mit der Kapitalrücklage und der Rücklage für eigene Anteile verboten. Vgl. PricewaterhouseCoopers, Student's Manual of Accounting (1999), Tz. 23.646 ff.

515 Vgl. § 42 Sch. 4 CA 1985.

516 Vgl. § 21 (4) Sch. 4 CA 1985.

517 Wörtlich: „baumelnder Sollposten".

Verrechnungsrücklage' nunmehr untersagt.[519] Bei Verzicht auf eine Reaktivierung zuvor erfolgsneutral behandelter Goodwills verlangt FRS 10 ferner die Angabe der kumulierten Beträge, die mit den Rücklagen verrechnet bzw. diesen hinzugerechnet wurden.[520]

3. Spezialfall: Negativer Goodwill

Wie in Deutschland finden sich für einen negativen Goodwill im Einzelabschluß keine gesetzlichen Regeln. Gleichwohl steht seine Existenz grundsätzlich nicht in Frage.[521] Da die Bestimmungen von FRS 10 analog gelten, wird hier auf deren gesonderte Untersuchung im nächsten Kapitel verwiesen.[522]

B. Steuerbilanz

Hinsichtlich der bilanziellen Behandlung des Goodwills existieren im britischen Steuerrecht derzeit keine expliziten gesetzlichen Regeln. So findet die aus dem Case Law hervorgegangene und traditionell für die steuerliche Gewinnermittlung bedeutende Unterscheidung zwischen sogenannten Kapitalausgaben (*capital expenditure*) und Ertragsausgaben (*revenue expenditure*) Anwendung. Kapitalausgaben bezeichnen dabei einmalige Ausgaben, denen die Schaffung eines dauerhaften Nutzens für das Unternehmen unterstellt wird. Der Fiskus gewährt für sie im Regelfall keine steuerlichen Absetzungen (‚capital allowances').[523] Demgegenüber sind Ertragsausgaben, die wiederkehrend anfallen, gewöhnlich steuerlich abziehbar.[524] Was jedoch im einzelnen als ‚capital expenditure' bzw. ‚revenue expenditure' gilt, bestimmt sich nach dem Case Law.

---

518 Dies ergibt sich aus dem Saldierungsverbot, das mit der 4. EG-Richtlinie ins britische Recht eingeführt wurde. Vgl. § 5 Sch. 4 CA 1985; Renshall, M./Aldis, J., Companies Act (1987), S. 29.

519 Vgl. ASB, FRS 10 (1997), Par. 71 (b).

520 Vgl. ASB, FRS 10 (1997), Par. 71 (a).

521 So bereits Browne, E. A., Goodwill (Accountant 1902), S. 1343.

522 Vgl. S. 100 f.

523 Das Prinzip, für ‚capital expenditures' keine steuerlichen Absetzungen zu gewähren, wurde bereits 1881 im britischen Case Law eingeführt. Vgl. Lamb, M., Defining ‚profits' (Conference Paper 2001), S. 3.

524 Vgl. Fitzgibbon, C., United Kingdom (ITR 1998), S. IX ff. (S. 3). Die Unterscheidung deutet auf quellentheoretische Elemente im Rahmen der steuerlichen Gewinnermittlung in Großbritannien hin. Vgl. Weise, H., Steuern im Vereinigten Königreich (1957), S. 49 f. u. 57.

Da es für Ingangsetzungs- und Erweiterungskosten (‚start-up costs') an einer allgemeingültigen Regel fehlt, kann hier lediglich exemplarisch folgendes festgehalten werden: Forschungs- und Entwicklungskosten, die zu einer Ausweitung des Geschäftsbetriebs führen und bei denen es sich nicht um Kapitalausgaben handelt, sind wahlweise bei der Ermittlung des steuerpflichtigen Erfolgs abziehbar.[525] Für sie besteht damit ein Aktivierungswahlrecht in der Steuerbilanz.

Die Aktivierung eines originären Goodwills i. e. S. ist demgegenüber stets unzulässig, was sich seit der Einführung des ‚true and fair views' im Steuerrecht[526] unmittelbar aus dem Ansatzverbot in den UK-GAAP ableiten läßt.

Ein derivativer Goodwill im Einzelabschluß gilt steuerrechtlich als ‚capital asset', d. h. als Vermögensgegenstand, für den keine steuerlichen Absetzungen (‚capital allowances') gewährt werden.[527] In der Steuerbilanz erfolgt daher eine ‚Dauerbilanzierung' zu Anschaffungskosten, was ein statisches Verständnis des Goodwills impliziert. Erst beim Abgang des zugehörigen Unternehmens wird der derivative Goodwill steuermindernd bei der Ermittlung des Veräußerungserfolgs berücksichtigt (Endabschreibung).[528] Werden in der Handelsbilanz planmäßige Abschreibungen vorgenommen, so sind die Abschreibungsbeträge bei der steuerlichen Gewinnermittlung wieder hinzuzurechnen. Handels- und Steuerbilanzergebnis weichen daher im Regelfall voneinander ab. Da sich der Erfolgsunterschied jedoch über die Totalperiode ausgleicht (sog. *timing difference*), sind in der Handelsbilanz aktive latente Steuern zu berücksichtigen.[529]

Seit einigen Jahren ist eine Reform der steuerlichen Behandlung immaterieller Vermögensgegenstände und des Goodwills geplant, die mit der Veröffentlichung eines ersten Gesetzentwurfs im März 2001 konkrete Formen angenommen hat.[530] Die im ersten Kapitel aufgezeigte Tendenz einer stärkeren Angleichung der

---

525 Vgl. sec. 82A (3) i. V. m. sec. 82A (1) ICTA 1988.

526 Vgl. S. 73.

527 Vgl. Croner.CCH Group Limited, British Tax Library (2001), [6025]; Nobes, C./ Norton, J., Treatments of Goodwill (JoIAAT 1996), S. 188. Der derivative Goodwill zählt daher auch zu den sog. ‚tax nothings'. Vgl. Chartered Institute of Taxation, Tax nothings, http://tax.org.uk/.../ScedD.htm (11.07.2001).

528 Vgl. Fitzgibbon, C., United Kingdom (ITR 1998), S. IX ff. (S. 3).

529 Vgl. hierzu im einzelnen ASC, SSAP 15 (1992), Par. 24 ff.

530 Vgl. Inland Revenue, The New Regime (2001). Diesem Entwurf waren mehrere Diskussionspapiere vorangegangen. Vgl. insbesondere Inland Revenue, Reform of the Taxation (2000); Inland Revenue, The Next Stage (2000).

handels- und steuerrechtlichen Erfolgsermittlung[531] spiegelt sich darin sehr deutlich wider. So ist das erklärte Ziel der Reform:

> „... to align the taxation of intangibles with the accountancy treatment so far as possible in order to simplify the system and to provide relief for a wider range of business expenses."[532]

Die Umsetzung dieses Zieles erfolgt durch eine nahezu vollständige Ankopplung an die handelsbilanziellen Wertansätze: So ist geplant, grundsätzlich keinerlei Einwände gegen die erstmalige Wertermittlung des derivativen Goodwills auf Basis des Standards FRS 7 zu erheben.[533] Planmäßige und außerplanmäßige Abschreibungen nach FRS 10 bzw. FRS 11 sollen für die steuerliche Gewinnermittlung ebenfalls ohne offene Vorbehalte anerkannt werden.[534] Gleichzeitig sind Zuschreibungen steuerpflichtig.[535] Bei Beanspruchung einer unbegrenzten Nutzungsdauer des Goodwills im Handelsrecht[536] sollen auch keine steuerlichen Absetzungen gewährt werden.[537] Erfolgswirksame Auflösungen eines negativen Goodwills sind in dem Maße steuerpflichtig, wie sie auf marktfähige immaterielle Vermögensgegenstände entfallen, die zu einer Entstehung oder Erhöhung des negativen Goodwills geführt haben. Dies ist notwendig, um nicht über die Anschaffungskosten hinaus weiteres Abschreibungspotential zu gewähren.[538]

Bei unterstellter Umsetzung dieser Reform sind Rückwirkungen auf die handelsrechtliche Bilanzierungspraxis denkbar. So könnten sich Unternehmen aus dem Motiv des Steuersparens heraus dazu ermutigt sehen, z. B. eine kürzere Nutzungs-

---

531 Vgl. S. 73.

532 Inland Revenue, The Next Stage (2000), Par. 2.1. An anderer Stelle heißt es darüber hinaus: „The Government wants to rely on the accounts figures as far as possible: the greater the number of departures the less an accounts based regime delivers simplification and compliance cost benefits." Inland Revenue, The Next Stage (2000), Par. 3.2.

533 Vgl. Inland Revenue, The New Regime (2001), Par. 2.10. Vgl. ausführlich zur Wertermittlung S. 94 f.

534 Vgl. Inland Revenue, The New Regime (2001), Par. 2.13.

535 Vgl. Inland Revenue, The New Regime (2001), Par. 2.15.

536 Vgl. hierzu im einzelnen S. 97 ff.

537 Vgl. Inland Revenue, The New Regime (2001), Par. 2.14.

538 Vgl. Inland Revenue, The New Regime (2001), Par. 2.12. Es folgt daraus, daß Auflösungen eines negativen Goodwills, der nicht auf der Aktivierung marktfähiger immaterieller Vermögensgegenstände basiert, nicht besteuert werden; vielmehr erfolgt ihre Eliminierung aus dem steuerlichen Ergebnis zusammen mit den Abschreibungen des übrigen Anlagevermögens. In einem zweiten Schritt finden dann die Regeln zu den steuerlichen Absetzungen (‚capital allowances') Anwendung.

dauer für den derivativen Goodwill zugrunde zu legen oder auf eine unbegrenzte Fortführung des Goodwills zu verzichten. Der britische Gesetzgeber hat solche Folgen antizipiert, sieht jedoch in der Generalnorm des ‚true and fair views' im wesentlichen einen wirksamen Schutzmechanismus.[539]

Kritisch anzumerken ist, daß die Reform derzeit ausschließlich für die Körperschaftsteuer (*corporation tax*) vorgesehen ist[540] und damit eine unterschiedliche, weil rechtsformabhängige Bilanzierung gleicher wirtschaftlicher Sachverhalte zur Folge hätte.[541]

IV. Bilanzierung des Goodwills im Konzernabschluß

A. Entstehung des Goodwills im Rahmen der Kapitalkonsolidierung

Das britische Bilanzrecht unterscheidet wie das deutsche zwischen der Erwerbsmethode (*acquisition accounting*) und der Interessenzusammenführungsmethode (*merger accounting*) als den beiden Hauptmethoden der Kapitalkonsolidierung.[542] Da im Rahmen des ‚merger accounting' der Ausweis eines Goodwills vermieden wird, bleibt diese Methode im folgenden unberücksichtigt. Es sei jedoch darauf hingewiesen, daß sich Unternehmenszusammenschlüsse nach den UK-GAAP seltener als Fusionen qualifizieren als im deutschen Bilanzrecht, da hierfür strengere Kriterien zu erfüllen sind.[543]

Die bilanzielle Abbildung eines Goodwills aus der Kapitalkonsolidierung ist insbesondere für Akquisitionen relevant, bei denen im Zuge eines Anteilserwerbs (Share Deal) ein Tochterunternehmen (*subsidiary*) in den Konzernverbund eintritt und dieses nach der Erwerbsmethode zu konsolidieren ist.[544] Das britische Bilanz-

---

539 Vgl. Inland Revenue, The Next Stage (2000), Par. 3.34 ff. Auf börsennotierte Unternehmen könne darüber hinaus auch der Kapitalmarkt einen disziplinierenden Einfluß haben. Vgl. Inland Revenue, The Next Stage (2000), Par. 3.27.

540 Vgl. Inland Revenue, The New Regime (2001), Par. 2.3.

541 Bspw. wäre ein derivativer Goodwill aus der Übernahme einer Personengesellschaft durch eine Kapitalgesellschaft steuerlich absetzbar, während ein Personenunternehmen bei der gleichen Akquisition per se nicht in den Genuß steuerlicher Absetzungen käme.

542 Vgl. §§ 9 u. 11 Sch. 4A CA 1985; ASB, FRS 6 (1994), Par. 5.

543 Vgl. zu den Anwendungsvoraussetzungen des ‚merger accounting' im einzelnen § 10 Sch. 4a CA 1985; ASB, FRS 6 (1994), Par. 6-11. Bei Erfüllung dieser Voraussetzungen besteht zudem kein Wahlrecht, sondern Anwendungspflicht. Vgl. ASB, FRS 6 (1994), Par. 5.

544 Vgl. § 8 Sch. 4a CA 1985; ASB, FRS 6 (1994), Par. 20. Die Regeln zur Bilanzierung eines Konsolidierungs-Goodwills gelten gleichermaßen für assoziierte Unternehmen (*associates*) sowie Gemeinschaftsunternehmen (*joint ventures*), die auf Basis der

recht schreibt hierfür den Gebrauch der vollständigen Neubewertungsmethode vor, wobei das Anschaffungswertprinzip nicht gilt.[545] Eine Hochrechnung des Goodwills auf die Anteile von Minderheitsgesellschaftern erfolgt nicht.[546]

Da für einen möglichen originären Goodwill im Konzernabschluß dieselben Vorschriften wie im Rahmen des Einzelabschlusses gelten, beschränkt sich die weitere Analyse auf den derivativen Goodwill.

B. Derivativer Goodwill

1. Bilanzansatz

Der (positive) derivative Goodwill wird übereinstimmend in Gesetz und Rechnungslegungsstandards als positive Differenz aus Anschaffungskosten und Substanzwert des erworbenen Unternehmens definiert.[547] Damit folgt das britische Bilanzrecht grundsätzlich ebenfalls dem Residualansatz. Da mit der Umsetzung der 7. EG-Richtlinie auf die Einführung eigenständiger Ansatz- und Bewertungsnormen für den Konsolidierungs-Goodwill verzichtet wurde, ist die allgemeine Vorschrift des § 21 Sch. 4 CA 1985 anzuwenden.[548] Nach den gesetzlichen Bestimmungen besteht daher auch im Konzernabschluß ein Wahlrecht zwischen der Aktivierung des derivativen Goodwills und seiner sofortigen Verrechnung mit den Rücklagen.[549] Der Standard FRS 10 schließt letztere Methode jedoch aus,[550] indem er eine Aktivierungspflicht für den derivativen Goodwill statuiert.[551] Der verwendete Wortlaut („soll als Vermögensgegenstand aktiviert und klassifiziert wer-

---

Equity-Methode bzw. einer Variante in den Konzernabschluß einbezogen werden. Vgl. ASB, FRS 9 (1997), Par. 31 (a); ASB, FRS 10 (1997), Par. 4.

545 Vgl. § 9 (2) Sch. 4a CA 1985; auch Davies, M./Paterson, R./Wilson, A., UK GAAP (1999), S. 279.

546 Vgl. ASB, FRS 2 (1992), Par. 38 u. 82.

547 Vgl. § 9 (5) Sch. 4a CA 1985; ASB, FRS 6 (1994), Par. 20; ASB, FRS 10 (1997), Par. 2. Technisch gesprochen handelt es sich hierbei um den positiven Unterschiedsbetrag aus der Kapitalkonsolidierung, der sich bei Aufrechnung der Beteiligung des Mutterunternehmens mit dem anteiligen neubewerteten Eigenkapital des Tochterunternehmens ergibt.

548 Vgl. Ernst & Young/The Institute of Chartered Accountants of Scotland (Hrsg.), Companies Act (1989), S. 63.

549 Vgl. auch Taylor, P. A., United Kingdom - Group Accounts, in: Ordelheide, D./KPMG (Hrsg.), Transnational Accounting (2001), S. 2772.

550 Ausgenommen hiervon ist, wie bereits ausgeführt wurde, die Fortführung von Goodwills, die vor der verbindlichen Anwendung des Standards verrechnet wurden. Vgl. S. 86.

551 Vgl. ASB, FRS 10 (1997), Par. 7.

den"[552]) mag dabei erstaunen, ist letztlich jedoch eine Umsetzung folgender Überlegung:

> „*goodwill* arising on an acquisition *is neither an asset* like other assets *nor an immediate loss in value*. Rather, it forms the bridge between the cost of an investment shown as an asset in the acquirer's own financial statements and the values attributed to the acquired assets and liabilities in the consolidated financial statements. ... goodwill is part of a larger asset, the investment, for which management remains accountable."[553]

Offensichtlich befindet sich das ASB bei der Bestimmung der Rechtsnatur des derivativen Goodwills in einem konzeptionellen Dilemma:[554] Einerseits sieht es diesen nicht als sofortigen Verlust an und lehnt daher eine Sofortabschreibung ebenso wie eine erfolgsneutrale Verrechnung ab. Andererseits erfüllt der Goodwill nicht die Kriterien eines Vermögensgegenstands,[555] was gegen seinen Bilanzansatz spricht. Denn dieser wird im ‚Statement of principles' wie folgt definiert: „Assets are rights or other access to future economic benefits controlled by an entity as a result of past transactions or events."[556] ‚Controlled' bezieht sich hierbei auf die Rechte oder den weiteren Zugang zum wirtschaftlichen Nutzen und meint die Verfügungsgewalt unabhängig vom Unternehmen als Ganzen,[557] was damit den Goodwill ausschließt. Noch deutlicher wird dies, indem der Begriff ‚control' für immaterielle Vermögensgegenstände auf den wirtschaftlichen Nutzen selbst bezogen wird.[558] Dieser ist jedoch bei den Goodwill-Faktoren gerade nicht beherrschbar.[559] Eine Qualifikation als immaterieller Vermögensgegenstand würde zudem

---

552 "Positive purchased goodwill should be capitalised and classified as an asset on the balance sheet." ASB, FRS 10 (1997), Par. 7.

553 ASB, FRS 10 (1997), Par. b; Herv. durch Verf.

554 So heißt es auch in der Begründung zum Standard: „goodwill is something of an accounting anomaly ... each method of accounting for it results in inconsistencies with other aspects of financial reporting." ASB, FRS 10 (1997), Appendix III, Par. 11.

555 So auch PricewaterhouseCoopers, Student's Manual of Accounting (1999), Tz. 23.461.

556 ASB, Statement of principles (1999), Par. 4.6. Um tatsächlich aktiviert zu werden, muß ein Vermögensgegenstand zudem die Voraussetzungen konkreten Bilanzierungsfähigkeit erfüllen, d. h. hinreichend nachweisbar und zuverlässig monetär meßbar sein. Vgl. ASB, Statement of principles (1999), Chapter 5, Principles. Für eine ausführliche Kritik des Vermögensgegenstandsbegriffs vgl. Davies, M./Paterson, R./Wilson, A., UK GAAP (1999), S. 130 f.

557 Vgl. ASB, Statement of principles (1999), Par. 4.21.

558 Vgl. ASB, FRS 10 (1997), Par. 2, Intangible assets. So auch Bryer, R. A., Goodwill (Lecture Notes 1999), S. 27.

559 FRS 10 macht dies am Beispiel des Kundenstamms und der Belegschaft deutlich. So kann ein Unternehmen seine Kunden nicht zur Abnahme weiterer Produkte verpflich-

bereits daran scheitern, daß FRS 10 hierfür die Einzelveräußerbarkeit (*identifiability*)[560] voraussetzt, der derivative Goodwill jedoch per Definition nur gesamtverwertbar ist.[561] Um sich aus diesem Dilemma zu befreien, begreift FRS 10 den derivativen Goodwill, wie oben ersichtlich, als Bestandteil der Beteiligung (*investment*) im Einzelabschluß. Dieser ‚Kunstgriff' vermag jedoch nicht zu überzeugen, da er für einen Nicht-Konsolidierungs-Goodwill ins Leere greift, der Standard FRS 10 indes auch dessen Bilanzierung regeln will. Im Ergebnis schafft das ASB mit der Aktivierung des derivativen Goodwills faktisch einen ‚Bilanzposten eigener Art', ohne ihn freilich so zu nennen.[562] Während die Bestimmung der Rechtnatur des derivativen Goodwills damit sowohl dem Companies Act als auch FRS 10 Schwierigkeiten bereitet, finden sich im Fachschrifttum durchaus Fürsprecher für seine Einordnung als Vermögensgegenstand.[563]

2. Bilanzbewertung

Im Rahmen der erstmaligen Wertermittlung des derivativen Goodwills sind die identifizierbaren Vermögensgegenstände und Schulden des erworbenen Unternehmens zu Zeitwerten (*fair values*) anzusetzen und von den Anschaffungskosten zu subtrahieren.[564] Die Ermittlung der Zeitwerte ist dabei mit *FRS 7 ‚Fair values in acquisition accounting'* in einem eigenen Rechnungslegungsstandard geregelt. FRS 7 definiert den Zeitwert als denjenigen Betrag, der nach dem sogenannten *arm's length principle* zwischen informierten und bereitwilligen Geschäftspartnern erzielbar ist.[565] Indem überwiegend auf nachprüfbare Marktwerte zurückgegriffen

---

ten oder seine Mitarbeiter zur Anwendung ihres Expertenwissens zwingen. Vgl. ASB, FRS 10 (1997), Par. 2, Intangible assets.

560 „An identifiable asset is defined ... as one that can be disposed of separately without disposing of a business of the entity." ASB, FRS 10 (1997), Par. 2, Intangible assets. Vgl. auch § 9 (2) Sch. 4a CA 1985.

561 Vgl. § 9 (5) Sch. 4A CA 1985; ASB, FRS 10 (1997), Par. 2, Purchased goodwill.

562 Dies ist konzeptionell insbesondere deshalb problematisch, da im ‚Statement of principles' lediglich Vermögensgegenstände, Schulden und das Eigenkapital als Bilanzpositionen vorgesehen sind. Die UK-GAAP kennen zudem keine Bilanzierungshilfen und verstehen Rechnungsabgrenzungsposten als *deferred assets* bzw. *deferred liabilities*. Vgl. ASB, Statement of principles (1999), Chapter 4, Principles. Gleiches gilt für latente Steuern (*tax assets* bzw. *tax liabilities*). Vgl. ASB, FRS 7 (1994), Par. 21.

563 Vgl. Johnson, L. T./Petrone, K. R., Goodwill (Accounting Horizons 1998), S. 299; Bryer, R. A., Accounting for Goodwill (BAR 1995), S. 289; Høegh-Krohn, N. E. J./ Knivsflå, K. H., Intangible Assets (IJoA 2000), S. 245

564 Vgl. § 9 Sch. 4a CA 1985; ASB, FRS 6 (1994), Par. 20.

565 Vgl. ASB, FRS 7 (1994), Par. 2, Fair value.

wird,[566] kommt es zu einer Einschränkung des Gestaltungsspielraums des Managements. Auch immaterielle Vermögensgegenstände sind bei einem Unternehmenserwerb getrennt vom Goodwill zu aktivieren und in der Regel zu ihrem Marktwert zu bewerten.[567] Für „*einzigartige* immaterielle Vermögensgegenstände“[568] besteht zudem trotz ihres fehlenden Marktwerts ein faktisches Aktivierungswahlrecht[569], sofern diese anderweitig verläßlich bewertbar sind.[570] Aus der beispielhaften Aufzählung von Marken und Verlagstiteln als einzigartige immaterielle Vermögensgegenstände kann geschlossen werden, daß der Standard diese Werte offenbar als vom Goodwill verschieden ansieht. Allerdings ist der Ansatz der gleichen Vermögensgegenstände untersagt, falls sie selbsterstellt werden.[571]

Die Passivierung von Rückstellungen für zukünftige operative Verluste bzw. Restrukturierungen ist in der Übernahmebilanz nach FRS 7 hingegen strikt verboten. Rückstellungen dieser Art gelten vielmehr als Resultat der Akquisition und werden folglich erst im Anschluß erfaßt.[572] Insgesamt berücksichtigt FRS 7 die mit SSAP 22 gemachten Erfahrungen aus dem Mißbrauch dieser beiden Bilanzpositionen.

Als Folgebewertung für den derivativen Goodwill kommt in FRS 10 eine kombinierte Methode (*amortisation or impairment only*) zur Anwendung: Danach ist ein derivativer Goodwill, dessen wirtschaftliche Nutzungsdauer als begrenzt angesehen wird, systematisch über diese abzuschreiben (‚amortisation‘).[573] Bei einer erwarteten unbegrenzten Nutzungsdauer ist hingegen auf die Durchführung planmäßiger Abschreibungen zu verzichten (‚impairment only‘).[574] Die wirtschaftliche Nutzungsdauer des Goodwills wird vom Standard weit ausgelegt. Zugrunde gelegt wird diejenige Zeitdauer, während der der Unternehmensgesamtwert den Sub-

566 Vgl. ASB, FRS 7 (1994), Par. 7 (a), 9 ff.

567 Vgl. ASB, FRS 7 (1994), Par. 10.

568 ASB, FRS 10 (1997), Par. 12; eigene Übersetzung mit Herv. durch Verf.

569 Daß es sich um ein Wahlrecht und kein Gebot handelt, kann aus dem Wortlaut der Erklärung im Standard abgeleitet werden: „these [technniques] may [!] be used for initial recognition of such assets at the time of purchase.“ ASB, FRS 10 (1997), Par. 12 ; Anmerk. d. Verf.

570 Vgl. ASB, FRS 10 (1997), Par. 10 u. 12. Der Standard nennt als Beispiele für zulässige Bewertungsmethoden Multiple- und DCF-Verfahren.

571 Vgl. ASB, FRS 10 (1997), Par. 14. So auch Davies, M./Paterson, R./Wilson, A., UK GAAP (1999), S. 737.

572 Vgl. ASB, FRS 7 (1994), Par. 7 (c).

573 Vgl. ASB, FRS 10 (1997), Par. 15.

574 Vgl. ASB, FRS 10 (1997), Par. 17. Es wird daher z. T. auch von einer ‚ewigen Beibehaltung‘ (*permanent retention*) des derivativen Goodwills gesprochen.

stanzwert übersteigt.[575] PATERSON sieht hierin eine Ermutigung für Bilanzersteller, im Normalfall eine unbegrenzte Nutzungsdauer zu beanspruchen,[576] und leitet ein faktisches Wahlrecht zwischen der planmäßigen Abschreibung und ‚ewigen Beibehaltung' des derivativen Goodwills ab.[577]

Goodwills mit begrenzter Nutzungsdauer sind im Regelfall linear abzuschreiben, es sei denn, daß eine andere Methode ihre Abnutzung besser widerspiegelt.[578] Der Standard geht dabei von der widerlegbaren Vermutung aus, daß die wirtschaftliche Nutzungsdauer 20 Jahre nicht überschreitet,[579] und begründet dies mit dem „flüchtigen Wesen vieler Geschäftsmöglichkeiten"[580]. Dies deutet auf Einflüsse der Übergewinnauffassung hin, wobei die Wahl einer unrealistisch kurzen Nutzungsdauer jedoch ausgeschlossen ist.[581] Bei Nachweis der Dauerhaftigkeit des erworbenen Unternehmens und der Möglichkeit der jährlichen Bewertbarkeit des Goodwills kann auch eine längere Nutzungsdauer in Anspruch genommen werden.[582] Am Ende jedes Geschäftsjahres ist die wirtschaftliche Nutzungsdauer zu überprüfen und u. U. anzupassen.[583] Insoweit ein derivativer Goodwill über einen Zeitraum von 20 oder weniger Jahren abgeschrieben wird, ist sein Wert am Ende des ersten Geschäftsjahres nach der Akquisition, in jedem weiteren Geschäftsjahr jedoch lediglich bei Anzeichen einer Wertminderung zu überprüfen und gegebenenfalls außerplanmäßig abzuschreiben.[584] Überschreitet die zugrunde gelegte Nutzungsdauer hingegen die 20-Jahres-Frist, so verlangt FRS 10 eine jährliche Überprüfung der Werthaltigkeit (*impairment review*).[585] Zuschreibungen des Goodwills sind auf Fälle begrenzt, in denen die Ursache einer zuvor vorge-

---

575 Vgl. ASB, FRS 10 (1997), Par. 2, Useful economic life.

576 So auch Davies, M./Paterson, R./Wilson, A., UK GAAP (1999), S. 769.

577 „Since few would buy a business at a premium in order to fritter it away, it seems easy to conclude that the life of the goodwill will usually be unlimited, and accordingly that goodwill should remain in balance sheets unamortised." Paterson, R., FRS 10 (Accountancy 1998), S. 74. Deutlich zurückhaltender PricewaterhouseCoopers, Student's Manual of Accounting (1999), Tz. 23.464.

578 Vgl. ASB, FRS 10 (1997), Par. 30. Zinsbasierte Abschreibungsmethoden sind explizit ausgeschlossen. Vgl. FRS 10 (1997), Par. 32.

579 Vgl. ASB, FRS 10 (1997), Par. 19.

580 ASB, FRS 10 (1997), Par. 20; eigene Übersetzung.

581 Vgl. ASB, FRS 10 (1997), Par. 22.

582 Vgl. hierzu im einzelnen ASB, FRS 10 (1997), Par. 20-23.

583 Kommt es dabei zu einer Ausdehnung der Nutzungsdauer über 20 Jahre, so finden die entsprechend strengeren Vorschriften Anwendung. Vgl. ASB, FRS 10 (1997), Par. 33 sowie UITF, Abstract 27 (2000).

584 Vgl. ASB, FRS 10 (1997), Par. 34-36.

585 Vgl. ASB, FRS 10 (1997), Par. 37 ff.

nommenen außerplanmäßigen Abschreibung wegfällt.[586] Insgesamt ist die Methode der planmäßigen Abschreibungen nach FRS 10 als konform mit dem Companies Act anzusehen.

Demgegenüber liegt bei der Inanspruchnahme einer unbegrenzten Nutzungsdauer des derivativen Goodwills ein Verstoß gegen die gesetzliche Abschreibungspflicht nach § 21 (2) Sch. 4 CA 1985 vor. Eine Abweichung von dieser Norm kann nur durch einen ‚true and fair override' gerechtfertigt werden.[587] Folgt man der Annahme, daß sich ein derivativer Goodwill im Zeitablauf abnutzt und sukzessive durch einen (neuen) originären Goodwill ersetzt wird, so ist FRS 10 ferner als inkonsistent zu beurteilen, da eine permanente Beibehaltung des Goodwills im Ergebnis zur Aktivierung eines originären Goodwills führt, obgleich für diesen ein Ansatzverbot besteht.[588] Die Annahme einer Substitution des derivativen durch einen originären Goodwill ist aufgrund fehlender empirischer oder theoretischer Nachweise jedoch strittig.[589]

Im Falle einer erwarteten unbegrenzten Nutzungsdauer ist der derivative Goodwill einer jährlichen Werthaltigkeitsüberprüfung (‚impairment review') in Übereinstimmung mit *FRS 11 ‚Impairment of fixed assets and goodwill'* zu unterziehen.[590] FRS 11 schreibt zu diesem Zweck eine Prognose der Einzahlungsüberschüsse des Unternehmens und eine Aufspaltung in sogenannte *income-generating units* vor, worunter kleinstmögliche Einheiten aus Vermögensgegenständen und Schulden verstanden werden,[591] denen unter Beachtung der Grundsätze der Wirtschaftlichkeit und Wesentlichkeit isolierte Zahlungsströme zurechenbar sind.[592] Ein derivativer Goodwill soll dabei einzelnen ‚income-generating units' zugeordnet oder auf diese aufgeteilt werden. FRS 11 läßt aber auch eine Zusammenfassung mehrerer ‚income-generating units' etwa zu einer Beteiligung zu, der ein derivativer Goodwill zurechenbar ist.[593] Unterschreitet der beizulegende Zeitwert (*recoverable*

---

586 Vgl. ASB, FRS 10 (1997), Par. 44-46.

587 Vgl. ASB, FRS 10 81997), Par. 18 u. Appendix III, Par. 36.

588 Vgl. Paterson, R., FRS 10 (Accountancy 1998), S. 74; Phipps, E., Peace and goodwill (Accountancy 1996), S. 69 ff. (S. 2).

589 Vgl. z. B. Bryer, R. A., Accounting for Goodwill (BAR 1995), S. 296.

590 Für die Überprüfung am Ende des ersten vollständigen Geschäftsjahres nach der Akquisition kann eine erleichterte Vorgehensweise angewandt werden. Vgl. ASB, FRS 10 (1997), Par. 39 f.

591 Vgl. ASB, FRS 11 (1998), Par. 27. Latente Steuern und bestimmte Finanzierungspositionen werden dabei gesondert betrachtet.

592 Vgl. ASB, FRS 11 (1998), Par. 2, Income-generating unit.

593 Vgl. ASB, FRS 11 (1998), Par. 34 f.

amount)[594] der Beteiligung deren fortgeführte Anschaffungskosten und kann die Wertminderung nicht (weiter) auf die einzelnen ‚income generating units' verteilt werden, so ist der Goodwill außerplanmäßig wertzuberichtigen.[595] Für Unternehmenszusammenschlüsse, bei denen aufgrund einer Eingliederung des Akquisitionsobjekts dessen Wert in der Folge nicht mehr isoliert feststellbar ist, schreibt FRS 11 ein gesondertes Verfahren vor. Der Standard verlangt in diesem Fall die Bewertung des originären Goodwills des Erwerbers zum Übernahmezeitpunkt und dessen fiktive, außerbilanzielle Fortführung ebenso, wie es für den derivativen Goodwill innerbilanziell geschieht. In der Folge ist der Wert des originären Goodwills dann den fortgeführten Anschaffungskosten des Unternehmens hinzuzurechnen; die Summe ist mit dem geschätzten Unternehmenswert zu vergleichen und gegebenenfalls außerplanmäßig abzuschreiben. Der Abschreibungsbetrag wird pro rata auf den derivativen und originären Goodwill verteilt; lediglich der auf den derivativen Goodwill entfallende Teil ist in der Bilanz und Gewinn- und Verlustrechnung zu berücksichtigen.[596]

Die Kritik am Werthaltigkeitstest wird prägnant von PATERSON zusammengefaßt: „Apart from the obvious difficulties in forecasting cash flows, there is huge subjectivity in determining how the business is to be segmented, in deciding how assets are to be allocated to the segments and in selecting appropriate discount rates to apply."[597] Insgesamt ist die Inanspruchnahme einer unbegrenzten Nutzungsdauer des derivativen Goodwills als wesentlich aufwendiger und komplizierter im Vergleich zur systematischen Abschreibung über maximal 20 Jahre einzuschätzen. Es mag deshalb nicht verwundern, daß die Unternehmenspraxis diese ‚Option' bisher nur sehr zögerlich angewandt hat.[598] PATERSONS Argument von einem faktischen Methodenwahlrecht wird daher wie folgt eingeschränkt: Wäh-

---

594 Der beizulegende Zeitwert ist der höhere Wert aus Nettoerlöswert (*net realisable value*) und Barwert bei fortdauernder Nutzung (*value in use*). Für die Ermittlung des ‚value in use' gelten detaillierte Vorschriften, auf die hier nicht näher eingegangen werden kann. Vgl. ASB, FRS 11 (1998), Par. 36-46.

595 Vgl. ASB, FRS 11 (1998), Par. 14 sowie Example 7.

596 Vgl. hierzu im einzelnen ASB, FRS 11 (1998), Par. 50-53 u. Example 8.

597 Paterson, R., FRS 10 (Accountancy 1998), S. 74. Vgl. zur Kritik auch PricewaterhouseCoopers, Student's Manual of Accounting (1999), Tz. 23.475.

598 So wurde die Methode der Abschreibung nur bei tatsächlichen Wertminderungen laut einer Studie von Arthur Andersen im Berichtszeitraum 1997/98 nur von 3 der 100 untersuchten Unternehmen angewandt. Vgl. Powling, H./Rigelsford, K., First season of goodwill (Accountancy 1999), S. 84. Eines dieser drei Unternehmen war Cadbury Schweppes, das auch im Geschäftsjahr 2000 bei einem assoziierten Unternehmen (Dr Pepper/Seven Up Bottlling Group) von einer unbegrenzten Nutzungsdauer Gebrauch machte. Vgl. Cadbury Schweppes, Annual Report 2000 (2001), S. 93.

rend bei einer begrenzten Nutzungsdauer des Goodwills formal ein Verbot besteht, auf die Durchführung planmäßiger Abschreibungen zu verzichten,[599] und eine solche Politik offenbar auch faktisch durch den komplizierten Werthaltigkeitstest vermieden wird, dürften umgekehrt bei Vornahme planmäßiger Abschreibungen trotz einer tatsächlich unbegrenzten Nutzungsdauer kaum Einwände zu erwarten sein. Insofern besteht ein faktisches Methodenwahlrecht lediglich bei einer erwarteten unbeschränkten Nutzungsdauer des Goodwills.

Die nachfolgende Abbildung faßt das Spektrum der Bilanzierungsmöglichkeiten für den derivativen Goodwill noch einmal zusammen:

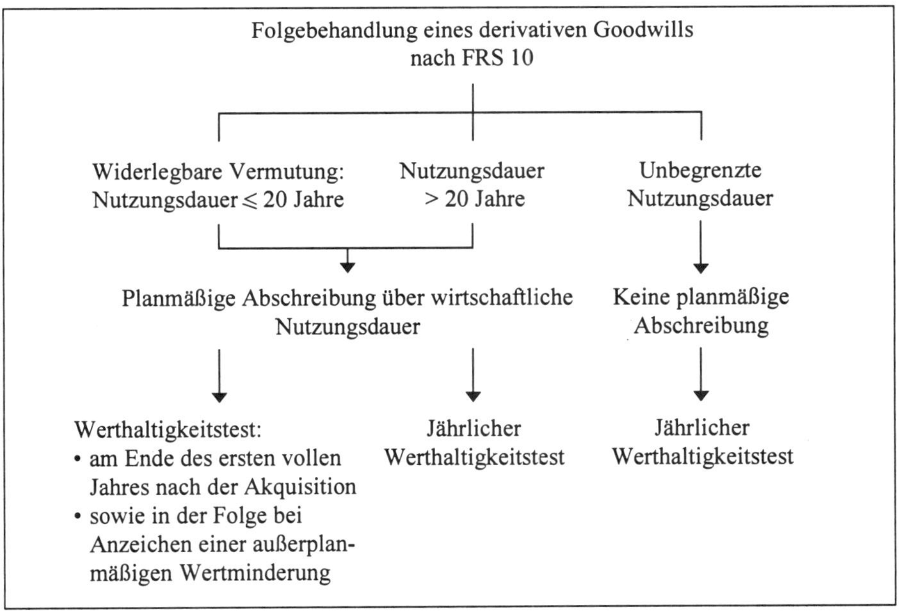

Abb. 11: Folgebehandlung eines derivativen Goodwills nach FRS 10[600]

599 In UITF Abstract 27 heißt es hierzu auch: „the FRS does not allow a choice of policies; goodwill should be amortised unless its life is indefinite." UITF, Abstract 27 (2000), S. 1.

600 Quelle: In Anlehnung an Taylor, P. A., United Kingdom - Group Accounts, in: Ordelheide, D./KPMG (Hrsg.), Transnational Accounting (2001), S. 2774.

3. Angabepflichten

FRS 10 sieht grundsätzlich ähnliche Angabepflichten wie der Companies Act vor. So ist die Entwicklung des derivativen Goodwills im Anhang separat darzustellen.[601] Des weiteren besteht eine Verpflichtung zur Offenlegung der gewählten Abschreibungsmethode und -dauer sowie einer Begründung für die Wahl letzterer.[602] Die Gründe für eine Widerlegung der Vermutung in FRS 10 sind aufzuzeigen, indem insbesondere Belege für die Dauerhaftigkeit des erworbenen Unternehmens erbracht werden.[603] Im Falle der Zugrundelegung einer unbegrenzten wirtschaftlichen Nutzungsdauer sind Angaben zum ‚true and fair override', vor allem die Gründe und Folgewirkungen, zu erläutern.[604]

C. Sonderfall: Negativer Goodwill

Anders als in Deutschland wird in Großbritannien die Existenz eines negativen Goodwills grundsätzlich nicht bestritten. So ist der negative Goodwill unter den Definitionen von FRS 10 aufgeführt.[605] Zudem findet sich keinerlei einschränkender Hinweis, daß hiermit ausschließlich ein negativer Konsolidierungs-Goodwill gemeint ist.[606] Gleichwohl hält das ASB einen negativen Goodwill für eine Ausnahmeerscheinung,[607] was sich darin widerspiegelt, daß bei seiner Entstehung zunächst eine kritische Überprüfung der Werte der Aktiva und Passiva vorgeschrieben ist. Sind die Wertansätze zutreffend bzw. korrigiert worden, so ist ein Restbetrag als negativer Goodwill anzusetzen und offen auf der Aktivseite unter der Position ‚Goodwill' auszuweisen.[608] Als Begründung heißt es hierzu: „just as

---

601 Vgl. ASB, FRS 10 (1997), Par. 53.

602 Vgl. ASB, FRS 10 (1997), Par. 55.

603 Vgl. ASB, FRS 10 (1997), Par. 58.

604 Vgl. ASB, FRS 10 (1997), Par. 59. Einzelheiten hierzu sind in UITF, Abstract 7 (1992) geregelt.

605 Vgl. ASB, FRS 10 (1997), Par. 2, Purchased goodwill. Auch das Fachschrifttum scheint keine Bedenken hinsichtlich der Existenz eines negativen Goodwills zu hegen, wenngleich diesem Posten insgesamt geringe Aufmerksamkeit zuteil wird.

606 Im Gesetz wird demgegenüber lediglich von einem negativen Konsolidierungsunterschied gesprochen. Vgl. § 9 (5) Sch. 4a CA 1985.

607 „negative goodwill is expected to occur rarely ..." ASB, FRS 10 (1997), Appendix III, Par. 58. Demgegenüber weist Paterson darauf hin, daß mit einem negativen Goodwill häufiger zu rechnen sei, da FRS 7 schließlich die Passivierung von Restrukturierungsrückstellungen verbiete. Vgl. Paterson, R., FRS 10 (Accountancy 1998), S. 74.

608 Kritisch hierzu Paterson, der in Anlehnung an die ehemals offene Verrechnung des positiven Goodwills (‚dangling debit') von einem ‚dangling credit' spricht. Vgl. Paterson, R., FRS 10 (Accountancy 1998), S. 75.

positive goodwill is not viewed in the FRS as an asset, so negative goodwill is not viewed as a liability."[609]

Gemäß FRS 7 sind die übernommenen Vermögensgegenstände und Schulden zwingend zu ihrem Zeitwert anzusetzen. Der Wert eines negativen Goodwills ist damit nach den UK-GAAP nicht durch das Anschaffungsprinzip beschränkt.[610] Eine Abstockung des Vermögens bzw. Aufstockung der Schulden zur Vermeidung eines negativen Goodwills ist ausgeschlossen.[611]

FRS 10 führt einen negativen Goodwill auf zwei Ursachen zurück: einen Gelegenheitskauf (‚bargain purchase') oder die Antizipation zukünftiger Verluste.[612] Im ersten Fall wird das Unternehmen zu einem Preisnachlaß erworben, was impliziert, daß der tatsächliche Unternehmenswert nicht niedriger als der Substanzwert ist. Da es sich jedoch um einen unrealisierten Gewinn handelt, hält das ASB eine sofortige erfolgswirksame Vereinnahmung nicht für geboten.[613] Im zweiten Fall ist der Unternehmenswert tatsächlich geringer als der Substanzwert, was durch Reorganisationskosten oder erwartete Verluste, die sich nicht in identifizierbaren Schulden niederschlagen, erklärt wird.[614] Um welche Art von Verlusten es sich hierbei handelt, läßt der Standard jedoch offen. FRS 10 ordnet eine einheitliche Behandlung unabhängig von der Ursache des negativen Goodwills an, um bilanzpolitische Gestaltungen zu mindern.[615] So ist der Betrag bis zur Höhe des Zeitwerts des nicht-monetären Vermögens über den Zeitraum ertragswirksam aufzulösen, in welchem dieses Vermögen durch Abschreibung oder Veräußerung wieder erwirtschaftet wird.[616] Problematisch hierbei ist, daß die Art und Weise der Aufteilung des negativen Goodwills auf das nicht-monetäre Vermögen nicht festgelegt ist. Sie kann beispielsweise proportional erfolgen, es ist aber auch eine alleinige Zuwei-

---

609 ASB, FRS 10 (1997), Appendix 3, Par. 53.

610 Vgl. ASB, FRS 7 (1994), Par. 6. Eine Ausnahme hiervon ist, daß immaterielle Vermögensgegenstände, für die kein Marktwert existiert, einen negativen Goodwill nicht verursachen oder erhöhen dürfen. Vgl. ASB, FRS 10 (1997), Par. 10.

611 Vgl. ASB, FRS 10 (1997), Appendix III, Par. 52.

612 Vgl. ASB, FRS 10 (1997), Appendix III, Par. 44.

613 Eine Berücksichtigung im *Statement of Total Recognised Gains and Losses*, in dem z. B. unrealisierte Erträge aus Neubewertungen verzeichnet werden, scheidet ebenfalls aus, da dies einer Ungleichbehandlung gegenüber der erfolgswirksamen Abschreibung eines positiven Goodwills entspräche. Vgl. ASB, FRS 10 (1997), Appendix III, Par. 47.

614 Vgl. ASB, FRS 10 (1997), Appendix III, Par. 56. Es sei daran erinnert, daß Reorganisationskosten im Rahmen der Neubewertung eines erworbenen Unternehmens nicht berücksichtigt werden, sondern als ‚post-acquisition items' gelten.

615 Vgl. ASB, FRS 10 (1997), Appendix III, Par. 57.

616 Vgl. ASB, FRS 10 (1997), Par. 49.

sung etwa zum Umlaufvermögen denkbar, wodurch der negative Goodwill bereits innerhalb weniger Perioden aufgelöst würde.[617] Für den außergewöhnlich seltenen Fall,[618] daß der negative Goodwill das nicht-monetäre Vermögen betragsmäßig überschreitet, ist der Überschuß in den Perioden aufzulösen, in denen ein entsprechender Nutzen erwartet wird;[619] die Auflösung bleibt damit unklar.

Die Entwicklung eines negativen Goodwills ist ebenfalls im Anlagespiegel aufzuzeigen.[620] Ferner ist der Zeitraum anzugeben, über den ein negativer Goodwill aufgelöst wird.[621] Insofern der Wert des nicht-monetären Vermögens überschritten wird, ist zusätzlich die Ursache hierfür zu erklären.[622]

V. Zwischenfazit

Im Rahmen der historischen Betrachtung konnte zunächst gezeigt werden, daß alle wesentlichen Methoden zur bilanziellen Behandlung des derivativen Goodwills bereits seit Beginn des 20. Jahrhunderts in Großbritannien bekannt sind und diskutiert werden. Um so bemerkenswerter erscheint vor diesem Hintergrund die ausgeprägte zyklische Entwicklung, die das kodifizierte Recht und vor allem die Rechnungslegungsstandards durchlaufen haben. So ist der gegenwärtig favorisierte Ansatz einer Aktivierung und planmäßigen Abschreibung bzw. Abschreibung nur bei tatsächlicher Wertminderung nichts anderes als eine pragmatische Kombination zweier Methoden, die bereits ein Jahrhundert zuvor von Kapitalgesellschaften angewandt wurden. Beiden Einzelmethoden liegen verschiedene Auffassungen über das Wesen des Goodwills zugrunde: Während die Abschreibung über eine zeitlich begrenzte Nutzungsdauer implizit von der flüchtigen Natur des Goodwills ausgeht, basiert die permanente Beibehaltung gerade auf der Dauerhaftigkeit dieses immateriellen Vermögenswerts und lehnt damit faktisch eine Trennung in einen originären und derivativen Goodwill ab. Im Ergebnis besteht für den derivativen Goodwill damit ein Nebeneinander zweier höchst divergenter Bilanzierungsmethoden. Die unveränderte Fortführung und außerplanmäßige Abschreibung spielt jedoch vermutlich wegen des komplizierten Werthaltigkeitstests in der

---

617 Vgl. Paterson, R., FRS 10 (Accountancy 1998), S. 75.

618 „negative goodwill in excess of the fair values of the non-monetary assets acquired is expected to occur only extremely rarely and in unusual circumstances." ASB, FRS 10 (1997), Appendix III, Par. 58.

619 Vgl. ASB, FRS 10 (1997), Par. 50 u. Appendix III, Par. 58. Kritisch hierzu Paterson, R., FRS 10 (Accountancy 1998), S. 75.

620 Vgl. ASB, FRS 10 (1997), Par. 53.

621 Vgl. ASB, FRS 10 (1997), Par. 63.

622 Vgl. ASB, FRS 10 (1997), Par. 64.

Bilanzierungspraxis bislang keine Rolle. Zudem offenbaren sich hier Schwierigkeiten aus dem Dualismus von gesetzlichen Bestimmungen und Rechnungslegungsstandards, da die Zugrundelegung einer unbegrenzten Nutzungsdauer gegen Vorschriften des Companies Act verstößt und somit die Inanspruchnahme eines ‚true and fair overrides' voraussetzt. Ein Spannungsverhältnis zeigt sich ferner darin, daß der Companies Act noch immer an der ‚urbritischen' Methode einer (sofortigen) erfolgsneutralen Verrechnung des derivativen Goodwills festhält, während der Standard FRS 10 diese verbietet. Lediglich in früheren Perioden verrechnete Goodwills können wahlweise fortgeführt werden.

Da die Rechnungslegungsstandards sowohl auf Einzel- als auch Konzernabschlüsse Anwendung finden, besteht derzeit praktisch eine Gleichbehandlung des Goodwills in beiden Rechenwerken, wobei ein Goodwill im Einzelabschluß nur im Falle eines Asset Deals entsteht. Die Steuerbilanz weicht demgegenüber in Großbritannien traditionell aufgrund der Nichtbeachtung des derivativen Goodwills von der Handelsbilanz ab. Aktuelle und weit fortgeschrittene Reformpläne lassen in naher Zukunft jedoch – zumindest für Körperschaften – hinsichtlich der Goodwill-Bilanzierung eine praktisch vollständige Ankopplung des Bilanzsteuerrechts an die Rechnungslegungsstandards erwarten.

Die Behandlung eines originären Goodwills im britischen Bilanzrecht ist trotz des hohen Stellenwerts der Informationsfunktion als restriktiv zu bezeichnen, da sowohl für den originären Goodwill i. e. S. als auch für Ingangsetzungs- und Erweiterungskosten ein Aktivierungsverbot besteht. Die Ursprünge dieser Regel reichen bis in die Bilanzierungspraxis des 19. Jahrhunderts zurück, wenngleich eine schriftlich fixierte bzw. gesetzliche Norm erst seit den 1980er Jahren existiert.

Hinsichtlich eines negativen Goodwills propagieren die UK-GAAP schließlich ein Passivierungsgebot und eine ursachenindifferente erfolgswirksame Auflösung.

Vierter Teil: Bilanzierung des Goodwills nach den International Accounting Standards

Nachdem mit Großbritannien im vorangegangenen Teil ein Rechnungslegungssystem untersucht wurde, daß sich durch eine ausgeprägte Interaktion von gesetzlichen Bestimmungen und Rechnungslegungsstandards auszeichnet, erfolgt nun eine Analyse der Bilanzierung des Goodwills nach den International Accounting Standards (IAS). Da es sich hierbei um ein supranationales Regelwerk handelt, das ausschließlich auf nicht-kodifiziertem Recht basiert und im deutschsprachigen Schrifttum bereits ausführlich diskutiert wurde, erscheint eine Darstellung der Rechtsgrundlagen hier entbehrlich.[623] Ferner entfällt eine nach Einzel- und Konzernabschluß getrennte Darstellung, da die einschlägigen Standards für beide Rechenwerke gelten und in einigen Ländern bereits auch angewandt werden.[624] Zwar ist die Anerkennung der IAS in Deutschland[625] praktisch (noch) auf Konzernabschlüsse börsennotierter Unternehmen beschränkt.[626] Vor dem Hintergrund einer geplanten EU-Verordnung, die u. a. die Anwendung der IAS für

623 Zu den Rechtsgrundlagen vgl. etwa Coenenberg, A. G. u. a., Jahresabschluß (2000), S. 73 ff.; Pellens, B., Internationale Rechnungslegung (1999), S. 411 ff.; Emmrich, M., Reform der externen Rechnungslegung (1999), S. 70 ff. m. w. N.

624 Insbesondere Entwicklungs- und Schwellenländer wenden die IAS – in Ermangelung bzw. als Substitut eigenständiger nationaler Rechnungslegungssysteme – auch auf Einzelabschlüsse an, z. B. Georgien, Kenia, Trinidad und Tobago. Vgl. IASB, Use of IAS, http://www.iasc.org.uk/... (11.07.2001).

625 So sind börsennotierte Mutterunternehmen nach § 292 a HGB unter bestimmten Voraussetzungen von der Aufstellung eines Konzernabschlusses nach HGB befreit, wenn sie statt dessen einen Abschluß „nach international anerkannten Grundsätzen", d. h. nach den IAS oder US-GAAP, aufstellen. Zu den Anwendungsvoraussetzungen im einzelnen vgl. z. B. Henssler, M./Slota, C., Befreiungstatbestand (NZG 1999), S. 1135 f. Für Unternehmen des Börsensegments Neuer Markt besteht hingegen gar eine Pflicht zur Anwendung internationaler Rechnungslegungsvorschriften. Vgl. Deutsche Börse AG, Regelwerk Neuer Markt (2001), Rn. 4.1.9 (3).

626 Eine Ausnahme hiervon besteht mit § 264 Abs. 3 HGB, wonach ein deutsches Tochterunternehmen unter gewissen Bedingungen bereits heute einen Einzelabschluß nach internationalen Normen aufstellen kann. Vgl. Großfeld, B., Internationale Standards (NZG 1999), S. 1144. Auch sind vertragliche Verpflichtungen zur Aufstellung eines ‚dualen' Einzelabschlusses denkbar. Vgl. Emmrich, M., Reform der externen Rechnungslegung (1999), S. 70.

deutsche Einzelabschlüsse ermöglichen könnte,[627] erscheint es jedoch geboten, die IAS auch hinsichtlich einer möglichen Zahlungsbemessungsfunktion zu untersuchen.

I. Überblick über die Rechnungslegung nach IAS

A. Gegenwärtiges Standard-Setting-System

Das 1973 gegründete *International Accounting Standards Committee (IASC)* verfolgt die Zielsetzung, mittels der Entwicklung von International Accounting Standards und der Förderung ihrer weltweiten Anwendung zu einer Verbesserung und internationalen Harmonisierung der Rechnungslegung beizutragen.[628] Eine wesentliche Aufgabe, der sich das IASC dabei seit 1994 widmete, war die Überarbeitung seiner Standards, um deren Anerkennung durch die Internationale Vereinigung der Börsenaufsichtsbehörden (IOSCO) zu erlangen.[629] Im Mai 2000 sprach die IOSCO schließlich seinen Mitgliedern gegenüber die Empfehlung aus, 30 Standards des IASC[630] für Zwecke der Rechnungslegung multinationaler Unternehmen bei grenzüberschreitenden Kapitalmarktlistings und Kapitalaufnahmen anzuerkennen.[631] Dies wurde als Meilenstein auf dem Weg zu einer international vereinheitlichten Rechnungslegung gewertet.[632] Im Hinblick auf die veränderten Aufgaben nach der Übereinkunft mit der IOSCO hatte das IASC bereits 1997 eine Arbeitsgruppe zur Restrukturierung des Standard-Setting-Systems eingesetzt (*Strategy Working Party*) und deren Abschlußbericht Ende 1999 genehmigt.[633] Die darin enthaltenen Empfehlungen mündeten in eine neue Satzung, die den Rahmen

---

627 Ein jüngst veröffentlichter Vorschlag der Europäischen Kommission sieht vor, börsennotierte EU-Unternehmen spätestens ab 2005 zur Anwendung der IAS in Konzernabschlüssen zu verpflichten und darüber hinaus den Mitgliedstaaten eine weitergehende Anerkennung der IAS für alle Unternehmensformen sowie für Einzelabschlüsse freizustellen. Vgl. Europäische Kommission, International accounting standards (2001), S. 6.

628 Vgl. IASC, Constitution (1992), Par. 2.

629 Vgl. Pellens, B., Internationale Rechnungslegung (1999), S. 406.

630 Darunter auch *IAS 22 ‚Business Combinations'*, *IAS 36 ‚Impairment of Assets'* und *IAS 38 ‚Intangible Assets'*, die für diese Arbeit relevant sind. Vgl. IOSCO, IASC Standards (2000), Appendix A.

631 Dabei sind jedoch u. U. weitere Bedingungen, wie z. B. eine zusätzliche Offenlegung, zu beachten. Vgl. IOSCO, IASC Standards (2000), S. 3 f.

632 Vgl. IASC, IOSCO Endorses Core Standards (News Release v. 17.05.2000); Peel, M., Global accounting deal (FT v. 18.05.2000), S. 27.

633 Vgl. IASC's Strategy Working Party, Recommendations (1999). Für eine deutsche Zusammenfassung vgl. Baetge, J./Thiele, S./Plock, M., Restrukturierung (DB 2000), S. 1033 ff.

des gegenwärtigen Standard-Setting-Systems darstellt.[634] Zum 1. April 2001 trat das neue System in Kraft, in welchem das *International Accounting Standards Board (IASB)* nunmehr die Rolle des unabhängigen Standard-Setters einnimmt. Ein grafischer Überblick sowie eine kurze Beschreibung der wichtigsten Gremien findet sich im Anhang.[635]

B. Funktionen der Rechnungslegung

1. Informationsfunktion

Ähnlich wie in Großbritannien offenbart sich die Informationsfunktion der Rechnungslegung auch im konzeptionellen Rahmen der IAS sehr deutlich. Dies ist jedoch keineswegs überraschend, da das *IASC Framework* die Grundlage für das britische ‚Statement of principles' bildet.[636] Das ‚Framework' beschreibt ebenfalls zunächst die typisierten Informationsbedürfnisse eines breiten Spektrums an Bilanzadressaten,[637] um sich dann auf die Gruppe der Investoren zu konzentrieren, da eine Berücksichtigung ihrer Informationsansprüche weitgehend auch diejenigen der anderer Adressaten erfülle.[638] Zur Zielsetzung der Rechnungslegung heißt es im ‚IASC Framework' daher:

> „The objective of financial statements is to provide information about the financial position, performance and changes in financial position of an enterprise that is useful to a wide range of users in making economic decisions."[639]

Damit liegt auch den IAS klar das ‚Decision usefulness'-Konzept zugrunde. Auffallend ist ferner der nur marginal unterschiedliche Wortlaut im Vergleich zum ‚Statement of principles'.[640] So verzichtet das ‚IASC Framework' auf die explizite Erwähnung der Rechenschaftsfunktion (‚stewardship') als Zielsetzung, erklärt jedoch im weiteren, daß diese unter die Informationsfunktion subsumiert werde.[641] Umkehrt bezieht das ‚Framework' ausdrücklich die Vermittlung von Informationen zur Veränderung der Vermögens- und Finanzlage (*changes in financial*

---

634 Vgl. IASB, Constitution (2000).

635 Vgl. S. 174 ff. dieser Arbeit.

636 Vgl. ASB, Statement of principles (1999), Appendix II, Par. 1.

637 Vgl. IASC, Framework (1989), Par. 9.

638 Vgl. IASC, Framework (1989), Par. 10.

639 IASC, Framework (1989), Par. 12.

640 Zum ‚Statement of principles' vgl. S. 67.

641 „Those users who wish to assess the stewardship or accountability of management do so in order that they may make economic decisions ..." IASC, Framework (1989), Par. 14.

position) ein, während sich dies aus dem ‚Statement of principles' nur indirekt ergibt.[642] Im Ergebnis erscheint die Zielsetzung der Rechnungslegung im ‚IASC Framework' daher präziser gefaßt; inhaltlich bestehen jedoch keine Differenzen.

Um als nützlich (*useful*) zu gelten, müssen die im IAS-Abschluß vermittelten Informationen den qualitativen Anforderungen der Verständlichkeit, Entscheidungsrelevanz, Verläßlichkeit und Vergleichbarkeit genügen.[643] Zudem ist in den IAS – vergleichbar dem ‚true and fair view' in den UK-GAAP – die Verpflichtung zu einer ‚fair presentation' (‚gerechten Darstellung') der Vermögens-, Finanz- und Ertragslage des Unternehmens als Generalnorm verankert,[644] die in seltenen Fällen ebenfalls eine Abweichung von einzelnen Bestimmungen der Standards verlangt (*IAS override*).[645] Eine unzulängliche Abbildung in der Bilanz kann somit nicht durch eine zusätzliche Offenlegung kompensiert werden.[646] Ebenso wie das ASB, geht allerdings auch das IASC davon aus, daß die Einhaltung der qualitativen Anforderungen zusammen mit der Anwendung der einschlägigen IAS in nahezu allen Fällen in einer ‚fair presentation' bzw. einem ‚true and fair view' resultiert.[647]

2. Zahlungsbemessungsfunktion

Auf der Gewinnermittlungsebene ist auch nach den IAS das Vorsichtsprinzip (‚prudence principle') zu beachten, dem jedoch wie in Großbritannien nur ein geringer Stellenwert beigemessen wird.[648] Auch das ‚IASC Framework' läßt Neubewertungen von Vermögensgegenständen zu,[649] hält jedoch (derzeit) an der Unterscheidung in realisierte und unrealisierte Gewinne bzw. Verluste fest.[650] Die Tatsache, daß unrealisierte Gewinne aus Neubewertungen erfolgsneutral als Kapitalanpassungen (*capital maintenance adjustments*) bzw. in einer Neube-

---

642 Vgl. ASB, Statement of principles (1999), Appendix II, Par. 6.

643 Vgl. IASC, Framework (1989), Par. 24 ff.

644 „Financial statements should present fairly the financial position, financial performance and cash flows of an enterprise." IASC, IAS 1 (1997), Par. 10.

645 „In the extremely rare circumstances when management concludes that compliance with a requirement in a Standards would be misleading, ... departure from a requirement is necessary to achieve a fair presentation ..." IASC, IAS 1 (1997), Par. 13.

646 Vgl. IASC, IAS 1 (1997), Par. 12.

647 Vgl. IASC, Framework (1989), Par. 46; IASC, IAS 1 (1997), Par. 10.

648 Vgl. IASC, Framework (1989), Par. 37; auch Pellens, B., Internationale Rechnungslegung (1999), S. 415.

649 Vgl. IASC, Framework (1989), Par. 81.

650 Dies ergibt sich aus IASC, Framework (1989), Par. 76 u. 80.

wertungsrücklage zu erfassen sind,[651] deutet auf Zweifel an der Ausschüttungsfähigkeit dieser Beträge und damit auf eine Zahlungsbemessungsfunktion der Rechnungslegung hin.[652]

Weitere indirekte Hinweise auf eine solche Funktion lassen sich daraus ableiten, daß das ‚IASC Framework' die im Jahresabschluß bereitgestellten Informationen als nützlich (!) hinsichtlich der Verteilung zukünftiger Gewinne und Cash-flows auf Anspruchsberechtigte ansieht.[653]

Die Wahlfreiheit in bezug auf die anzuwendende Kapitalerhaltungskonzeption (finanzielle oder substantielle Kapitalerhaltung), die das ‚IASC Framework' Unternehmen einräumt,[654] erschwert demgegenüber die Anknüpfung von Gläubigerschutzvorschriften eines nationalen Gesellschaftsrechts auf der Gewinnverwendungsebene deutlich.[655]

Insgesamt bestätigt sich in den IAS die bereits in Großbritannien festgestellte Dominanz der Informationsfunktion im Rahmen der Gewinnermittlung. Eine Zahlungsbemessungsfunktion ist im ‚IASC Framework' demgegenüber sichtlich schwächer ausgeprägt, gleichwohl ebenfalls existent.

Diesem Überblick über die Rechnungslegung nach den IAS schließt sich im folgenden Kapitel eine Analyse der historischen Entwicklung der Goodwill-Bilanzierung an.

II. Historische Entwicklung der Bilanzierung des Goodwills

Im Vergleich zum deutschen und britischen Bilanzrecht erscheint der Zeitraum, seit dem die Bilanzierung des Goodwills in den IAS geregelt ist, verhältnismäßig kurz. So wurde 1983 mit *IAS 22 ‚Accounting for Business Combinations'* der erste

---

651 Vgl. IASC, Framework (1989), Par. 81.

652 Vgl. Emmrich, M., Reform der externen Rechnungslegung (1999), S. 96.

653 „Information about financial structure is useful in predicting future borrowing needs and how future profits will be distributed among those with an interest in the enterprise ...". IASC, Framework (1989), Par. 16. Noch deutlicher wird dies im Vorwort zum ‚IASC Framework', in dem die Bestimmung des ausschüttungsfähigen Gewinns und die Beurteilung der Sicherheit des Fremdkapitals ausdrücklich als wirtschaftliche Entscheidungen der Bilanzadressaten genannt werden. Vgl. IASC, Framework (1989), Preface.

654 Vgl. IASC, Framework (1989), Par. 110. Kritisch hierzu auch Davies, M./Paterson, R./ Wilson, A., UK GAAP (1999), S. 148, die hierin eines der Kernprobleme des ‚IASC Framework' sehen.

655 Vgl. Emmrich, M., Reform der externen Rechnungslegung (1999), S. 96 f.

Standard verabschiedet, der u. a. Vorschriften zur Behandlung des derivativen Goodwills enthielt. IAS 22 (1983) sah für den (positiven) derivativen Goodwill ein Wahlrecht zwischen der Aktivierung und planmäßigen Abschreibung sowie der sofortigen erfolgsneutralen Verrechnung vor.[656] Im Falle seiner planmäßigen Abschreibung war keine Höchstgrenze für die wirtschaftliche Nutzungsdauer vorgeschrieben. Gleichwohl lehnte der Standard eine Fortführung des derivativen Goodwills bei Durchführung jährlicher Werthaltigkeitstests ab, da diese Methode der Abnutzung im Zeitablauf nicht Rechnung trage.[657] Ein aktivierter Goodwill war gegebenenfalls außerplanmäßig abzuschreiben;[658] Zuschreibungen waren hingegen nicht geregelt.

Auch hinsichtlich der erfolgsneutralen Verrechnung des derivativen Goodwills bestanden keine weitere Vorschriften, so daß Unternehmen beispielsweise die zu kürzenden Rücklagen frei wählen und selbst bei einer Veräußerung des zugehörigen Tochterunternehmens auf eine erfolgswirksame Erfassung des Goodwills verzichten konnten. Hinzuweisen ist ferner auf das breite Spektrum der Möglichkeiten zur Bilanzierung eines negativen Goodwills, das von einer Hinzurechnung zu den Rücklagen über eine Abstockung des nicht-monetären Vermögens bis zu einer Passivierung und ertragswirksamen Auflösung reichte.[659]

Kritik an den weitreichenden Wahlrechten und dem insgesamt geringen Regelungsumfang zur Bilanzierung des Goodwills sowie im besonderen an der Methode der erfolgsneutralen Verrechnung führten im Jahre 1993 zu einer grundlegenden Überarbeitung von IAS 22 (1983). Der neue Standard *IAS 22 ‚Business Combinations' (revised 1993)* schaffte die Methode der erfolgsneutralen Verrechnung für neu entstehende Goodwills ab und schrieb nunmehr die Aktivierung und planmäßige Abschreibung vor.[660] Die wirtschaftliche Nutzungsdauer sollte dabei gewöhnlich nicht mehr als fünf Jahre betragen, konnte allerdings – sofern gerechtfertigt – einen längeren Zeitraum bis zu maximal 20 Jahren umfassen.[661] In IAS 22 (revised 1993) wurde diese Begrenzung selbst als willkürlich eingestuft. Eine längere Periode galt aufgrund der Schwierigkeiten bei der Nutzungsdauerschätzung als nicht statthaft.[662] Bei Anzeichen geringerer als der erwarteten Einzahlungsüberschüsse war der derivative Goodwill außerplanmäßig wertzuberichtigen. Eine

---

656 Vgl. IASC, IAS 22 (1983), Par. 19 u. 40.

657 Vgl. IASC, IAS 22 (1983), Par. 22.

658 Vgl. IASC, IAS 22 (1983), Par. 41.

659 Vgl. IASC, IAS 22 (1983), Par. 40 i. V. m. Par. 42.

660 Vgl. IASC, IAS 22 (revised 1993), Par. 40 u. 42.

661 Vgl. IASC, IAS 22 (revised 1993), Par. 42.

662 Vgl. IASC, IAS 22 (revised 1993), Par. 45.

Zuschreibung war demgegenüber nicht zulässig.[663] Da der Standard eine Reaktivierung zuvor erfolgsneutral verrechneter Goodwills nicht vorschrieb,[664] waren Betriebs- und Zeitvergleiche nur erschwert möglich.

Hinsichtlich der Bilanzierung eines negativen Goodwills bestand in IAS 22 (revised 1993) ein Wahlrecht zwischen einer Abstockung des nicht-monetären Vermögens (*Benchmark Treatment*) und einer Passivierung mit ertragswirksamer Auflösung ebenfalls über gewöhnlich fünf, maximal jedoch 20 Jahre (*Allowed Alternative Treatment*).[665]

Hinweise zur bilanziellen Behandlung von Ingangsetzungs- und Erweiterungskosten bzw. vergleichbaren Posten finden sich in den IAS erst im Standardentwurf *E50 ,Intangible Assets'* vom Juni 1995. Darin subsumierte das IASC derartige immaterielle Vermögenswerte unter die Rechnungsabgrenzungsposten (*deferred costs and prepaid expenses*) und machte deutlich, daß es sich um Zahlungen handelt, deren Erfolgswirksamkeit über mehrere Perioden reicht.[666] Da E50 (1995) Ausbildungs-, Personal- und weitere Kosten zum Aufbau eines Unternehmens oder einer Produktlinie aus seinem Geltungsbereich ausschloß[667] und diese auch von keinem anderen Standard erfaßt waren, konnte ihre Aktivierung zum Zweck der periodengerechten Erfolgsermittlung als IAS-konform angesehen werden. Hingegen sprach das IASC Werbeausgaben die Vermögensgegenstandseigenschaft ab, da sie nicht zuverlässig selbständig bewertbar seien.[668]

Für den originären Goodwill i. e. S. war demgegenüber bereits seit der Verabschiedung des ,IASC Framework' im Jahre 1989 ein Ansatzverbot zu vermuten, da es dort heißt: „although most enterprises generate goodwill internally over time, it is *usually* difficult to identify or measure that goodwill reliably."[669] Einen eindeutigen Ausschluß bedeutete dies dem Wortlaut nach jedoch nicht (,usually').

---

663 Vgl. IASC, IAS 22 (revised 1993), Par. 46 f.

664 Vgl. IASC, IAS 22 (revised 1993), Par. 79; Cairns, D., Cope with goodwill (Accountancy 1996), S. 62 ff. (S. 1).

665 Vgl. IASC, IAS 22 (revised 1993), Par. 49 u. 51.

666 Nicht unter die Rechnungsabgrenzungsposten fielen Forschungs- und Entwicklungskosten, da sie von *IAS 9 ,Research and Development Costs'* erfaßt wurden. Danach war eine aufwandswirksame Behandlung von Forschungskosten vorgeschrieben, während Entwicklungskosten bei Erfüllung bestimmter, strenger Voraussetzungen zu aktivieren waren. Vgl. IASC, IAS 9 (1993), Par. 15 bzw. 17.

667 Vgl. IASC, E50 (1995), Par. 8.

668 Vgl. IASC, E50 (1995), Par. 34. So auch Hommel, M., Bilanzrechtskonzeptionen (ZfbF 1997), S. 362.

669 IASC, Framework (1989), Par. 34; Herv. durch Verf.

Zudem ist die Anwendung des ‚IASC Frameworks' bekanntlich freiwillig.[670] Insoweit war es ebenfalls der Standardentwurf E50, der für den originären Goodwill erstmals eine zweifelsfreie Regelung in Form eines ausdrücklichen Aktivierungsverbots vorsah.[671]

Im Jahre 1997 wurden zwei weitere Standardentwürfe – *E60 ‚Intangible Assets'* und *E61 ‚Business Combinations'* – veröffentlicht, die sich hinsichtlich der hier betrachteten Punkte jedoch nur marginal von den gegenwärtigen IAS unterscheiden.[672]

III. Bilanzierung des Goodwills im Einzel- und Konzernabschluß

A. Originärer Goodwill

Anders als noch im Entwurf E50 enthält der gegenwärtige Standard *IAS 38 ‚Intangible Assets'* ein Aktivierungsverbot für Ingangsetzungs- und Erweiterungskosten. So werden Ausgaben zur Einführung neuer Produktionsstätten, Produkte, Prozesse u. ä. („pre-operating costs"[673]), Ausgaben für Schulungen, Werbung und Verkaufsförderung sowie Organisationskosten ausdrücklich als Beispiele für Kosten genannt, die keine immateriellen Vermögensgegenstände darstellen und daher als Periodenaufwand zu verrechnen sind.[674] Ferner ist die Aktivierung von Forschungsausgaben untersagt;[675] lediglich für Entwicklungskosten ist unter bestimmten Bedingungen ein Bilanzansatz geboten.[676] Damit ist festzuhalten, daß nach den IAS eine Aktivierung von Ingangsetzungs- und Erweiterungskosten lediglich für

---

670 Gemäß IASC, Framework (1989), Par. 1 (d) soll das ‚Framewok' Bilanzerstellern lediglich eine Hilfestellung in Bereichen sein, die noch nicht von den IAS erfaßt sind. Es stellt weder einen Rechnungslegungsstandard dar noch nimmt es eine Vorrangstellung gegenüber einzelnen Bestimmungen der Standards ein. Vgl. IASC, Framework (1989), Par. 2.

671 Vgl. IASC, E50 (1995), Par. 39.

672 Vgl. IASC, IAS 22 (revised 1998), Appendix 1, Basis for Conclusions, Par. 7 ff. u. 43 (c).

673 IASC, IAS 38 (1998), Par. 57 (a). Coenenberg setzt die ‚pre-operating costs' mit dem deutschen Begriff der Ingangsetzungs- und Erweiterungsaufwendungen gleich und läßt damit den Teilbereich der außerordentlichen Werbe-, Schulungs-, Forschungskosten etc. außer Betracht. Vgl. Coenenberg, A. G. u. a., Jahresabschluß (2000), S. 159.

674 Vgl. IASC, IAS 38 (1998), Par. 57.

675 Vgl. IASC, IAS 38 (1998), Par. 42.

676 Zu den Aktivierungsvoraussetzungen von Entwicklungsausgaben vgl. im einzelnen IASC, IAS 38 (1998), Par. 45.

den Teilbereich der Entwicklungskosten und dort nur unter restriktiven Bedingungen in Betracht kommt.

Für den originären Goodwill i. e. S. existiert ein striktes Aktivierungsverbot,[677] womit IAS 38 dem Standardentwurf E50 folgt. Zur Begründung heißt es, der originäre Goodwill sei weder identifizierbar im Sinne von einzelverwertbar[678] noch könnten seine Kosten zuverlässig ermittelt werden, so daß kein immaterieller Vermögensgegenstand vorliege.[679]

B. Derivativer Goodwill

Im Rahmen der Bilanzierung des derivativen Goodwills wird auch nach den IAS zwischen Asset Deals und Share Deals differenziert. Im Falle eines Asset Deals sind die Vorschriften des *IAS 22 (revised 1998)* im Einzelabschluß analog anzuwenden.[680]

Zudem findet sich die bereits bekannte Problematik der Abgrenzung von Unternehmenserwerben (*acquisitions*) und ‚Fusionen unter gleichen Partnern' (*uniting of interests*) ebenfalls im IAS-Konzernabschluß wieder.[681] Da jedoch ähnlich wie in den UK-GAAP auch nach den IAS strenge Voraussetzungen an eine Einordnung als Fusion gestellt werden,[682] beschränkt sich die Anwendung der dafür vorgeschriebenen Pooling-of-Interests-Methode auf Ausnahmen. Akquisitionen als Regelfall von Unternehmenszusammenschlüssen sind demgegenüber nach der Erwerbsmethode (*purchase method*) zu bilanzieren, die wahlweise in den Varianten der beteiligungsproportionalen Neubewertung (‚Benchmark Treatment') und der vollständigen Neubewertungsmethode (‚Allowed Alternative Treatment') angewendet werden kann.[683] Die Auflösung stiller Reserven ist nicht durch das Anschaffungswertprinzip begrenzt.[684] Bei Anwendung der (vollständigen) Neube-

---

677 Vgl. IASC, IAS 38 (1998), Par. 36.

678 Vgl. IASC, IAS 38 (1998), Par. 11.

679 Vgl. IASC, IAS 38 (1998), Par. 37 f.

680 Vgl. IASC, IAS 22 (revised 1998), Par. 4. Der besseren Lesbarkeit halber wird im weiteren Text nur von IAS 22 gesprochen.

681 Vgl. zur Definition der Begriffe ‚acquisition' und ‚uniting of interests' IASC, IAS 22 (revised 1998), Par. 8.

682 Ausschlaggebend ist hierbei die mangelnde Identifizierbarkeit eines Erwerbers. Vgl. im einzelnen IASC, IAS 22 (revised 1998), Par. 13-16; SIC, SIC - 9 (1998), Par. 8 ff.

683 Vgl. IASC, IAS 22 (revised 1998), Par. 32 ff.

684 Vgl. Förschle, G./Deubert, M., in: Budde, W. D. u. a. (Hrsg.), Beck'scher Bilanz-Kommentar (1999), § 301, Rn. 313.

wertung kommt es zu keiner Hochrechnung des Goodwills auf die Anteile der Minderheitsgesellschafter.[685]

1. Bilanzansatz

Der (positive) derivative Goodwill ist auch in IAS 22 entsprechend dem Residualansatz als Überschuß der Anschaffungskosten über den (anteiligen) Substanzwert des erworbenen Unternehmens definiert.[686] Anders als FRS 10 entzieht sich der Standard einer Diskussion über die Rechtsnatur des derivativen Goodwills und schreibt lediglich dessen zwingende Aktivierung als Vermögensgegenstand vor.[687] Aus dem Wortlaut läßt sich jedoch nicht entnehmen, ob sich der derivative Goodwill als (immaterieller) Vermögensgegenstand im Sinne der IAS qualifiziert oder lediglich wie ein solcher zu behandeln ist.[688] Daher sei hilfsweise der Standard IAS 38 zu Rate gezogen, der einen immateriellen Vermögensgegenstand wie folgt definiert: „An intangible asset is an identifiable non-monetary asset without physical substance held for use in the production or supply of goods or services, for rental to others, or for administrative purposes."[689] ‚Identifiable' bedeutet dabei in aller Regel einzelverwertbar.[690] Es leuchtet unmittelbar ein, daß sich der derivative Goodwill ebensowenig wie der originäre als *immaterieller* Vermögensgegenstand einordnen läßt, da es ihm per definitionem an der Einzelverwertbarkeit fehlt. Somit bleibt zu prüfen, ob der derivative Goodwill vom Vermögensgegenstandsbegriff erfaßt wird. Im ‚IASC Framework' heißt es hierzu: „An asset is a resource controlled by the enterprise as a result of past events and from which

---

685 Vgl. IASC, IAS 22 (revised 1998), Par. 34; Epstein, B. J./Mirza, A. A., IAS 2000 (2000), S. 421. Der Aussage COENENBERGS, daß „auf die Anteile von Drittgesellschaftern beteiligungsproportional stille Reserven und Lasten sowie Goodwill" (!) entfallen, liegt daher ein Irrtum zugrunde. Coenenberg, A. G. u. a., Jahresabschluß (2000), S. 594.

686 Vgl. IASC, IAS 22 (revised 1998), Par. 41.

687 „... should be described as goodwill and recognised as an asset." IASC, IAS 22 (revised 1998), Par. 41.

688 Anderer Ansicht KÜTING/HAYN, die hierzu ausführen: „Dieser Geschäfts- oder Firmenwert erfüllt die Kriterien eines Vermögensgegenstandes nach IAS 22 und *muß* dementsprechend als solcher aktiviert werden". Küting, K./Hayn, S., Angelsächsischer Konzernabschluß (AG 1996), S. 55. Die Aussage überrascht jedoch insofern, als IAS 22 (revised 1993), auf den sich die Autoren beziehen und der in diesem Punkt mit IAS 22 (revised 1998) identisch ist, gar keine Definition eines Vermögensgegenstands enthält!

689 IASC, IAS 38 (1998), Par. 2.

690 Vgl. IASC, IAS 38 (1998), Par. 10 ff.

future economic benefits are expected to flow to the enterprise."[691] ,Control' meint hierbei, wie das ,Framework' näher erläutert, Verfügungsgewalt über den erwarteten zukünftigen Nutzen selbst,[692] was jedoch beim Goodwill gerade nicht gegeben ist.[693] Im Ergebnis erfüllt der derivative Goodwill damit nicht die Definition eines Vermögensgegenstands nach den IAS. Ein Vermögensgegenstand wird vielmehr fingiert,[694] wobei es sich faktisch um einen ,Bilanzposten eigener Art' handelt.

2. Bilanzbewertung

Zur erstmaligen Wertermittlung des derivativen Goodwills ist der Zeitwert der bilanzierungsfähigen Vermögensgegenstände und Schulden des erworbenen Unternehmens von den Anschaffungskosten zu subtrahieren.[695] Derivative Goodwills aus Einzelabschlüssen werden dabei nicht in den IAS-Konzernabschluß übernommen, sondern gehen im Gesamt-Goodwill auf.[696] Aktive latente Steuern sind hingegen zu berücksichtigen.[697] Die Feststellung der Zeitwerte stützt sich im wesentlichen auf Marktwerte (,arm's length principle') und kann damit als weitgehend unabhängig von den Nutzungsintentionen des Managements gelten.[698] Immaterielle Vermögensgegenstände sind getrennt vom Goodwill anzusetzen, sofern ihr Zeitwert verläßlich meßbar ist.[699] Zu diesem Zweck werden auch Schätzungen auf Basis anerkannter Methoden als zulässig erachtet.[700] Damit ist im Zuge des Unternehmenserwerbs auch eine Aktivierung von Marken, Verlagstiteln, Kundenlisten etc. möglich, während die gleichen Vermögensgegenstände im Falle der Selbsterstellung einem strikten Aktivierungsverbot unterliegen.[701] Als weitere

---

691 IASC, Framework (1989), Par. 49 (a); ihm folgend IASC, IAS 38 (1998), Par. 2.

692 Vgl. IASC, Framework (1989), Par. 56 f.

693 Vgl. hierzu bereits S. 93.

694 Vgl. z. B. IASC, IAS 22 (revised 1998), Par. 41 sowie IASC, Framework (1989), Par. 96.

695 Vgl. IASC, IAS 22 (revised 1998), Par. 26 i. V. m. Par. 39. Hiermit sind zugleich die Rechnungsabgrenzungsposten (*deferred costs* bzw. *deferred income*) eingeschlossen.

696 Vgl. Förschle, G./Deubert, M., in: Budde, W. D. u. a. (Hrsg.), Beck'scher Bilanz-Kommentar (1999), § 301, Rn. 314.

697 Vgl. IASC, IAS 22 (revised 1998), Par. 28.

698 Vgl. IASC, IAS 22 (revised 1998), Par. 39. So auch Förschle, G./Hoffmann, K., in: Budde, W. D. u. a. (Hrsg.), Beck'scher Bilanz-Kommentar (1999), § 309, Rn. 81. Anderer Ansicht Pellens, B., Internationale Rechnungslegung (1999), S. 467

699 Vgl. IASC, IAS 22 (revised 1998), Par. 39 (g) i. V. m. IASC, IAS 38 (1998), Par. 31.

700 Vgl. IASC, IAS 38 (1998), Par. 30. Als Beispiele für solche Methoden werden ebenfalls Multiple- und DCF-Verfahren genannt.

701 Vgl. IASC, IAS 38 (1998), Par. 51.

generelle Regel besteht zudem ein Verbot, Verpflichtungen im Übernahmezeitpunkt zu berücksichtigen, die auf Absichten oder Plänen des Erwerbers beruhen.[702] Der Ansatz von Restrukturierungsrückstellungen ist als Ausnahme hiervon jedoch unter strengen Bedingungen zulässig.[703] Eine Passivierung von Rückstellungen zur Vorwegnahme künftiger Verluste oder Aufwendungen ist hingegen untersagt.[704]

IAS 22 verlangt als Folgebewertung die planmäßige Abschreibung des derivativen Goodwills über dessen wirtschaftliche Nutzungsdauer,[705] wobei in aller Regel linear abzuschreiben ist.[706] Anstelle der absoluten Nutzungsdauerbegrenzung wie noch in IAS 22 (revised 1993) enthält der geltende Standard eine widerlegbare Vermutung, daß die wirtschaftliche Nutzungsdauer 20 Jahre nicht überschreitet.[707] In seltenen Umständen hält IAS 22 somit auch eine längere Periode für zulässig, sofern Nachweise erbracht werden.[708] Die zugrunde gelegte Nutzungsdauer hat allerdings stets endlich zu sein.[709] Als Begründung heißt es im Standard:

> „With the passage of time, goodwill diminishes, reflecting the fact that its service potential is decreasing. In some cases, the value of goodwill may appear not to decrease over time. This is because ... the goodwill that was purchased is being replaced by internally generated goodwill. IAS 38 ... prohibits the recognition of internally generated goodwill as an asset. Therefore, it is appropriate that goodwill is amortised on a systematic basis over the best estimate of its useful life."[710]

---

[702] Vgl. IASC, IAS 22 (revised 1998), Par. 29.

[703] So sind die wesentlichen Inhalte von Plänen zur Stillegung oder Einschränkung der Geschäftsaktivitäten des erworbenen Unternehmens im Übernahmezeitpunkt oder davor offenzulegen. Die Pläne müssen eine rechtsgültige Erwartungshaltung bei den Betroffenen auslösen und innerhalb von drei Monaten nach der Akquisition in Einzelheiten festgelegt sein. Darüber hinaus sind Rückstellungen nur für die im Standard angegebenen Aufwendungen zulässig. Vgl. im einzelnen IASC, IAS 22 (revised 1998), Par. 31. Der Standardentwurf E61 hatte hingegen noch ein Verbot aller Restrukturierungsrückstellungen vorgesehen. Vgl. o. V., Limited revisions (Accountancy 1998), S. 123 ff. (S. 2).

[704] Vgl. IASC, IAS 22 (revised 1998), Par. 29.

[705] Vgl. IASC, IAS 22 (revised 1998), Par. 44.

[706] Vgl. IASC, IAS 22 (revised 1998), Par. 45 u. 52.

[707] Vgl. IASC, IAS 22 (revised 1998), Par. 44.

[708] Vgl. IASC, IAS 22 (revised 1998), Par. 50. Zu den Faktoren, die im Rahmen der Nutzungsdauerschätzung zu berücksichtigen sind, vgl. IASC, IAS 22 (revised 1998), Par. 48.

[709] Vgl. IASC, IAS 22 (revised 1998), Par. 51. Eine unbegrenzte Fortführung des Goodwills wird damit von den IAS bislang abgelehnt, wobei die weitere Entwicklung abzuwarten sein wird. Vgl. auch Pellens, B./Sellhorn, T., Neue Goodwill-Bilanzierung (DB 2001), S. 713 f. u. 720.

[710] IASC, IAS 22 (revised 1998), Par. 47.

IAS 22 argumentiert damit ebenfalls auf Basis der Substitution des derivativen durch den originären Goodwill, ohne einen Nachweis für diese Hypothese zu erbringen. Widersprüchlich erscheint zudem die angeführte Erklärung: „The future economic benefits embodied in an intangible asset and goodwill are always consumed. Although there may be *no physical limit* to the useful life of some intangible assets and goodwill, infinite lives do not exist“[711].

Eine unrealistisch kurze Nutzungsdauer lehnt der Standard gleichfalls ab,[712] womit insbesondere eine Sofortabschreibung wie im deutschen Einzelabschluß als unzulässig einzuschätzen ist.

Wird eine Nutzungsdauer von mehr als 20 Jahren zugrunde gelegt, so sind jährliche Werthaltigkeitstests (‚impairment reviews‘) gemäß *IAS 36 ‚Impairment of Assets‘* durchzuführen.[713] Für Goodwills mit einer kürzeren Nutzungsdauer ist dies dagegen lediglich bei Anzeichen einer Wertminderung erforderlich.[714] Außerplanmäßige Abschreibungen auf den derivativen Goodwill sind vorzunehmen, wenn der wiedereinbringbare Betrag (‚recoverable amount‘) den Fortführungswert (‚carrying amount‘) der *cash-generating unit(s)* übersteigt, der/denen der Goodwill zuordenbar ist.[715] Da sich der ‚impairment review‘ nach IAS 36 nur marginal von demjenigen nach FRS 11 unterscheidet[716] und letzterer oben ausführlich erläutert wurde, kann auf eine eingehende Darstellung hier verzichtet werden.[717] Eine Wertaufholung ist auf jene Fälle beschränkt, in denen ein spezifisches Ereignis, das zuvor eine außerplanmäßige Abschreibung des derivativen Goodwills verursacht hat, wegfällt und nicht wieder zu erwarten ist.[718]

---

711 IASC, IAS 22 (revised 1998), Appendix 1, Basis for Conclusions, Par. 46 (a); Herv. durch Verf. Dem Verfasser will zudem nicht recht deutlich werden, welcher ‚physischen‘, d. h. körperlichen, Restriktion die Nutzungsdauer immaterieller (!) Vermögensgegenstände unterliegen sollte.

712 Vgl. IASC, IAS 22 (revised 1998), Par. 51.

713 Vgl. IASC, IAS 22 (revised 1998), Par. 50 (b) u. 56.

714 Vgl. IASC, IAS 22 (revised 1998), Par. 53.

715 Vgl. IASC, IAS 36 (1998), Par. 80 ff. u. Appendix A, Example 7. Ein derivativer Goodwill wird dabei regelmäßig nur der mit ihm erworbenen Unternehmensbeteiligung bzw. den jeweiligen Vermögensgegenständen und Schulden als ‚cash-generating unit‘ zuordenbar sein. Ähnlich Förschle, G./Hoffmann, K., in: Budde, W. D. u. a. (Hrsg.), Beck'scher Bilanz-Kommentar (1999), § 309, Rn. 83.

716 So auch ASB, FRS 11 (1998), Appendix III.

717 Vgl. hierzu Epstein, B. J./Mirza, A. A., IAS 2000 (2000), S. 421 f. Zu den wenigen Abweichungen von FRS 11 vgl. ASB, FRS 11 (1998), Appendix III.

718 Vgl. IASC, IAS 36 (1998), Par. 109.

Abschließend sei erwähnt, daß IAS 22 im Rahmen der Übergangsvorschriften ein Wahlrecht zur Fortführung von Goodwills einräumt, die in Geschäftsjahren beginnend vor dem 1.1.1995 mit den Rücklagen verrechnet wurden.[719] Insofern können neben aktivierten und abzuschreibenden auch erfolgsneutral verrechnete Goodwills Bestandteil eines IAS-Abschlusses sein.

3. Angabepflichten

IAS 22 verlangt die Offenlegung der Nutzungsdauer eines derivativen Goodwills im Anhang. Sofern sie einen Zeitraum von mehr als 20 Jahren umfaßt, ist eine Begründung hierfür zusammen mit wesentlichen Faktoren, die bei der Nutzungsdauerschätzung Berücksichtigung fanden, anzugeben.[720] Die Entwicklung des derivativen Goodwills ist detailliert in Form eines Anlagespiegels darzustellen.[721] Darüber hinaus sind Angaben zu passivierten Restrukturierungsrückstellungen zu machen.[722]

C. Sonderfall: Negativer Goodwill

Die Existenz eines negativen Goodwills steht nach den IAS grundsätzlich nicht in Zweifel.[723] Vielmehr ist der Posten nach IAS 22 analog zum positiven derivativen Goodwill nur mit umgekehrtem Vorzeichen definiert.[724] Die Entstehung eines negativen Goodwills unterliegt keiner Begrenzung durch das Anschaffungswertprinzip.[725] Als Einschränkung ist lediglich zu berücksichtigen, daß ein negativer Goodwill nicht durch den Ansatz von immateriellen Vermögensgegenständen, für die kein Marktpreis existiert, entstehen bzw. erhöht werden darf.[726]

IAS 22 schreibt eine ursachenabhängige Behandlung des negativen Goodwills vor, die jedoch stets einen Bilanzansatz und eine ertragswirksame Auflösung vorsieht.[727] Insofern der negative Goodwill erwartete zukünftige Verluste bzw. Auf-

---

719 Vgl. IASC, IAS 22 (revised 1998), Table: Transitional Provisions, 1. (a).

720 Vgl. IASC, IAS 22 (revised 1998), Par. 88 (a) u. (b).

721 Vgl. IASC, IAS 22 (revised 1998), Par. 88 (e).

722 Vgl. IASC, IAS 22 (revised 1998), Par. 92.

723 Dies gilt in Ermangelung einer einschränkenden Bestimmung zugleich für den Einzelabschluß.

724 Vgl. IASC, IAS 22 (revised 1998), Par. 59.

725 Vgl. auch Förschle, G./Hoffmann, K., in: Budde, W. D. u. a. (Hrsg.), Beck'scher Bilanz-Kommentar (1999), § 309, Rn. 85.

726 Vgl. IASC, IAS 22 (revised 1998), Par. 40.

727 Eine Abstockung wie noch in IAS 22 (revised 1993) ist damit nicht mehr möglich. Vgl.

wendungen verkörpert, die in den Plänen des Erwerbers antizipiert wurden, jedoch keine ansatzfähigen Verpflichtungen darstellen, ist er bei deren Eintritt aufzulösen.[728] Läßt sich der negative Goodwill dagegen auf einen Gelegenheitskauf (‚bargain purchase', ‚lucky buy') zurückführen, so hat seine Auflösung bis zur Höhe des Zeitwerts des nicht-monetären Vermögens systematisch über die durchschnittliche (Rest-)Nutzungsdauer der abnutzbaren Vermögensgegenstände zu erfolgen. Ein übersteigender Betrag ist sofort ertragswirksam zu erfassen.[729]

Der negative Goodwill wird in der Bilanz auf der Aktivseite als Abzug vom positiven Goodwill ausgewiesen,[730] da er weder den Schuldpositionen (‚liabilities') noch dem Eigenkapital nach den entsprechenden Definitionen im ‚Framework' zurechenbar ist.[731] Im übrigen finden die Angabevorschriften für den positiven Goodwill analog Anwendung.[732]

IV. Zwischenfazit

Die historische Entwicklung der Goodwill-Bilanzierung nach den International Accounting Standards reicht lediglich bis in die 1980er Jahre zurück. Trotz der kurzen Zeitdauer weist sie einschneidende Veränderungen auf. Auffällig ist dabei vor allem, daß eine erfolgsneutrale Verrechnung des derivativen Goodwills einst zulässig war, später jedoch abgeschafft wurde. Am gestiegenen Regelungsumfang der einschlägigen Standards wird ferner deutlich, daß sich der Goodwill im Zeitablauf von einer Randerscheinung im Rahmen der Abbildung von Unternehmenserwerben zu einer bedeutsamen Bilanzierungsfrage entwickelt hat. Gleichwohl hält das IASC bisher daran fest, die Bilanzierung des Goodwills zusammen mit der Wahl der Abbildungsmethode eines Unternehmenszusammenschlusses und der Feststellung der Zeitwerte in einem einzigen Standard (IAS 22) zu regeln.

Materiell weisen die einschlägigen IAS zahlreiche Gemeinsamkeiten insbesondere zu den britischen Rechnungslegungsstandards auf. Sie verlangen ebenfalls die Aktivierung und planmäßige Abschreibung des derivativen Goodwills über dessen wirtschaftliche Nutzungsdauer, lehnen allerdings – trotz des Vorhandenseins eines umfangreichen Werthaltigkeitstests – eine unbegrenzte Fortführung bei Durchfüh-

---

auch Heurung, R., Kapitalkonsolidierungsmethoden (DB 2000), S. 1779.

728 Vgl. IASC, IAS 22 (revised 1998), Par. 61.

729 Vgl. IASC, IAS 22 (revised 1998), Par. 62 f.

730 Vgl. IASC, IAS 22 (revised 1998), Par. 64.

731 Vgl. IASC, IAS 22 (revised 1998), Appendix 1, Basis for Conclusions, Par. 91.

732 Vgl. IASC, IAS 22 (revised 1998), Par. 91.

rung außerplanmäßiger Abschreibungen bislang ab. Die Begründung hierfür orientiert sich sehr stark an der Übergewinnauffassung über das Wesen des Goodwills.

Der Bilanzansatz eines originären Goodwills i. e. S. ist nach den IAS strikt untersagt. Gleiches gilt für Ingangsetzungskosten; einzig Entwicklungsausgaben sind unter bestimmten, engen Voraussetzungen aktivierungspflichtig.

Die bilanzielle Behandlung eines negativen Goodwills ist ursachenabhängig, wobei im Zeitablauf stets eine ertragswirksame Auflösung erfolgt.

Insgesamt gelten für den Einzel- und Konzernabschluß nach IAS die gleichen Regeln zur Goodwill-Bilanzierung. Zur Entstehung eines Nicht-Konsolidierungs-Goodwills kommt es allerdings ausschließlich im Zuge eines Asset Deals.

Fünfter Teil: Vergleichende Beurteilung und Reformvorschlag zur Bilanzierung des Goodwills

Nachdem die Bilanzierung des Goodwills bisher in drei Rechnungslegungssystemen getrennt analysiert wurde, erfolgt in diesem Teil eine Zusammenführung der Untersuchungsergebnisse, um die wesentlichen Gemeinsamkeiten und Unterschiede herauszustellen und zu beurteilen. Die Beurteilung erfolgt anhand eines Referenzrahmens, der vorangestellt wird. Aufbauend auf den Erkenntnissen der vergleichenden Beurteilung und den im ersten Teil identifizierten Wesensmerkmalen des Goodwills wird schließlich ein Reformvorschlag für die Bilanzierung des Goodwills in Deutschland erarbeitet.

I. Referenzrahmen für eine systematische Beurteilung des Goodwills

Als Beurteilungsmaßstab für die Bilanzierung des Goodwills lassen sich die Funktionen der Rechnungslegung sowie der Grundsatz der wirtschaftlichen Betrachtungsweise (*substance over form*) heranziehen.

Da sich die Funktionen der Rechnungslegung jedoch hinsichtlich ihrer Ausgestaltung und Gewichtung in den drei Rechnungslegungssystemen unterscheiden,[733] sind im folgenden weitergehende Überlegungen in bezug auf einen gemeinsamen Kern sowie eine Neugewichtung einzelner Aspekte anzustellen. Ausgegangen wird hierbei von der – wohl kaum umstrittenen – Annahme, daß alle Adressaten der externen Rechnungslegung, insbesondere aber die Eigen- und Fremdkapitalgeber sowie der Fiskus, ein grundsätzliches Interesse an der Vermittlung eines *unverzerrten* Bildes der Vermögens-, Finanz- und Ertragslage (‚true and fair view‘) haben.[734] Je nach Adressat kann den einzelnen Teilgebieten allerdings ein unterschiedlich hoher Stellenwert zukommen.[735] Erst in einem zweiten Schritt erfolgt die übliche Unterscheidung in Informations- und Zahlungsbemessungsfunktion.

---

733 Für Deutschland wurde die Kenntnis und Ausprägung der Rechnungslegungsfunktionen vorausgesetzt. Vgl. hierzu z. B. Coenenberg, A. G. u. a., Jahresabschluß (2000), S. 36 ff.; Emmrich, M., Reform der externen Rechnungslegung (1999), S. 78 ff.

734 In die gleiche Richtung zielt auch PELLENS, wenn er den Abbau der asymmetrischen Informationsverteilung zwischen Management und externen Bilanzadressaten als „Metazweck der Rechnungslegung“ bezeichnet. Pellens, B., Internationale Rechnungslegung (1999), S. 11.

735 So dürfte bspw. für den Fiskus in erster Linie die Erfolgslage relevant sein, solange weiter an einer Einkommensbesteuerung festgehalten wird.

Die Informationsfunktion läßt sich in eine Rechenschafts- oder Kontrollfunktion (‚stewardship') untergliedern, die auf eine Ex post-Beurteilung der Leistung des Managements durch die Anteilseigner abzielt. Mit der Kontrollfunktion geht zwangsläufig auch eine Lenkungsfunktion einher, da sich die Unternehmensleitung in Antizipation der Beurteilung ex ante zumindest teilweise zielkonformer verhalten dürfte.[736] Die Beurteilung der Managementleistung setzt objektive, d. h. intersubjektiv nachprüfbare, und im Zeitablauf sowie zwischenbetrieblich vergleichbare Informationen voraus.[737]

Die zweite wesentliche Ausprägung der Informationsfunktion ist die Entscheidungsunterstützungsfunktion[738] (‚decision usefulness'). Sieht man hier, wie in der angelsächsischen Rechnungslegung üblich, die Investoren vereinfachend als dominante Zielgruppe an, so werden bei einem grundlegenden Interesse an einer Unternehmenswertsteigerung vor allem Informationen zur Rendite-Risiko-Struktur des Unternehmens – vor allem Ausmaß, zeitlicher Anfall und Sicherheit der zukünftig erwarteten Cash-flows – entscheidungsrelevant sein.[739] Von der Rechnungslegung werden demnach Zukunftsbezogenheit und Bewertungsrelevanz (*value relevance*) erwartet.[740] Die Forderung nach Bewertungsrelevanz geht zugleich mit der angelsächsisch geprägten Auffassung einher, Informationen zur Vermittlung eines ‚true and fair views' stets in den Rechenwerken Bilanz und Gewinn- und Verlustrechnung und nicht erst im Anhang zu berücksichtigen.[741] Im folgenden werden daher bewußt Ansätze ausgeklammert, die ausschließlich auf eine verbesserte Informationsvermittlung im Anhang abzielen (z. B. das sog. *Intellectual Property Statement*).[742]

---

736 Vgl. Emmrich, M., Reform der externen Rechnungslegung (1999), S. 228. Ein abweichendes Verhalten des Managements von den Zielvorstellungen der Anteilseigner wird entscheidend von den gesetzten Anreiz-/Sanktionsmechanismen abhängen (Prinzipal-Agent-Problem). Für eine Einführung vgl. Richter, R./Furubotn, E., Neue Institutionenökonomik (1999), S. 163 ff.

737 Ähnlich Hommel, M., Bilanzrechtskonzeptionen (ZfbF 1997), S. 349 f.

738 Vgl. Emmrich, M., Reform der externen Rechnungslegung (1999), S. 226.

739 Vgl. ASB, Statement of principles (1999), Par. 1.3 a); ähnlich auch Lee, T. A., Goodwill (ABR 1971), S. 325.

740 Als weitere qualitative Kriterien sind hier ebenfalls die Verläßlichkeit und Vergleichbarkeit der bereitgestellten Informationen zu fordern.

741 Insofern ergeht eine strenge Absage an die in Deutschland zum Teil vertretene ‚Abkopplungsthese', nach der eine Beeinträchtigung des Aussagegehalts von Bilanz und Gewinn- und Verlustrechnung durch Angaben im Anhang kompensiert werden kann. Vgl. hierzu Hommel, M., Bilanzrechtskonzeptionen (ZfbF 1997), S. 348 m. w. N.

742 Vgl. zu derartigen Ansätzen Haller, A./Dietrich, R., Intellectual Capital Bericht (DB 2001), S. 1045 ff.; Maul, K.-H./Menninger, J., Intellectual Property Statement (DB

Der Informationsfunktion gegenüber steht die Zahlungsbemessungsfunktion, die unter Wahrung des Gläubigerzugriffsvermögens eine Ermittlung des ausschüttungsfähigen bzw. steuerpflichtigen Erfolgs bezweckt. Entscheidend ist hierbei neben der Objektivität der bereitgestellten Informationen vor allem die fundamentale Unterscheidung in realisierte und unrealisierte Gewinne/Verluste, die hier aus Gründen des Gläubigerschutzes und der Steuergerechtigkeit[743] prinzipiell beibehalten werden soll. Gleichwohl wird eine Modifikation dahingehend vorgenommen, daß bei bestehender Haftungsbeschränkung eine Ausschüttung und Besteuerung lediglich des Überhangs der unrealisierten Gewinne über die unrealisierte Verluste zu vermeiden ist, da diese Variante dem derzeit im deutschen Bilanzrecht bestehenden Imparitätsprinzip überlegen erscheint.[744]

Insgesamt zeichnet sich ein Spannungsverhältnis (*trade-off*) zwischen der Informations- und der Zahlungsbemessungsfunktion ab, nämlich den Forderungen nach Entscheidungsrelevanz und Verläßlichkeit (*relevance vs. reliability*),[745] wobei noch zu untersuchen sein wird, inwieweit eine Annäherung dieser Gegenpole erreicht werden kann. Die Steuerbilanz erscheint demgegenüber mit ihrem grundsätzlich gleichen Ziel einer unverzerrten Erfolgsermittlung hier vollständig unter die Zahlungsbemessungsfunktion subsumierbar.[746]

Bei Zugrundelegung einer wirtschaftlichen Betrachtungsweise sollte weiterhin insbesondere eine rechtsformneutrale sowie in Einzel- und Konzernabschluß weitgehend übereinstimmende Bilanzierung gleicher ökonomischer Sachverhalte erfolgen, soweit die konzeptionell verschiedenen Aufgaben beider Rechenwerke dies zulassen. Als Nebenbedingungen sind ferner die Aktualität im Sinne einer zeitnahen Bereitstellung der Informationen und der Grundsatz der Wirtschaftlichkeit

---

2000), S. 529 ff.; Haller, A., Immaterielle Vermögenswerte, in: Möller, H. P./Schmidt, F. (Hrsg.), Festschrift Coenenberg (1998), S. 587 ff.; Myers, R., Intangibles (CFO 1996), S. 49 ff.

743 Die Besteuerung unrealisierter Gewinne erscheint lediglich bei Unterstellung eines vollkommenen Kapitalmarkts und einer vollständigen Rückgriffsfähigkeit des Fiskus vergleichbar einem unbeschränkt haftenden Gesellschafter unproblematisch. Vgl. Sigloch, J., Maßgeblichkeitsprinzip (BFuP 2000), S. 177 f.

744 Vgl. hierzu im einzelnen Sigloch, J., Maßgeblichkeitsprinzip (BFuP 2000), S. 175 f. Dieses ‚modifizierte Imparitätsprinzip' wurde auch bereits im Rahmen der Ermittlung des ausschüttungsfähigen Gewinns einer britischen Plc kennengelernt.

745 Vgl. Haller, A., Immaterielle Vermögenswerte, in: Möller, H. P./Schmidt, F. (Hrsg.), Festschrift Coenenberg (1998), S. 572.

746 Vgl. auch Sigloch, J., Maßgeblichkeitsprinzip (BFuP 2000), S. 172.

im Rahmen der Informationsgenerierung und -bereitstellung zu beachten.[747] Abb. 12 faßt den hier aufgestellten Beurteilungsrahmen noch einmal zusammen:

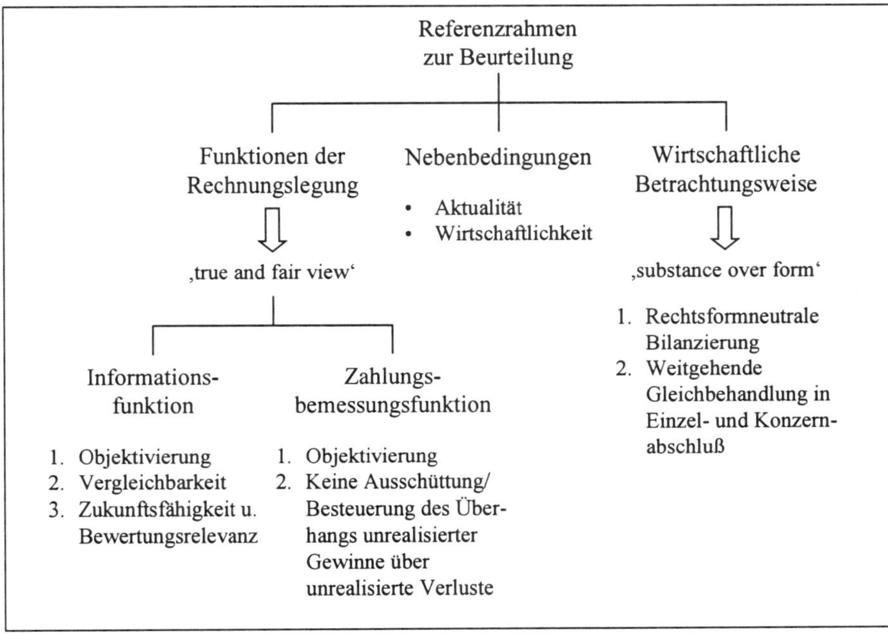

Abb. 12: Referenzrahmen zur Beurteilung der Goodwill-Bilanzierung[748]

II. Vergleichende Beurteilung

A. Bilanzansatz

Die untersuchten Rechnungslegungssysteme weisen grundsätzlich starke Parallelen hinsichtlich der Ansatzvorschriften für den originären Goodwill auf. So nimmt das im deutschen Handels- und Steuerrecht verankerte Aktivierungsverbot des originären Goodwills i. e. S. keineswegs eine Ausnahmestellung ein, die auf eine Dominanz des Vorsichtsprinzips im Rahmen der Gewinnermittlung nach HGB zurückgeführt werden könnte. Vielmehr ist diese Regel mit der internationalen Sichtweise kongruent, da sowohl die UK-GAAP als auch die IAS ähnliche Vorschriften enthalten, obwohl beiden Rechnungslegungssystemen eine stärkere Bedeutung der Informationsfunktion zukommt. In Deutschland und Großbritan-

[747] Vgl. Emmrich, M., Reform der externen Rechnungslegung (1999), S. 231 ff.

[748] Quelle: Eigene Darstellung.

nien war die sofortige Aufwandsverrechnung des originären Goodwills sogar bereits gegen Ende des 19. Jahrhunderts gängige Bilanzierungspraxis und kann damit als einer der ältesten Bilanzierungsgrundsätze dieser Länder bezeichnet werden. Bei beabsichtigter Objektivierung wird dabei eine fehlerhafte Vermögens- und Erfolgsermittlung billigend in Kauf genommen. Bemerkenswert erscheint allerdings, daß gerade das stark gläubigerschutzorientierte deutsche Handelsrecht[749] einzig ein generelles Aktivierungswahlrecht für Ingangsetzungs- und Erweiterungsaufwendungen als ‚lex specialis' zum Aktivierungsverbot des originären Goodwills gewährt.[750] Der Ansatz derartiger Ausgaben als Bilanzierungshilfe kann als Ausfluß der dynamischen Bilanztheorie Schmalenbachs verstanden werden.[751] Positiv daran ist zu werten, daß ein zutreffenderes Bild der Vermögens- und Erfolgslage vermittelt wird, wobei gleichzeitig dem Vorsichtsprinzip auf der Gewinnverwendungsebene durch eine zwingende Ausschüttungssperre Rechnung getragen wird. Konzeptionell problematisch erscheint hingegen, daß das HGB mit der Bilanzierungshilfe einen weiteren Aktivposten kreiert, der nicht unter den Vermögensgegenstandsbegriff subsumierbar ist. Die Ausgestaltung als Wahlrecht birgt ferner die Gefahren bilanzpolitischer Nutzung und eingeschränkter Vergleichbarkeit. Zudem kommt es bei Wahlrechtsausübung zu einer Divergenz von Handels- und Steuerbilanz, da Bilanzierungshilfen im Bilanzsteuerrecht nicht anerkannt werden. Gleichwohl ist festzuhalten, daß das hier vom HGB (!) angewandte ‚Prinzip gläserner, aber verschlossener Taschen'[752] ein tragfähiges Fundament einer funktionsadäquaten Ausgestaltung der Goodwill-Bilanzierung sein könnte.

Alle betrachteten Rechnungslegungssysteme stimmen darin überein, daß ein derivativer Goodwill im Einzelabschluß lediglich im Falle eines Asset Deals auftritt. Eine weitere Gemeinsamkeit ist, daß die Entstehung eines Goodwills im Konzernabschluß unter bestimmten Bedingungen durch die Anwendung der Pooling-of-Interests-Methode vermieden werden kann. Die Anwendungsvoraussetzungen sind dabei nach den UK-GAAP und IAS allgemein strenger als nach HGB.

---

749 So z. B. Hommel, M., Bilanzrechtskonzeptionen (ZfbF 1997), S. 347.

750 Nach IAS 38 besteht allerdings unter bestimmten, engen Voraussetzungen ein Aktivierungsgebot für Entwicklungskosten. Ferner räumt das britische Steuerrecht für Forschungs- und Entwicklungskosten unter gewissen Bedingungen ein Aktivierungswahlrecht ein.

751 Vgl. Coenenberg, A. G. u. a., Jahresabschluß (2000), S. 1090.

752 Zu diesem Begriff vgl. Moxter, A., Bilanzrechtsentwurf (BB 1985), S. 1103; ausführlich Siegel, T. u. a., Stille Reserven (ZIP 1999), S. 2082.

Hingegen existiert beim Bilanzansatz des (positiven) derivativen Goodwills im internationalen Vergleich derzeit noch immer ein breites Spektrum an Abbildungsvarianten, das vor allem durch die deutsche Rechnungslegung hervorgerufen wird. So unterscheiden sich die Ansatzvorschriften in Deutschland nicht nur nach Handels- und Steuerrecht, sondern auch nach (HGB-)Einzel- und Konzernabschluß. Da international einhellig eine Aktivierungspflicht für den derivativen Goodwill herrscht – ausgenommen hiervon ist die laut britischem Companies Act formal noch zulässige erfolgsneutrale Verrechnung –, ist das Ansatzwahlrecht nach § 255 Abs. 4 HGB als ‚Ausreißer' anzusehen. Aufgrund des beachtlichen bilanzpolitischen Freiraums, den das Wahlrecht verursacht, ist es entschieden abzulehnen. Gleiches gilt für die im HGB-Konzernabschluß (noch) mögliche erfolgsneutrale Verrechnung des Goodwills mit den Rücklagen, die ursprünglich von Großbritannien übernommen, dort jedoch wegen ihrer eklatanten betriebswirtschaftlichen Mängel wieder außer Kraft gesetzt wurde.[753] Die nach herrschender Meinung zulässigen Varianten einer ratierlichen Verrechnung mit den Rücklagen sowie Kombinationen aus erfolgswirksamer und erfolgsneutraler Behandlung des Konsolidierungs-Goodwills stellen schließlich deutsche Besonderheiten ohne internationales Vorbild dar.[754] Die Anwendung derartiger Bilanzierungsmethoden beeinträchtigt die Vermittlung eines ‚true and fair views' in hohem Maße und ist deshalb vehement abzulehnen. Vor diesem Hintergrund ist die jüngst durch den Standard DRS 4 für viele Konzernabschlüsse erfolgte Abschaffung der erfolgsneutralen Verrechnung und Einführung einer Aktivierungspflicht für den derivativen Goodwill positiv zu beurteilen. Einzelabschlüsse bleiben hiervon jedoch unberührt. Zudem besteht die Unklarheit hinsichtlich der Rechtsnatur des Goodwills im deutschen Handelsrecht fort. Während die überwiegende Meinung in Deutschland den derivativen Geschäfts- oder Firmenwert als Bilanzierungshilfe ansieht, werden auch Argumente für eine Einordnung als Vermögensgegenstand bzw. ‚Wert eigener Art' vertreten. Bemerkenswert erscheint, daß die UK-GAAP und IAS gleichermaßen Schwierigkeiten bei der Bestimmung der Rechtsnatur des derivativen Goodwills haben, obgleich ihnen ein weiter Vermögensgegenstandsbegriff zugrunde liegt. Sowohl FRS 10 als auch IAS 22 schaffen im Ergebnis einen ‚Bilanzposten eigener Art', der als konzeptioneller Fremdkörper die Menge der Aktivposten ergänzt. Ein verbleibender Interpretationsspielraum über den bilanziellen Charakter des derivativen Goodwills fällt hier jedoch wegen der Aktivierungspflicht weniger ins Gewicht als im HGB-Einzelabschluß. Einzig das

---

[753] Auf die übergangsweise Fortführung eines ehemals erfolgsneutral verrechneten Goodwills wurde im dritten Teil ausführlich eingegangen. Vgl. S. 86 f.

[754] Vgl. auch Küting, K., Geschäfts- oder Firmenwert (AG 2000), S. 103.

deutsche Einkommensteuerrecht betrachtet den derivativen Goodwill als immaterielles Wirtschaftsgut.

Wie im Falle des positiven derivativen Goodwills, so steht die deutsche Rechnungslegung auch beim negativen Goodwill einer Harmonisierung des Bilanzansatzes bislang entgegen. Nicht zuletzt wegen des Fehlens jeglicher gesetzlicher Vorschriften zum negativen Geschäfts- oder Firmenwert im handels- und steuerrechtlichen Einzelabschluß ist dessen Existenz und bilanzielle Behandlung in Deutschland umstritten. Vor allem im Hinblick auf das Anschaffungswertprinzip wird regelmäßig eine Abstockung des erworbenen Vermögens (mit Ausnahme des Bar- und Buchgelds) gefordert. Lediglich für den verbleibenden Betrag kann mittlerweile von einem faktischen Passivierungsgebot als negativer Geschäfts- oder Firmenwert ausgegangen werden, das sich – wenn auch nicht in der Bezeichnung – auf die Rechtsprechung des BFH stützen kann. Die zwingende Abstockung ist allerdings wegen der Verzerrung der Vermögens- und Erfolgslage kritisch zu beurteilen[755] und international nicht (mehr) üblich. DRS 4 sieht demgegenüber – wie auch die HGB-Regeln zum Konzernabschluß – grundsätzlich eine Ansatzpflicht für den (vollständigen) negativen Goodwill vor und schränkt die Möglichkeit einer sofortigen erfolgswirksamen Vereinnahmung ein. Nach den britischen und internationalen Rechnungslegungsstandards besteht im Einzel- und Konzernabschluß ebenfalls eine Passivierungspflicht für den negativen Goodwill. Auch für das britische Steuerrecht ist laut eines vorliegenden Gesetzentwurfs in Kürze eine Ansatzpflicht zu erwarten. Tab. 1 stellt die Ansatzvorschriften für den Goodwill gegenüber.

---

[755] So kommt es zu einer Unterbewertung der Aktiva, die in der Folge zu niedrigeren Abschreibungen führt. Hierzu bereits Auler, W., Unternehmungsmehr- und -minderwert (ZfB 1927), S. 843; auch Bachem, R. G., Berücksichtigung negativer Geschäftswerte (BB 1993), S. 968. Eine Abstockung bewirkt zudem eine „bilanzmäßige Vermengung des Realvermögens mit immateriellen Vermögensbestandteilen." Ernsting, I., Bilanzierung eines negativen Geschäfts- oder Firmenwerts (WPg 1998), S. 413.

Ansatzvorschriften zur Goodwill-Bilanzierung im internationalen Vergleich

	Deutschland Handelsrecht (HGB/DRS)	Deutschland Steuerrecht	Großbritannien Handelsrecht (CA/FRS)	Großbritannien Steuerrecht (Gegenw./Gepl.)	IAS
Originärer Goodwill					
• Ingangsetzungs- u. Erweiterungskosten	Wahlrecht[1]/–	Verbot	–/Verbot[2]	Wahlrecht[3]/–	Verbot[2]
• Originärer Goodwill i. e. S.	Verbot/–	Verbot	Verbot/Verbot	Verbot/Verbot	Verbot
Derivativer Goodwill					
• Einzelabschluß	Wahlrecht[1]/–	Pflicht	Wahlrecht[4]/Pflicht	Pflicht[5]/Pflicht	Pflicht
• Konzernabschluß	Wahlrecht[6]/Pflicht	/	Wahlrecht[4]/Pflicht	/	Pflicht
Negativer Goodwill					
• Einzelabschluß	Pflicht[7]/–	Pflicht[7]	–/Pflicht	–/Pflicht	Pflicht
• Konzernabschluß	Pflicht/Pflicht	/	Pflicht/Pflicht	/	Pflicht

– Keine Regelung
[1] Sofortabschreibung und teilweise Aktivierung zulässig
[2] Ausnahme: Entwicklungsausgaben unter best. Bedingungen
[3] Lediglich am Beispiel von FuE-Ausgaben untersucht
[4] Sofortige erfolgsneutrale Verrechnung zulässig
[5] ‚Dauerbilanzierung' und Endabschreibung
[6] Erfolgsneutrale Verrechnung und Varianten zulässig
[7] Nach vorheriger Ab- und Aufstockung (herrschende Meinung)

Tab. 1: Ansatzvorschriften zur Goodwill-Bilanzierung im internationalen Vergleich[756]

[756] Quelle: Eigene Darstellung.

B. Bilanzbewertung

1. Erstmalige Wertermittlung

Im Rahmen der Bilanzbewertung des Goodwills zeigen sich im internationalen Vergleich ebenfalls beträchtliche Unterschiede. Zwar folgt die erstmalige Wertermittlung in allen drei Rechnungslegungssystemen dem Residualansatz, nach welchem sich die Höhe des derivativen Goodwills als Überschuß der Anschaffungskosten über den Substanzwert des erworbenen Unternehmens ergibt. Zudem dürften für die Anschaffungskosten ökonomisch gleicher Anteilskäufe (Share Deal) keine (wesentlichen) Abweichungen zu erwarten sein,[757] da unterschiedliche Bilanzierungsregeln im Konzernabschluß prinzipiell zu keinen Änderungen der zukünftigen Einzahlungsüberschüsse eines Unternehmens führen. Empirische Forschungsergebnisse zeigen gleichwohl, daß Unternehmen offenbar bereit sind, sogenannte Fusionsaufschläge (*merger premia, bid premia*) zu bezahlen, sofern sie zukünftige Ertragsbelastungen aus Goodwill-Abschreibungen vermeiden oder verringern können.[758] Insofern ist sehr wohl denkbar, daß z. B. bei Anwendung deutscher Bilanzregeln ein Aufpreis für ein Unternehmen gezahlt wird, falls sich der resultierende Zusammenschluß nach HGB noch als Fusion, hingegen nach den UK-GAAP oder IAS ausschließlich als Übernahme abbilden läßt. Für Asset Deals können Differenzen bei den Anschaffungskosten darüber hinaus durch unterschiedliche steuerliche Bilanzierungsregeln bedingt sein, da die Behandlung eines Goodwills in der Steuerbilanz die zukünftigen Cash-flows des Unternehmens unmittelbar beeinflußt.[759] So dürfte der von einem deutschen Erwerber gezahlte Kaufpreis für ein Zielunternehmen ceteris paribus höher sein als derjenige eines britischen Bieters, da der Barwert der Steuerzahlungsreihe bei jährlichen Abschreibungen höher ist als bei einer Endabschreibung.[760]

---

757 Von unterschiedlich hohen Anschaffungsnebenkosten (z. B. Maklercourtage, Rechtskosten etc.) sei hier abgesehen.

758 Vermutlich ist dies auf eine erfolgsabhängige Entlohnung des Managements zurückzuführen. Vgl. Choi, F. D. S./Lee, C., Merger Premia (JoIFMA 1991), S. 219 ff. Preisaufschläge sind insbesondere auch in Fällen zu erwarten, in denen die Abbildung eines Unternehmenszusammenschlusses als Fusion gelingt und so ein Goodwill gar nicht erst entsteht. Vgl. Robinson, J. R./Shane, P. B., Bid Premia (AR 1990), S. 25 ff.

759 Vgl. Lee, C./Choi, F. D. S., Alternative Goodwill Treatments (JoIFMA 1992), S. 220 ff.

760 Eine Beispielrechnung und formale Herleitung findet sich im Anhang auf S. 176; von unterschiedlichen Steuersätzen wird dabei abstrahiert. Im Falle eines Unternehmenstausches könnten sich darüber hinaus Abweichungen aufgrund unterschiedlicher Methoden der Zeitwertermittlung ergeben. Ferner sei darauf hingewiesen, daß innerhalb des deutschen Bilanzrechts bei der Zahlung eines sog. ‚Lästigenzuschlags' zur

Der Wert eines derivativen Goodwills wird ferner entscheidend vom Substanzwert des erworbenen Unternehmens beeinflußt, auf den zum einen die unterschiedlichen Aktivierungs- und Passivierungsgrenzen in den betrachteten Rechnungslegungssystemen einwirken. So sind z. B. aktive latente Steuern bei der Substanzwertfeststellung nach HGB im Unterschied zu den UK-GAAP und IAS nicht zu berücksichtigen; etwaige vergütete Beträge gehen damit im Wert des derivativen Goodwills auf. Umgekehrt sind nach den UK-GAAP und IAS auch einzigartige immaterielle Vermögensgegenstände, wie z. B. Marken, vom Goodwill abzuspalten und separat zu bilanzieren, sofern ihr Zeitwert auf Basis anerkannter Methoden verläßlich ermittelt werden kann. Weiterhin ist eine Passivierung geplanter und hinreichend konkretisierter Restrukturierungsrückstellungen nach HGB[761] und IAS unter bestimmten Bedingungen zulässig, während die britischen Rechnungslegungsstandards dies verbieten und damit ceteris paribus zu einem niedrigeren Wert des positiven Goodwills (bzw. einem höheren negativen Goodwill) gelangen. Zum anderen kann der Substanzwert je nach Rechnungslegungssystem aufgrund von Unterschieden der Zeitwertbestimmung differieren. Während sich die ‚fair values' nach den UK-GAAP und IAS im wesentlichen an objektivierten (Markt-)Werten orientieren, sind die Zeitwerte nach deutschem Bilanzrecht von den Nutzungsintentionen des Managements abhängig und im Zweifel vorsichtig zu bemessen. Im Hinblick auf die Anforderungen nach Zukunftsbezogenheit und Bewertungsrelevanz bei gleichzeitig notwendiger Objektivierung sind die Regeln zur Substanzwertbestimmung nach den IAS m. E. am überzeugendsten, da weitgehend auf Marktwerte Bezug genommen wird, zweitens jedoch mit einer möglichen Passivierung von Restrukturierungsrückstellungen auch bedeutende kaufpreisbeeinflussende Verwendungsabsichten des Erwerbers Berücksichtigung finden. Im letzten Fall wird eine Objektivierung durch strenge Ansatz- und Offenlegungsvorschriften sowie gegebenenfalls spätere Korrekturen gewährleistet.

Von erheblicher Bedeutung für die Höhe eines negativen Goodwills ist die Gültigkeit des Anschaffungswertprinzips im Rahmen der Abbildung von Unternehmenserwerben. Einzig das deutsche Bilanzrecht hält (noch) an dieser Restriktion fest und schafft damit ein Verteilungsproblem stiller Reserven und Lasten, sofern der (anteilige) Substanzwert des erworbenen Unternehmens die Anschaffungskosten

---

Abfindung unliebsamer Gesellschafter Wertdifferenzen zwischen einem handels- und steuerrechtlich ermittelten Geschäfts- oder Firmenwerts resultieren, da das Bilanzsteuerrecht diesen nicht als Bestandteil der Anschaffungskosten des Goodwills anerkennt.

761 Vgl. Förschle, G./Deubert, M., in: Budde, W. D. u. a. (Hrsg.), Beck'scher Bilanz-Kommentar (1999), § 301, Rn. 68, die als Beispiel Sozialplanrückstellungen nennen.

übersteigt. Das Anschaffungswertprinzip und die im Einzelabschluß nach herrschender Auffassung geforderte Abstockung des Vermögens führen tendenziell zu einer Unterschätzung des Werts eines negativen Goodwills im Vergleich zu den UK-GAAP und IAS.[762] Dies gilt auch für den Konzernabschluß[763] – wenngleich etwas moderater, da dort auf eine Abstockung verzichtet wird. Die häufig angeführte Begründung, das Anschaffungswertprinzip sei notwendig, um eine erfolgsneutrale Anschaffungskostenbilanzierung zu erreichen, vermag indes nicht zu überzeugen, da sich diese auch im Wege der Passivierung eines negativen Goodwills sicherstellen ließe.[764] Als weiteres Argument wird z. T. vertreten, daß die Aufhebung der Anschaffungswertobergrenze zu einer Aufnahme „nahezu beliebige[r] Ermessenswerte"[765] in die Rechnungslegung führe. Der Kern des Problems liegt damit jedoch in der Bestimmung der Zeitwerte, die nach deutschem Bilanzrecht einen größeren Gestaltungsspielraum als nach den IAS oder UK-GAAP läßt. Es sollte daher vielmehr das Verfahren der Substanzwertfeststellung überdacht werden, anstatt das Anschaffungswertprinzip um jeden Preis beizubehalten.

2. Folgebewertung

Im Rahmen der Folgebewertung des derivativen Goodwills bestehen im internationalen Vergleich signifikante Unterschiede vor allem hinsichtlich der Abschreibungsregeln. So existiert zwar in allen Rechnungslegungssystemen eine grundsätzliche Abschreibungspflicht für einen aktivierten Goodwill. Die britischen Rechnungslegungsstandards wenden jedoch eine kombinierte Methode an, die bei einer nachgewiesenen unbegrenzten Nutzungsdauer auf planmäßige Abschreibungen verzichtet und vielmehr eine jährliche Überprüfung der Werthaltigkeit des Goodwills mit gegebenenfalls durchzuführenden außerplanmäßigen Abschreibun-

---

762 Dies sei an folgendem Beispiel erläutert: Ein Unternehmen MU erwerbe 100% der Anteile von Unternehmen TU zu Anschaffungskosten (= Beteiligungsbuchwert) von 600 GE. Der EK-Buchwert von TU betrage 700 GE, der Substanzwert 800 GE. Nach deutschem Recht kann derzeit ausschließlich die Buchwertmethode angewendet werden. Aufgrund der Anschaffungswertrestriktion ergibt sich ein negativer Goodwill in Höhe von -100 GE. Demgegenüber erfolgt nach den UK-GAAP und IAS eine vollständige Neubewertung, die zu einem negativen Goodwill von -200 GE führt.

763 Vgl. Förschle, G./Hoffmann, K., in: Budde, W. D. u. a. (Hrsg.), Beck'scher Bilanz-Kommentar (1999), § 309, Rn. 85.

764 Vgl. Förschle, G./Deubert, M., in: Budde, W. D. u. a. (Hrsg.), Beck'scher Bilanz-Kommentar (1999), § 301, Rn. 95.

765 Siegel, T./Bareis, P., Der „negative Geschäftswert" (BB 1993), S. 1482; Anmerk. d. Verf.

gen vorsieht. Die Ähnlichkeit zur Einheitstheorie des deutschen Bilanzsteuerrechts ist dabei unverkennbar. Während aus der Einheitstheorie jedoch ein unbedingtes Verbot planmäßiger Abschreibungen folgte, ist die Anwendung dieser Methode nach FRS 10 praktisch auf Ausnahmefälle begrenzt.

Im deutschen Handelsrecht besteht mit dem Wahlrecht zwischen einer pauschalen und planmäßigen Abschreibung des derivativen Geschäfts- oder Firmenwerts ein weitreichender bilanzpolitischer Spielraum. In der kurzen Nutzungsdauer von maximal fünf Jahren, die der pauschalen Abschreibung zugrunde liegt, kommt die Übergewinnauffassung zum Ausdruck, die den Goodwill als ‚flüchtiges Gut' ansieht. Die pauschale Abschreibung ist zugleich die einzig zulässige Bewertungsmethode für aktivierte Ingangsetzungs- und Erweiterungsaufwendungen. Demgegenüber erscheint bei Anwendung der planmäßigen Abschreibung insbesondere eine generelle Übernahme der steuerlichen Nutzungsdauerfiktion von 15 Jahren in die Handelsbilanz als problematisch, wie sie von einem Teil der Literatur befürwortet wird und in der Unternehmenspraxis häufig beobachtbar ist.[766] Kritisch zu hinterfragen ist dabei auch, warum die steuerliche Frist auf einen Konzernabschluß rückwirken sollte, da dieser doch ausschließlich unter Informationsgesichtspunkten aufgestellt wird! Die mit DRS 4 eingeführte Verpflichtung, einen Goodwill aus der Kapitalkonsolidierung über einen Zeitraum von i. d. R. nicht mehr als 20 Jahren abzuschreiben, basiert auf der Konzeption von IAS 22 und ist den HGB-Konzernabschlußregeln wegen des geringeren Manipulationsspielraums eindeutig vorzuziehen. Gleichwohl bleibt auch hier das Problem der Nutzungsdauerschätzung des Goodwills bestehen, für die lediglich grobe Anhaltspunkte gegeben werden können, zumal jede allgemeingültige Fixierung einer Nutzungsdauer willkürlich wäre.[767]

Während Zuschreibungen eines derivativen Goodwills im handelsrechtlichen Schrifttum überwiegend abgelehnt werden, sehen die Standards DRS 4, FRS 10 und IAS 22 eine Wertaufholung bei Wegfall der Gründe für die außerplanmäßige Abschreibung vor. In allen untersuchten Normensystemen ist eine Neubewertung des Goodwills untersagt, so daß sich der bilanzielle Wert des Goodwills bei gegebenem Wertzuwachs[768] zunehmend von seinem ‚wahren' Wert entfernt. Der zutreffendste Wert wird bei diesem Szenario von den UK-GAAP ermittelt, sofern eine unveränderte Fortführung der Anschaffungskosten des Goodwills erfolgt, da die übrigen Systeme stets Abschreibungen vornehmen. Vor diesem Hintergrund erscheint die kombinierte Methode von FRS 10 gegenüber der deutschen Rech-

---

766 Vgl. S. 42.

767 Vgl. Gynther, R. S., Conceptualizing (AR 1969), S. 251.

768 Zur steigenden Bedeutung des immateriellen Vermögens vgl. S. 8 ff.

nungslegung und den IAS vorziehenswürdig, da sie anstelle der ‚einfachen' planmäßigen Abschreibung unter bestimmten Voraussetzungen auch eine Fortschreibung des Goodwills mittels außerplanmäßiger Wertberichtigungen ermöglicht und damit zu einer höheren Aussagefähigkeit der Goodwill-Bilanzierung führt.

Alle drei Rechnungslegungssysteme schreiben eine ertragswirksame Auflösung eines bilanzierten negativen Goodwills vor. Im deutschen Einzelabschluß ist ein solcher bei Eintreten bzw. Wegfall der erwarteten Verluste bzw. Aufwendungen aufzulösen.[769] Im Konzernabschluß ist hingegen unter bestimmten Voraussetzungen auch eine sofortige erfolgswirksame Vereinnahmung zulässig. Die IAS unterscheiden bei der bilanziellen Behandlung eines negativen Goodwills ebenfalls nach seinen Ursachen. Ist seine Existenz in der Antizipation zukünftig erwarteter Verluste/Aufwendungen begründet, so erfolgt eine ertragswirksame Auflösung bei Eintreten bzw. Wegfall derselben. Läßt sich der negative Goodwill dagegen auf einen Gelegenheitskauf zurückführen, so ist sein Betrag bis zur Höhe des nichtmonetären Vermögens über die durchschnittliche Restnutzungsdauer aufzulösen; ein übersteigender Betrag ist sofort erfolgswirksam zu erfassen. Allein die britischen Rechnungslegungsstandards verfolgen eine ursachenindifferente Behandlung, um den bilanzpolitischen Gestaltungsspielraum möglichst einzuschränken. Ein negativer Goodwill ist danach stets bis zur Höhe des nicht-monetären Vermögens über die gewichtete durchschnittliche Restnutzungsdauer desselben zu vereinnahmen; die Auflösung eines Restbetrags hat periodengerecht zu erfolgen, erscheint allerdings interpretierbar.[770] Wenngleich sich aus einer ursachenindifferenten Behandlung weniger Manipulationsmöglichkeiten ergeben, nimmt sie eine inadäquate Bilanzierung und geringere Bewertungsrelevanz im Einzelfall in Kauf. Hält man jedoch daran fest, sowohl einen Gelegenheitskauf als auch die Verlustantizipation als mögliche Ursachen eines negativen Goodwills anzusehen, so erscheint hingegen der Lösungsansatz von IAS 22 überzeugender, dem DRS 4 weitgehend folgt. Keinem der betrachteten Rechnungslegungssysteme gelingt es jedoch, bilanzpolitische Spielräume vollständig auszuschalten, da insbesondere die Aufteilung des negativen Goodwills auf das nicht-monetäre Vermögen zwecks Feststellung der Auflösungsdauer gestaltbar ist.[771]

Die folgenden beiden Tabellen fassen die Vorschriften zur Folgebewertung eines angesetzten positiven und negativen Goodwills zusammen:

---

769 Liegt der negative Goodwill hingegen in einem Gelegenheitskauf begründet, so erscheint seine Auflösung weitgehend frei gestaltbar. Lediglich eine sofortige Vereinnahmung wird überwiegend als nicht mit dem Realisationsprinzip vereinbar abgelehnt.

770 Eine sofortige erfolgswirksame Vereinnahmung ist indes ausgeschlossen.

771 Vgl. Paterson, R., FRS 10 (Accountancy 1998), S. 75.

Vorschriften zur Folgebewertung eines aktivierten positiven Goodwills im internationalen Vergleich

	Deutschland Handelsrecht (HGB/DRS)	Deutschland Steuerrecht	Großbritannien Handelsrecht (CA/FRS)	Großbritannien Steuerrecht (Gegenw./Gepl.)	IAS
Originärer Goodwill					
• Ingangsetzungs- u. Erweiterungskosten	Abschreibungspflicht[1]/–		–/Abschreibungspflicht[2]	–/–	Abschreibungspflicht[2]
Derivativer Goodwill					
• Einzelabschluß	Abschreibungspflicht[3]/–	Abschreibungspflicht[4]	Abschreibungspflicht[5]/ Abschreibung[6] bzw. jährlicher Werthaltigkeitstest[7]	Endabschreibung/ Abschreibung[6] bzw. jährlicher Werthaltigkeitstest[7]	Abschreibungspflicht[6]
• Konzernabschluß	Abschreibungspflicht[8]/Abschreibungspflicht[6]		Abschreibungspflicht[5]/ Abschreibung bzw. jährlicher Werthaltigkeitstest[7]		Abschreibungspflicht[6]

– Keine Regelung
1 Pauschale Abschreibung über maximal 5 Jahre
2 Planmäßige Abschreibung von Entwicklungsausgaben
3 Pauschale oder planmäßige Abschreibung über begrenzte Nutzungsdauer
4 Abschreibung über fixe Nutzungsdauer von 15 Jahren
5 Planmäßige Abschreibung über begrenzte Nutzungsdauer
6 Planmäßige Abschreibung i. d. R. über ≤ 20 Jahre
7 Faktisches Wahlrecht bei unbegrenzter Nutzungsdauer
8 Pauschale oder planmäßige Abschreibung, nach herrschender Meinung auch ratierliche erfolgsneutrale Verrechnung sowie Mischformen zulässig

Tab. 2: Vorschriften zur Folgebewertung eines aktivierten positiven Goodwills im internationalen Vergleich[772]

---

772 Quelle: Eigene Darstellung.

Vorschriften zur Folgebewertung eines passivierten negativen Goodwills im internationalen Vergleich

	Deutschland		Großbritannien		IAS
	Handelsrecht (HGB/DRS)	Steuerrecht	Handelsrecht (CA/FRS)	Steuerrecht (Gegenw./Gepl.)	
Negativer Goodwill					
• Einzelabschluß	Ertragswirksame Auflösung[1]/–	Ertragwirksame Auflösung[1]	–/Ertragswirksame Auflösung[2]	–/Ertragswirksame Auflösung[2]	Ertragswirksame Auflösung[3]
• Konzernabschluß	Ertragswirksame Auflösung[3]/ Ertragswirksame Auflösung[3]		–/Ertragswirksame Auflösung[2]		Ertragswirksame Auflösung[3]

– Keine Regelung
[1] Bei Eintreten bzw. Wegfall der antizipierten Verluste/Aufwendungen
[2] Ursachenindifferent: Bis zur Höhe des nicht-monetären Vermögens über gewichtete durchschnittliche Restnutzungsdauer; Auflösungszeitraum für Restbetrag bleibt unklar
[3] Ursachenabhängig: Falls antizipierte Verluste/Aufwendungen bei deren Eintreten bzw. Wegfall; falls Gelegenheitskauf bis zur Höhe des nicht-monetären Vermögens über durchschnittliche gewichtete Restnutzungsdauer, Restbetrag sofort

Tab. 3: Vorschriften zur Folgebewertung eines passivierten negativen Goodwills im internationalen Vergleich[773]

[773] Quelle: Eigene Darstellung.

C. Angabepflichten

Während im deutschen Handelsrecht im wesentlichen die allgemeinen Offenlegungsgrundsätze auf den Goodwill übertragen werden, finden sich in den UK-GAAP, IAS und DRS 4 spezifische Ausweisvorschriften. Insgesamt sind die Angabepflichten in den untersuchten Rechnungslegungssystemen jedoch sehr ähnlich, so daß hier eine ausführliche Diskussion und synoptische Gegenüberstellung entbehrlich erscheinen. In der Handels- und Konzernbilanz sind unabhängig vom jeweiligen Rechnungslegungssystem stets Angaben zu den auf den Goodwill angewandten Bilanzierungs- und Bewertungsmethoden zu machen. Dabei ist im Falle seiner planmäßigen Abschreibung insbesondere die gewählte Nutzungsdauer offenzulegen und ihre Wahl zu begründen. Eine Widerlegung der vermuteten Nutzungsdauer von maximal 20 Jahren erfordert nach den UK-GAAP, IAS und DRS eine gesonderte Begründung. Die Entwicklung der Höhe des Goodwills ist in Form eines Anlagespiegels aufzuzeigen. Jedes der betrachteten Rechnungslegungssysteme läßt eine Zusammenfassung eines Konsolidierungs-Goodwills mit derivativen Goodwills aus den Einzelabschlüssen der einbezogenen Gesellschaften zu. Eine Aufgliederung im Anhang ist indes nicht vorgeschrieben, woraus gegebenenfalls ein Informationsverlust resultiert. Einzig DRS 4 schreibt die Zuordnung eines derivativen Goodwills auf einzelne Geschäftsfelder vor,[774] läßt jedoch offen, wie dies geschehen soll. Sofern Rückstellungen für Restrukturierungen nach den IAS oder DRS angesetzt werden, sind Einzelheiten darüber anzugeben. Ein negativer Goodwill ist im deutschen und britischen Bilanzrecht sowie nach den IAS offen auf der Aktivseite innerhalb des immateriellen Anlagevermögens auszuweisen.

Zusammenfassend läßt sich sagen, daß eine restriktive Bilanzierung des originären Goodwills und damit einhergehend eine weitgehende Ungleichbehandlung von originärem und derivativem Goodwill ein Charakteristikum aller untersuchten Normensysteme ist. Die Tatsache, daß das HGB mit dem generellen Ansatzwahlrecht für Ingangsetzungs- und Erweiterungsaufwendungen in dieser Hinsicht überraschenderweise positiv auffällt, darf jedoch nicht über den noch erheblichen Reformbedarf der Goodwill-Bilanzierung in Deutschland hinwegtäuschen. Doch auch die Vorschriften der UK-GAAP und IAS können nur teilweise überzeugen.

Da der derivative Goodwill sowohl im deutschen und britischen Bilanzrecht als auch nach den IAS im Regelfall systematisch abzuschreiben ist und zugleich Neubewertungen verboten sind, kann die eingangs formulierte Hypothese, der Goodwill werde in der externen Rechnungslegung derzeit weder national noch

---

[774] Vgl. DRSC, DRS 4 (2000), Par. 30.

international entsprechend seines Beitrags zum Unternehmenswert erfaßt,[775] für steigende Werte des Goodwills als verifiziert gelten. Zudem sind allein die britischen Rechnungslegungsstandards in der Lage, unter bestimmten Voraussetzungen den hypothetischen Fall eines gleichbleibenden Werts des Goodwills korrekt wiederzugeben. Sinkt der Wert des Goodwills dagegen im Zeitablauf, so erfolgt eine ‚wahrheitsgemäße' Abbildung – zumindest theoretisch – in allen drei Rechnungslegungssystemen, da systematische und/oder außerplanmäßige Abschreibungen der Entwertung Rechnung tragen.

Aufbauend auf diesen Erkenntnissen und dem oben formulierten Referenzrahmen soll nun im nächsten Kapitel ein Reformvorschlag für die Bilanzierung des Goodwills in Deutschland abgeleitet werden. Dabei wird an der grundlegenden Unterscheidung zwischen Asset Deals und Share Deals festgehalten, um nicht die konzeptionellen Grenzen zwischen Einzel- und Konzernabschluß aufzulösen.

III. Reformvorschlag zur Bilanzierung des Goodwills in Deutschland

Der im folgenden zu entwickelnde Reformvorschlag stellt eine De lege ferenda-Betrachtung dar. Er konzentriert sich beispielhaft auf die Bilanzierung des Goodwills im Einzelabschluß, d. h. auf Asset Deals, um auch etwaige Steuerwirkungen veranschaulichen zu können. Entsprechend der im Referenzrahmen postulierten Gleichbehandlung eines Konsolidierungs- und Nicht-Konsolidierungs-Goodwills gelten die Empfehlungen jedoch gleichermaßen für den Konzernabschluß; steuerliche Einflüsse bleiben dabei allerdings unberücksichtigt.

Für die Ableitung eines Reformvorschlags sind im wesentlichen folgende Teilfragen zu klären: Ist die Trennung in einen originären und derivativen Goodwill mit der Konsequenz einer unterschiedlichen Bilanzierung zu befürworten? Handelt es sich beim (originären/derivativen) Goodwill ökonomisch betrachtet um einen Vermögensgegenstand? Unterliegt der Goodwill einer Abnutzung im Zeitablauf? Läßt er sich in einzelne Bestandteile zerlegen, und ist dies sinnvoll? Schließlich: Existiert ein negativer Goodwill wirklich, und wie ist dieser gegebenenfalls zu bilanzieren?

A. Einführungsbeispiel

Wie dargelegt wurde, sehen traditionell sowohl das deutsche und britische Bilanzrecht als auch die IAS eine grundlegend unterschiedliche bilanzielle Behandlung von originärem und derivativem Goodwill vor. Die Auswirkungen dieser Bilanzie-

---

775 Vgl. S. 2.

rungsunterschiede auf die Vermögens- und Ertragslage eines Unternehmens sollen hier anhand eines einfachen Zahlenbeispiels illustriert werden, bevor den oben aufgeworfenen Fragen nachgegangen wird. Die zunächst restriktiven Annahmen werden – sofern relevant – im weiteren Verlauf sukzessive aufgehoben.

U_1 und U_2 sind wirtschaftlich gleiche Unternehmen, die unterschiedliche Wachstumsstrategien verfolgen. Während U_1 ausschließlich intern wächst, tätigt U_2 Zukäufe anderer Unternehmen und gliedert diese ein (externes Wachstum). Im Ausgangspunkt t_0 sind die Bilanzen beider Unternehmen identisch:

U_1: t_0				U_2: t_0			
V	100	EK	100	V	100	EK	100
	100		100		100		100

Abb. 13: Vergleich von internem und externem Wachstum (Ausgangslage)[776]

Am 1.1.01 gibt U_1 20 GE seiner liquiden Mittel für die Aus- und Weiterbildung, Werbung sowie Forschung und Entwicklung aus. Es wird angenommen, daß die Ausgaben in voller Höhe zur Schaffung eines originären Goodwills führen, dessen Höhe bis zum Zeitpunkt t_5 mindestens bestehen bleibt. Es gilt jedoch das Aktivierungsverbot des § 248 Abs. 2 HGB; die Ausgaben seien auch nicht als Ingangsetzungs- und Erweiterungsaufwendungen nach § 269 HGB ansetzbar.

U_2 hingegen erwirbt – ebenfalls aus liquiden Mitteln – am 1.1.01 ein anderes Unternehmen (U_3) zu Anschaffungskosten von 50 GE (Asset Deal). Die erworbenen Vermögensgegenstände bestehen einzig aus Grundstücken mit einem Zeitwert von insgesamt 30 GE. U_3 ist zu 100% eigenfinanziert; zudem sind keine stillen Lasten vorhanden. Damit entsteht aus der Akquisition ein derivativer Goodwill in Höhe von 20 GE, der nach § 255 Abs. 4 HGB aktiviert und planmäßig über eine geschätzte Nutzungsdauer von fünf Jahren linear abgeschrieben werde (-4 GE pro Jahr).

Es gelte ferner eine einfache Gewinnsteuer mit einem Steuersatz von 50% und einem vollständigen und sofortigen Verlustausgleich. Die Steuerbilanz folge

776 Quelle: Eigene Darstellung.

– auch hinsichtlich der Anerkennung der Goodwill-Abschreibungen – vollkommen der Handelsbilanz.[777]

Finden keine weiteren Transaktionen statt, so stellen sich die Bilanzen der beiden Unternehmen zum Folgestichtag t_1 wie folgt dar:

U_1: t_1				U_2: t_1			
V	90	EK	100	GW	16	EK	100
		JF	-10	V	82	JF	-2
	90		90		98		98

Abb. 14: Vergleich von internem und externem Wachstum (Folgestichtag)[778]

Während U_1 infolge des Aktivierungsverbots für den originären Goodwill ein Vermögen in Höhe von 90 GE[779] sowie einen Periodenerfolg nach Steuern von -10 GE ausweist, beträgt der Jahresfehlbetrag von U_2 lediglich -2 bei einem Gesamtvermögen von 98 GE[780]. Die Ungleichheit der Vermögens- und Erfolgslage setzt sich bis zum Zeitpunkt t_5 fort, obwohl keine weiteren Geschäftsvorfälle stattfinden:[781]

s = 50 %		t_0	t_1	t_2	t_3	t_4	t_5	Σ
U_1	GW	0	0	0	0	0	0	
	$EK_{inkl. JÜ/JF}$	100	90	90	90	90	90	
	JÜ/JF	0	-10	0	0	0	0	-10
U_2	GW	0	16	12	8	4	0	
	$EK_{inkl. JÜ/JF}$	100	98	96	94	92	90	
	JÜ/JF	0	-2	-2	-2	-2	-2	-10

Tab. 4: Vergleich von internem und externem Wachstum

777 Die Annahmen zum Steuersystem dienen im wesentlichen zur Ausschaltung möglicher Progressionseffekte und zur Verkürzung des Darstellungszeitraums von 15 auf 5 Perioden, ohne latente Steuern berücksichtigen zu müssen.

778 Quelle: Eigene Darstellung.

779 $90 = 100 - 20 \cdot (1 - 50\%)$.

780 $98 = 100 (- 50 + 50) - 4 \cdot (1 - 50\%)$.

781 Die Finanzlage wird hier nicht näher betrachtet.

Wie aus Tab. 4 unmittelbar ersichtlich, führt die sofortige Aufwandsverrechnung der Ausgaben zum Aufbau eines originären Goodwills zu einer sprunghaften Verschlechterung der Erfolgslage, während eine Aktivierung und lineare Abschreibung des derivativen Goodwills in einem gleichmäßig verteilten Verlust resultiert. Zwar ist der Barwert der Steuererstattungen im ersten Fall höher,[782] weshalb aus Unternehmenssicht ceteris paribus die sofortige Aufwandsverrechnung vorzuziehen wäre.[783] Gleichwohl ist diese bilanzielle Behandlung aus theoretischer Sicht grundsätzlich abzulehnen, da sie lediglich im Ausnahmefall die reale Wertentwicklung des Goodwills widerspiegelt. Nur wenn mit den Ausgaben für einen originären Goodwill keinerlei wirtschaftlicher Vorteil über den Bilanzstichtag hinaus geschaffen wird, sollte eine Aufwandsverrechnung in derselben Periode erfolgen.[784] Von diesem Referenzpunkt aus ist ferner zu kritisieren, daß eine zwingende aufwandswirksame Behandlung eines originären Goodwills im Vergleich zu einer gebotenen Aktivierung eines derivativen Goodwills zu einer inkonsistenten Bilanzierung ökonomisch gleicher Sachverhalte führt.[785] Schließlich besteht dem Wesen nach kein Unterschied zwischen beiden Arten des Goodwills, da es sich stets um Konglomerate bestimmter immaterieller Vermögenswerte handelt, die zukünftige Einzahlungsüberschüsse erwarten lassen.[786] Die Art und Weise der Goodwill-Entstehung – d. h. internes oder externes Wachstums –, sollte für die Rechnungslegung bei wirtschaftlicher Betrachtung grundsätzlich nicht entscheidend sein,[787] zumal bekanntlich auch selbsterstellte Anlagen oder Erzeugnisse bilanziell wie entgeltlich erworbene behandelt werden.

B. Bilanzansatz und Rechtsnatur des Goodwills

1. Originärer Goodwill

In obiger Beispielrechnung wurde angenommen, daß die Ausgaben in voller Höhe zur Schaffung eines originären Goodwills führen. Dies dürfte in der Realität je-

---

782 Bei einem Zinssatz nach Steuern von $i_S = 5\%$ ist $B_0(U_1) = +9{,}52$ GE gegenüber $B_0(U_2) = +8{,}66$ GE.

783 Da der angenommene vollständige und sofortige Verlustausgleich realiter jedoch nicht existiert, hängt die Vorziehenswürdigkeit der sofortigen Aufwandsverrechnung je nach Ausgestaltung des Verlustausgleichs u. a. von der Verfügbarkeit verrechenbarer Einkünfte in früheren bzw. zukünftigen Perioden ab.

784 Dies gilt im übrigen auch für eine Sofortabschreibung des derivativen Goodwills.

785 Vgl. auch Doralt, W., Firmenwert (1976), S. 51, der eine unterschiedliche Behandlung beider Arten des Goodwills ebenfalls für prinzipiell widersprüchlich hält.

786 Auf mögliche Unterschiede in der Zusammensetzung wird noch einzugehen sein.

787 Vgl. Lee, T. A., Goodwill (ABR 1971), S. 321.

doch selten gegeben sein. Zwar haben Ausgaben für die Aus- und Weiterbildung, Werbung, Forschung und Entwicklung etc. durchaus ‚Investitionscharakter', da ein Unternehmen im Regelfall nicht mehr für etwas ausgibt, als es mindestens in der Zukunft daraus einzunehmen erwartet. Doch existiert kaum eine für die externe Rechnungslegung verläßliche Beziehung zwischen der Ausgabenhöhe und ihrem Beitrag zum Wert des originären Goodwills.[788] Zur Verdeutlichung sei angeführt, daß selbst beträchtliche Summen, die in Werbekampagnen oder die Weiterbildung ‚investiert' werden, oft nicht den gewünschten Effekt erzielen, da z. B. die Zielgruppe falsch angesprochen wird oder Mitarbeiter nach der Teilnahme an Weiterbildungsmaßnahmen ihren Arbeitgeber wechseln. Insofern besteht ein Abgrenzungsproblem zwischen wirksamen und unwirksamen Ausgaben zum Aufbau eines originären Goodwills,[789] das aus der Unsicherheit über die Zukunft resultiert.[790] Ein totaler Verzicht auf einen Bilanzansatz derartiger Ausgaben erscheint indes – trotz aller notwendigen Objektivierung – nicht gerechtfertigt, da es zu einer eklatanten Verzerrung der Vermögens- und Ertragslage käme.[791] Als Kompromiß bietet sich daher an, die Aktivierung nur von *besonderen Ausgaben zur Schaffung eines originären Goodwills* zuzulassen oder besser vorzuschreiben.[792] Damit sind Ausgaben für nicht identifizierbare immaterielle Vermögenswerte gemeint, die – obwohl sie keine (Einzel-)Vermögensgegenstände darstellen – dennoch unter bestimmten Bedingungen in der Bilanz angesetzt werden können. Die bestehende Regel für Ingangsetzungs- und Erweiterungsaufwendungen in § 269 HGB zielt genau in diese Richtung und ist daher prinzipiell zu begrüßen. Das Ansatzkriterium einer wesentlichen Ausweitung des Geschäftsbetriebs[793] sollte jedoch

---

788 DIAMOND/NICOLAISEN bezeichnen den originären Goodwill daher auch als „Nebenprodukt der normalen Geschäftsaktivitäten". Diamond, M. A./Nicolaisen, D. T., Intangibles, in: Choi, F. D. S. (Hrsg.), International Accounting (1997), Chapter 14, S. 5; eigene Übersetzung.

789 Vgl. Take, F., Geschäfts- oder Firmenwert (1938), S. 94; Lee, T. A., Goodwill (ABR 1971), S. 321.

790 Bei vollständiger Kenntnis der Zukunft würde sich das Problem der Goodwill-Bilanzierung überhaupt nicht stellen, da sämtliche Bestandteile des Goodwills separat bewertet und abgebildet werden könnten. Vgl. Gynther, R. S., Conceptualizing (AR 1969), S. 248.

791 Ablehnend auch Gynther, R. S., Conceptualizing (AR 1969), S. 253. Zur Verdeutlichung der eingeschränkten zeitlichen Vergleichbarkeit führe man sich nur vor Augen, daß bei der Akquisition von Mannesmann ein Goodwill in Höhe von 271,5 Mrd. DM aufgedeckt wurde, der – obgleich bereits zumindest in ähnlicher Größenordnung vorhanden – vor der Übernahme nicht bilanziert werden durfte.

792 Vgl. bereits Take, F., Geschäfts- oder Firmenwert (1938), S. 93.

793 Vg. Adler, H./Düring, W./Schmaltz, K., Rechnungslegung und Prüfung (1995/2000), § 269 HGB, Rn. 14.

stärker operationalisiert und gegebenenfalls ausgeweitet werden.[794] Zudem erscheint eine Zusammenfassung mit der Bilanzposition Goodwill als Teilmenge desselben konsequenter als ein separater Ausweis. Das bestehende Wahlrecht sollte durch eine Aktivierungspflicht ersetzt werden, um den bilanzpolitischen Spielraum zu mindern. Eine Aktivierungspflicht hätte zugleich den Vorteil, daß sie über das Maßgeblichkeitsprinzip auch in der Steuerbilanz greifen würde, wo eine abweichende Behandlung nicht geboten erscheint.[795] Im übrigen sei daran erinnert, daß Ingangsetzungs- und Erweiterungskosten in der Vergangenheit schon einmal im Bilanzsteuerrecht anerkannt waren.[796] Die zwingende Einrichtung einer Ausschüttungssperre ist bei haftungsbeschränkten Unternehmen beizubehalten.

Mit der Aktivierung besonderer rein wirtschaftlicher Vorteile sind jedoch keineswegs sämtliche Inkonsistenzen im Rahmen der Goodwill-Bilanzierung beseitigt. Eine Wesensgleichheit zum derivativen Goodwill besteht nämlich auch für den originären Goodwill i. e. S., der entweder ohne meßbare Ausgaben oder gar unentgeltlich entstanden ist. Seine Aktivierung wird hier daher ebenfalls befürwortet und gefordert,[797] zumal üblicherweise auch unentgeltlich erworbene Vermögensgegenstände (z. B. ererbte Grundstücke) bilanziert werden,[798] und ein Beharren auf dem Anschaffungswertprinzip schon deshalb nicht überzeugt.[799] Gegner der Aktivierung dieses originären Goodwills i. e. S. führen im wesentlichen an, daß es zum einen nicht Aufgabe der Bilanz sei, den Gesamtwert des Unternehmens abzubilden;[800] insbesondere sei der originäre Goodwill kein Vermögensgegenstand. Zum anderen lehnen sie einen Bilanzansatz desselben wegen seines subjektiven Werts und etwaiger Wertschwankungen aufgrund des „volatilen Charakters“[801] ab (Vorsichtsprinzip).[802] Dem ersten Argument ist entgegenzuhalten, daß durch die Nicht-

---

794 Ein Vorschlag für detaillierte Ansatzkriterien würde jedoch den Rahmen dieser Arbeit übersteigen.

795 Vgl. Doralt, W., Firmenwert (1976), S. 49.

796 Vgl. S. 34.

797 Vgl. auch Auler, W., Unternehmungsmehr- und -minderwert (ZfB 1927), S. 840 f.

798 Vgl. Adler, H./Düring, W./Schmaltz, K., Rechnungslegung und Prüfung (1995/2000), § 246 HGB, Rn. 44 m. w. N.

799 Vgl. Emmrich, M., Reform der externen Rechnungslegung (1999), S. 105.

800 Vgl. bereits Take, F., Geschäfts- oder Firmenwert (1938), S. 102.

801 Diamond, M. A./Nicolaisen, D. T., Intangibles, in: Choi, F. D. S. (Hrsg.), International Accounting (1997), Chapter 14, S. 5; eigene Übersetzung.

802 Zusammenfassend z. B. ASC: „under existing cost conventions (historical and current), it is not the function of the accounts of a business to place a value on the overall worth of that business ... inherent goodwill may have different values from the standpoint of different parties.“ ASC, Discussion paper (Accountancy 1980), Par. 5.1.

berücksichtigung des originären Goodwills stille Reserven im Unternehmen gelegt werden,[803] die zu einer Beeinträchtigung der optimalen Kapitalallokation von seiten der Kapitalgeber führen können.[804] Dies erscheint jedoch mit dem oben formulierten ‚true and fair view'-Gebot als Metazweck der Rechnungslegung gerade nicht vereinbar. Zu den Zweifeln an der Vermögensgegenstandseigenschaft des originären Goodwills sei auf die allgemeingültige Diskussion im Rahmen des derivativen Goodwills verwiesen.

Das zweite Argument der Aktivierungsgegner, nämlich die Subjektivität und Unsicherheit der Wertansätze eines originären Goodwills, vermag ebensowenig zu überzeugen, da diese auch bei einem derivativen Goodwill besteht.[805] Letzterer ist zwar durch den Markt objektiviert, jedoch spielen bei der Kaufpreisbestimmung[806] und Substanzwertfeststellung sehr wohl subjektive Wertvorstellungen eine Rolle. Zudem ist darauf hinzuweisen, daß sich eine Wertobjektivierung auch für einen originären Goodwill erreichen läßt, indem die im Rahmen seiner Ermittlung gesetzten Prämissen offengelegt und der Wirtschaftsprüfung unterzogen werden.[807] Zum Schutz vor einer Ausschüttung und Besteuerung unrealisierter Gewinnüberhänge bei grundsätzlicher Entwertungsgefahr des Goodwills erscheint vielmehr die Verpflichtung zur Bildung einer ausschüttungsgesperrten Neubewertungsrücklage geeignet, wie bemerkenswerterweise bereits von AULER im Jahre 1927 vorgeschlagen wurde.[808]

2. Derivativer Goodwill

Da mit einem derivativen Goodwill im Regelfall ein wirtschaftlicher Vorteil über den Bilanzstichtag hinaus erworben wird, ist eine generell mögliche Sofortab-

---

803 So schreibt bereits AULER: „Die Nichtaufnahme dieses Wertes in die Bilanz würde die Bildung stiller Reserven bedeuten, welche das wahre Gesicht der Unternehmung verschleiern." Auler, W., Unternehmungsmehr- und -minderwert (ZfB 1927), S. 842.

804 Hierzu im einzelnen Siegel, T. u. a., Stille Reserven (ZIP 1999), S. 2078 f.

805 Vgl. Doralt, W., Firmenwert (1976), S. 48.

806 Als Beispiele seien nur die Bewertung von Synergien, strategischer Zuschläge sowie das Verhandlungsgeschick der Vertragspartner genannt.

807 So auch GYNTHER: „Details of the annual calculation could be set out in the annual financial statements, and these could be commented on by the auditors." Gynther, R. S., Conceptualizing (AR 1969), S. 254.

808 Vgl. Auler, W., Unternehmungsmehr- und -minderwert (ZfB 1927), S. 842. Die Einrichtung einer Neubewertungsrücklage ist nach den UK-GAAP, IAS sowie nach der 4. EG-Richtlinie prinzipiell für bestimmte Vermögensgegenstände bereits möglich.

schreibung desselben ebenfalls zu negieren.[809] Um den Manipulationsspielraum einzuschränken, sollte das bestehende Ansatzwahlrecht nach § 255 Abs. 4 HGB vielmehr durch eine Aktivierungspflicht ersetzt werden. Eine tatsächliche Entwertung ließe sich im Rahmen eines Werthaltigkeitstests am Periodenende aufdecken. Zudem ist eine Aktivierungspflicht – wie oben ausführlich dargestellt wurde – längst internationale Gepflogenheit.

Nachdem damit für den Goodwill eine generelle Aktivierungspflicht unabhängig von seiner Entstehungsweise vorgeschlagen wurde, bleibt die Rechtsnatur des geschaffenen Bilanzpostens zu klären. Es ist unstrittig, daß der Goodwill nur mit dem Unternehmen als Ganzes übertragbar und auch einer selbständigen Bewertung nicht zugänglich ist. Gleichwohl sollten diese Kriterien im Hinblick auf die Vermittlung eines *vollständigen und wahrheitsgemäßen* Bildes der Vermögens-, Finanz- und Ertragslage in den Hintergrund treten.[810] Für die Klassifikation als Vermögensgegenstand genügt meiner Ansicht nach vielmehr, daß ein wirtschaftlicher Vorteil über den Bilanzstichtag hinaus besteht und dieser zuverlässig bewertet werden kann, wobei i. d. R. eine selbständige Bewertung erfolgen sollte. Die zuverlässige Bewertbarkeit verlangt jedoch nicht notwendigerweise das Vorliegen abgrenzbarer Aufwendungen,[811] sondern kann insbesondere auch durch eine objektivierte Zeitbewertung erfüllt werden, wie dies bereits nach internationalen Rechnungslegungsstandards grundsätzlich möglich ist.[812] Für Zwecke der Goodwill-Bewertung wird zudem eine Durchbrechung des Einzelbewertungsprinzips als entschuldbar angesehen, zumal hiervon bereits auch in einigen anderen Fällen abgewichen wird.[813] Im Ergebnis ist der Goodwill bei wirtschaftlicher Betrachtung unabhängig von der Art und Weise seiner Entstehung (!) als *Gesamt*vermögensgegenstand anzusehen und zwingend zu aktivieren. Zu diesem Zweck sind das Aktivierungsverbot für den originären Goodwill und das Anschaffungswertprinzip im Handels- und Steuerrecht aufzuheben. Da der Wert des Goodwills nur im Rahmen einer Gesamtbewertung des Unternehmens zuverlässig ermittelt werden kann,

---

809 Vgl. auch Lee, T. A., Goodwill (ABR 1971), S. 324.

810 So genügt im deutschen Bilanzsteuerrecht bereits die Gesamtverwertbarkeit für die Qualifikation als Wirtschaftsgut. Gleiches gilt für den Vermögensgegenstandsbegriff nach den US-GAAP. Vgl. hierzu Johnson, L. T./Petrone, K. R., Goodwill (Accounting Horizons 1998), S. 300 f.

811 So auch das FASB: „The essence of an asset is its future economic benefit rather than whether or not it was acquired at a cost." FASB, Concepts No. 6 (1985), Par. 179.

812 Vgl. IASC, Framework (1989), Par. 83 b); auch ASB, Statement of principles (1999), Chapter 5, Principles u. Par. 6.12 ff.

813 Als Beispiele seien nur die Festbewertung oder die Bildung von Bewertungseinheiten im Rahmen der Bilanzierung von Sicherungsgeschäften (Hedges) genannt.

ist mit dem generellen Bilanzansatz des Goodwills zugleich ein Systemwechsel in Richtung eines Gesamtvermögensvergleichs verbunden. Wie im nächsten Abschnitt zu zeigen ist, wird hier ein Mischsystem aus einer Tageswert- und Gesamtertragswertbilanz befürwortet.[814]

C. Bilanzbewertung des Goodwills

Ausgehend von einer generellen Aktivierungspflicht für den Goodwill werden im folgenden Ansatzpunkte für eine zweckmäßige Wertermittlung und Folgebehandlung vorgeschlagen. Dabei ist insbesondere die Frage nach der Abnutzbarkeit des Goodwills aufzugreifen.

1. Erstmalige Wertermittlung

Besondere Ausgaben zur Schaffung eines originären Goodwills – die ‚früheren' Ingangsetzungs- und Erweiterungsaufwendungen – sind bei deren Entstehen in voller Höhe unter der Bilanzposition Goodwill zu aktivieren. Am Bilanzstichtag gehen sie jedoch im Gesamt-Goodwill auf,[815] dessen Wert nur als Residualgröße aus Unternehmensgesamtwert und Substanzwert ermittelt werden kann. Der Unternehmensgesamtwert ist dabei als Zukunftserfolgswert auf Basis anerkannter Methoden[816] zu bestimmen. Von der alleinigen Verwendung von Börsenwerten für die Bewertung ist hingegen abzuraten, da diese durch eine Reihe zusätzlicher Faktoren beeinflußt sein können. Börsenwerte sollten vielmehr nur als Vergleichsmaßstab dienen.[817]

Für die Substanzbewertung sind detaillierte Regeln zur Zeitwertermittlung der einzelnen Vermögensgegenstände und Schulden erforderlich. Das Modell der IAS, welches sich in der vergleichenden Beurteilung als überlegen herausgestellt hat, könnte hier als Vorbild dienen. Hinsichtlich der Abgrenzung der immateriellen Einzelwerte vom Goodwill (*separability*) ist jedoch folgendes zu beachten: Akzeptiert man den oben vertretenen Vermögensgegenstandsbegriff, so gehen ausschließlich solche immateriellen Vermögenswerte im Goodwill auf, die nicht

---

814 Für eine Systematik der verschiedenen Vermögensvergleiche vgl. Sigloch, J., Einkommensbesteuerung, in: Elschen, R./Siegel, T./Wagner, F. W. (Hrsg.), Festschrift Schneider (1995), S. 680 ff.

815 Dies gilt auch für aktivierte derivative sowie unentgeltlich erworbene Goodwills.

816 Hierfür kommen insbesondere die Ertragswertmethode und DCF-Verfahren in Frage.

817 Vgl. Gynther, R. S., Conceptualizing (AR 1969), S. 253; Auler, W., Unternehmungsmehr- und -minderwert (ZfB 1927), S. 730 f.

zuverlässig selbständig bewertbar sind.[818] Konkret bedeutet dies, daß Rechte und wirtschaftliche Werte wie bisher konzeptionell nicht Bestandteile des Goodwills sind. Als immaterielle Vermögensgegenstände sollten sie stets einzeln aktiviert werden, d. h. auch im Falle eines unentgeltlichen Erwerbs.[819] Hingegen erfolgt eine Ausweitung der Menge der immateriellen Einzelwerte insofern, als die Einzelveräußerbarkeit bzw. Einzelverwertbarkeit keine notwendige Bedingung mehr für die Qualifikation als Vermögensgegenstand darstellt.[820] Insbesondere kommt es auch zu einer Aktivierung von immateriellen Werten, die zuverlässig einzeln bewertet werden können, sich jedoch im Grenzbereich zwischen der Einzel- und Gesamtverwertbarkeit befinden. Die zuverlässige selbständige Bewertbarkeit gilt dabei – wie nach FRS 10 – bei Existenz eines aktiven Sekundärmarktes i. d. R. als erfüllt.[821] Besteht ein solcher Markt nicht bzw. wird dessen Bewertung als überhöht eingeschätzt, so sollte ein vom Goodwill getrennter Bilanzansatz bei Nachweis einer zuverlässigen und objektivierten Schätzung der zukünftigen Einzahlungsüberschüsse dennoch möglich sein.[822] Beispiele für derartige ‚immaterielle Grenzgüter‘ sind Marken, Kundenstämme/-listen, Verlagstitel und ähnliche Wer-

---

818 Ähnlich auch HALLER, der jedoch eine außerbilanzielle Berücksichtigung im Rahmen eines ‚Intangible Assets Statement‘ vorschlägt. Vgl. Haller, A., Immaterielle Vermögenswerte, in: Möller, H. P./Schmidt, F. (Hrsg.), Festschrift Coenenberg (1998), S. 587 ff.

819 Zwar konnte eine nähere Untersuchung immaterieller Einzelwerten im Rahmen dieser Arbeit nicht erfolgen. Das generelle Aktivierungsverbot nach § 248 Abs. 2 HGB führt jedoch bei wirtschaftlicher Betrachtung ebenfalls zu unerwünschten Ergebnissen und erscheint im Vergleich zu IAS 38 und FRS 10 nicht mehr zeitgemäß. Zudem wäre es kaum erklärbar, einen originären Goodwill zu aktivieren, gleichzeitig aber den Ansatz von immateriellen Einzelwerten zu verbieten. Zur Streichung des § 248 Abs. 2 HGB vgl. auch Arbeitskreis, Erfassung immaterieller Werte (DB 2001), S. 991 f. Kritisch zum Aktivierungsverbot auch Küting, K./Hayn, S., Angelsächsischer Konzernabschluß (AG 1996), S. 52 sowie die Literaturhinweise bei Keitz, I. v., Immaterielle Güter (1997), S. 3.

820 Die Verschiebung der Grenze der abstrakten Aktivierungsfähigkeit ist unterschiedlich weit, je nachdem, ob zuvor die Einzelveräußerbarkeit oder Einzelverwertbarkeit als relevantes Kriterium angesehen wurde.

821 Vgl. ASB, FRS 10 (1997), Par. 14 i. V. m. Par. 2.

822 FRS 10 und IAS 22 lassen dies derzeit ausschließlich im Falle einer Unternehmensübernahme zu. Vgl. ASB, FRS 10, Par. 12 bzw. IASC, IAS 22 (1998), Par. 39 (g) (ii). Ein bilanzpolitisch motiviertes, selektives Vorgehen, dessen Gefahr bei einer unterschiedlichen Folgebewertung von Marken und dem Goodwill entstünde, ist jedoch strikt abzulehnen. Vgl. hierzu etwa die Politik von Reckitt & Colman im Rahmen der ‚brands debate‘, dargestellt in Rutteman, P., Accounting for brands, in: Power, M. (Hrsg.), Goodwill Accounting (1990), S. 59 f.

te.[823] Die Tatsache, daß sie zuweilen auch einzeln veräußert bzw. verwertet werden, spricht für ihre Qualifikation als Einzelvermögensgegenstände. Gleichwohl wird die Einzelverwertbarkeit in einigen Fällen nicht gegeben sein.[824] Abb. 15 faßt die Ausweitung der immateriellen Einzelwerte noch einmal zusammen.

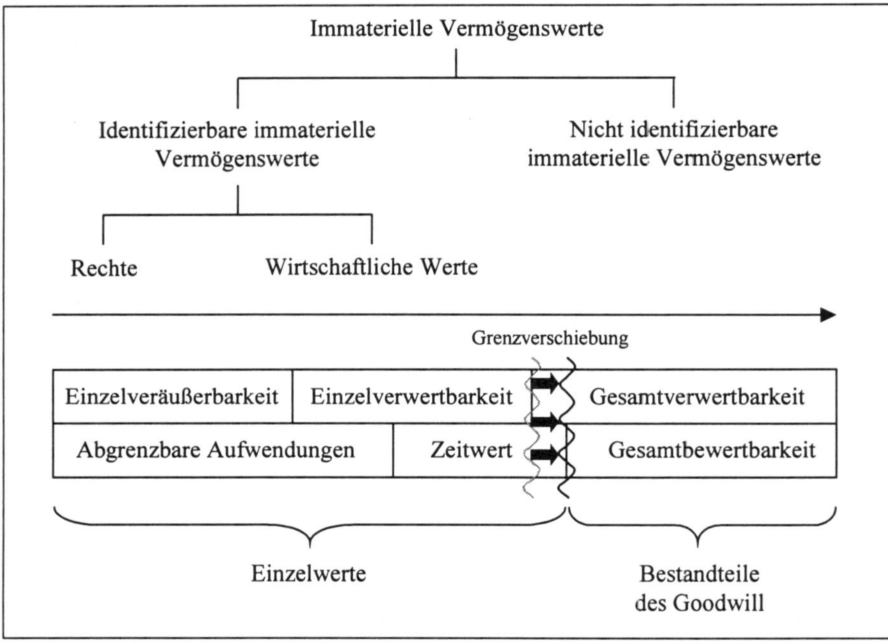

Abb. 15: Abgrenzung der immateriellen Einzelwerte vom Goodwill[825]

Die dargestellte Vorgehensweise zur Wertermittlung eines Gesamt-Goodwills gilt gleichermaßen für die Bewertung eines unentgeltlich erworbenen Goodwills sowie grundsätzlich auch für einen derivativen Goodwill. Für letzteren sind folgende

---

823 Zur Bewertung von immateriellen Vermögenswerten vgl. Smith, G. V./Parr, R. L., Valuation of Intellectual Property (2000), S. 175 ff.; Mullen, M., How to value intangibles (Accountancy 1993), S. 92 ff. (S. 3 ff.). Kritisch hingegen Davies, M./ Paterson, R./Wilson, A., UK GAAP (1999), S. 38.

824 So dürfte z. B. bei einem Unternehmen, das nur eine Marke führt, deren selbständige Verwertung nur hypothetisch möglich sein, da kein Geschäft übrig bliebe. Vgl. Davies, M./Paterson, R./Wilson, A., UK GAAP (1999), S. 737 sowie ASB, Statement of principles (1999), Par. 4.21 mit einem ähnlichen Beispiel.

825 Quelle: Eigene Darstellung. Vgl. auch die Ausgangsgrafik auf S. 14.

Besonderheiten zu beachten: Da die Bestimmung der Anschaffungskosten für ein Unternehmen verhältnismäßig unproblematisch ist, erleichtert sich die erstmalige Wertermittlung eines derivativen Goodwills erheblich. Sofern es sich um eine Transaktion zwischen bereitwilligen und verständigen dritten Parteien handelt (‚arm's length principle'), können die Anschaffungskosten als ‚gute' Annäherung des ‚wahren' Unternehmenswerts zum Zeitpunkt der Akquisition gelten und sollten daher unverändert in die Berechnung eingehen. Eine eventuelle Überzahlung („à fonds perdu"[826]) bzw. Überbewertung der Gegenleistung über den ‚fair value' des erworbenen Unternehmens hinaus ist hingegen konzeptionell nicht Bestandteil des Goodwills[827] und sollte, da nicht werthaltig, als sofortiger Verlust behandelt werden.[828] Im umgekehrten Fall einer Unterzahlung bzw. Unterbewertung der Gegenleistung verbietet das Realisationsprinzip eine sofortige ertragswirksame Vereinnahmung; der Betrag ist daher in einer Neubewertungsrücklage zu neutralisieren.

JOHNSON/PETRONE schlagen eine weitere Disaggregation des derivativen Goodwills in einen Going concern- und einen Synergien-Goodwill vor. Der Going concern-Goodwill entspricht dabei dem bereits vor der Akquisition existenten originären Goodwills,[829] während unter dem Synergien-Goodwill zusätzliche Ertragschancen zu verstehen sind, die sich erst aus dem Unternehmenszusammenschluß ergeben.[830] Wie SELLHORN richtig feststellt, muß es sich hierbei nicht

---

826 Wöhe, G., Bilanzierung und Bewertung (StuW 1980), S. 99. Abweichend von WÖHE fallen m. E. ein ‚Lästigenzuschlag' oder eine strategische Prämie gerade nicht unter diese Kategorie.

827 Vgl. auch Johnson, L. T./Petrone, K. R., Goodwill (Accounting Horizons 1998), S. 295 f.

828 Anderer Ansicht Wöhe, G., Bilanzierung und Bewertung (StuW 1980), S. 99, der eine Verteilung auf mehrere Perioden befürwortet. Anzumerken ist jedoch, daß in der Bilanzierungspraxis eine Überzahlung bzw. Überbewertung nur selten unmittelbar aufgedeckt werden und daher regelmäßig als Meßfehler im bilanzierten Wert des Goodwills aufgehen dürfte.

829 Der Wert des Going concern-Goodwills läßt sich bei einer ‚Stand-alone-Betrachtung' des erworbenen Unternehmens errechnen. WÖHE nimmt eine weitere Zerlegung dieses Werts in nicht bilanzierungsfähige immaterielle Werte einerseits und einen Kapitalisierungsmehrwert andererseits vor. Letzterer deckt sich dabei nicht mit dem Begriff Schmalenbachs, sondern repräsentiert den Betrag, um den die Einzelertragswerte der bilanzierten Vermögensgegenstände und Schulden deren Zeitwerte übersteigen. Vgl. im einzelnen Wöhe, G., Bilanzierung und Bewertung (StuW 1980), S. 99. Wie der Autor jedoch selbst einräumt, dürfte diese Unterscheidung in der Praxis nur in seltenen Fällen durchführbar sein. Sie wird daher nicht weiter betrachtet.

830 Vgl. Johnson, L. T./Petrone, K. R., Goodwill (Accounting Horizons 1998), S. 296.

zwingend um Synergien im Sinne von Verbundeffekten handeln. Zusätzliche Ertragschancen können vielmehr auch z. B. in Restrukturierungsmaßnahmen oder neuen strategischen Optionen bedingt sein.[831] Aus diesem Grund wird hier anstelle des Begriffs Synergien-Goodwill der allgemeinere Ausdruck Zusammenschluß-Goodwill verwendet. Darüber hinaus dürften dem Wert eines derivativen Goodwills in Analogie zu den Anschaffungsnebenkosten beim Erwerb einzelner Vermögensgegenstände auch jene Transaktionskosten zuzurechnen sein, die zur Durchführung des Unternehmenserwerbs erforderlich waren. Die nachstehende Abbildung verdeutlicht die gewählte Unterteilung:

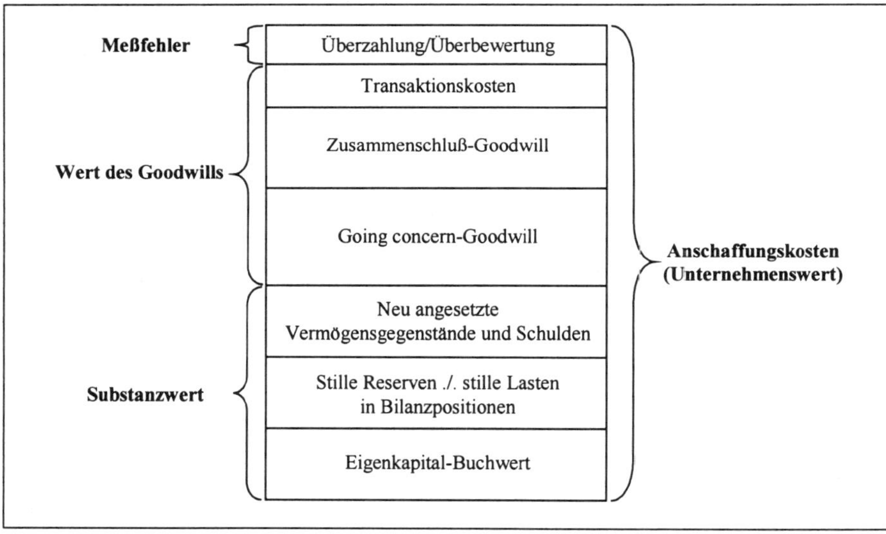

Abb. 16: Disaggregation des derivativen Goodwills[832]

Wenngleich diese Aufspaltung zum Zeitpunkt der erstmaligen Wertermittlung eines derivativen Goodwills unter Informations- und Argumentationsgesichtspunkten hilfreich und zweckmäßig erscheint, dürfte sie im Rahmen der Folgebehandlung nicht mehr durchführbar sein, wie im nächsten Abschnitt zu zeigen ist.

---

[831] SELLHORN unterscheidet daher zwischen einem Synergien-, Restrukturierungs-, Strategie- und Flexibilitäts-Goodwill. Vgl. im einzelnen Sellhorn, T., Goodwill (DB 2000), S. 889 ff. Dieser Einteilung wird jedoch nicht gefolgt, da sie ebenfalls kaum operational erscheint.

[832] Quelle: Eigene Darstellung. Die Höhe der einzelnen Wertbestandteile in der Grafik ist lediglich beispielhaft und keinesfalls allgemeingültig.

2. Folgebewertung

Aufgrund des dynamischen Wesens des Goodwills wird sein erstmaliger Wertansatz in der Folge nur zufällig dem tatsächlichen Wert am Bilanzstichtag entsprechen, da es sich um eine vergangene Schätzung von Zukunftserwartungen, gewissermaßen um eine Momentaufnahme im Zeitablauf, handelt.[833] Mögliche Wertveränderungen sind daher im Hinblick auf einen ,true and fair view' bestmöglich abzubilden. Sieht man von dem Auswuchs einer erfolgsneutralen Verrechnung des Goodwills mit den Rücklagen einmal ab, so kommt grundsätzlich eine Verteilung seines erstmaligen Wertansatzes auf eine begrenzte Nutzungsdauer in Betracht, wie sie im Rahmen der vergleichenden Beurteilung als Regelbehandlung für den derivativen Goodwill festgestellt wurde. Doch selbst wenn man unterstellt, daß die Höhe des Goodwills im Zeitablauf sinkt, wie es beim Fehlen jeglicher Erhaltungs- und Erweiterungsinvestitionen denkbar wäre, so dürfte die Schätzung der Nutzungsdauer „in den meisten Fällen reine Willkür sein"[834]. Dies gilt grundsätzlich auch dann, wenn eine separate Nutzungsdauerschätzung für die einzelnen Wertbestandteile des Goodwills erfolgt.[835] So greift beispielsweise auch eine planmäßige Abschreibung eines Zusammenschluß-Goodwills zu kurz, da es nach einer Akquisition praktisch nicht mehr möglich sein dürfte, Ist-Einzahlungsüberschüsse zweifelsfrei möglichen Synergieeffekten oder anderen Komponenten bzw. der gewöhnlichen Geschäftsentwicklung zuzurechnen.[836] Die Schätzung der Nutzungsdauer einzelner Bestandteile eines derivativen Goodwills ist damit zwar offenbar genauer als eine Gesamtnutzungsdauer, bleibt letztlich jedoch eine Symptombehandlung.

Als Argument für eine planmäßige Abschreibung eines derivativen Goodwills wird häufig angeführt, daß sich die erworbenen Goodwill-Faktoren im Zeitablauf abnutzen.[837] Selbst wenn der Wert des Goodwills insgesamt erhalten bleibe oder

---

[833] Vgl. Lee, T. A., Goodwill (ABR 1971), S. 323.

[834] Wöhe, G., Bilanzierung und Bewertung (StuW 1980), S. 98. Vgl. auch bereits Auler, W., Unternehmungsmehr- und -minderwert (ZfB 1927), S. 845.

[835] Vgl. hierzu Sellhorn, T., Goodwill (DB 2000), S. 890 f.; Johnson, L. T./Petrone, K. R., Goodwill (Accounting Horizons 1998), S. 302.

[836] Anderer Ansicht offenbar Sellhorn, T., Goodwill (DB 2000), S. 890, der für eine erfolgswirksame Auflösung entsprechend dem realisierten Einzahlungsstrom plädiert. Der Autor übersieht jedoch, daß Synergien bei Nachhaltigkeit zu einem jährlich gleichbleibenden Einzahlungsstrom führen, technisch damit aber nicht aufgelöst werden können, da der Barwert konstant bleibt (ewige Rente).

[837] Vgl. z. B. Sellhorn, T., Goodwill (DB 2000), S. 890; Emmrich, M., Reform der externen Rechnungslegung (1999), S. 272 f.; Söffing, G., Geschäfts- oder Firmenwert, in: Knobbe-Keuk, B. u. a. (Hrsg.), Festschrift Döllerer (1988), S. 609 u. 613; Wöhe, G.,

gar steige, sei dies auf einen neuen originären Goodwill zurückzuführen, der den schwindenden derivativen Goodwill sukzessive ersetze (*Substitutionsthese*). Da ein originärer Goodwill jedoch nicht in der Bilanz angesetzt werde, sei der derivative Goodwill folglich zwingend planmäßig abzuschreiben. Damit wird im Kern die Einheitstheorie des deutschen Bilanzsteuerrechts kritisiert, nach welcher der Goodwill ein „einheitliches Wirtschaftsgut [ist], das nicht zerlegt werden kann, auch wenn die Umstände, auf denen es beruht, im Laufe der Zeit wechseln ..."[838] Wie das Zitat verdeutlich, liegt dieser Auffassung ebenfalls ein dynamisches Verständnis über das Wesen des Goodwills zugrunde. Während die Substitutionsthese jedoch von der nicht überprüfbaren Annahme eines flüchtigen derivativen Goodwills ausgeht – der derivative Goodwill ist nach der Akquisition schließlich nicht (mehr) isoliert meßbar[839] – und damit implizit die Übergewinnauffassung über das Wesen des Goodwills vertritt, kommt die Einheitstheorie ohne derartige Unterstellungen aus.[840] Sie schließt insbesondere Entwertungen einzelner Goodwill-Faktoren nicht aus, verlangt hierfür jedoch einen Nachweis. Darüber hinaus hat die Einheitstheorie den Vorteil, auch Wertsteigerungen gegenüber zumindest neutral zu sein, denn es erscheint geradezu widersinnig, den Goodwill auch dann

---

Bilanzierung und Bewertung (StuW 1980), S. 106; Deubner, P., Aktivierung und Abschreibung (1971), S. 96 ff.; Mutze, O., Aktivierung und Bewertung (1960), S. 238 ff.; Klinger, K., Verbot der steuerlichen Abschreibung (DB 1959), S. 31.

838 BFH-Urteil v. 15.04.1958, BStBl. III 1958, S. 331; Anmerk. d. Verf. Für einen ausführlichen Literaturüberblick vgl. Doralt, W., Firmenwert (1976), S. 60 ff.

839 So sind die Goodwill-Faktoren per Definition nicht einzeln erfaßbar und bewertbar. Damit können aber die erworbenen Faktoren nicht im Zeitablauf verfolgt werden. Insbesondere kann nicht ausgeschlossen werden, daß (einzelne) erworbene Goodwill-Faktoren keinem Wertverzehr unterliegen oder gar im Wert steigen. Vgl. auch Glanegger, P., in: Schmidt, L. (Hrsg.), Einkommensteuergesetz (2001), § 6, Rn. 242, der ebenfalls nur eine Gesamtbewertung des Goodwills für möglich hält. Es ist deshalb PELLENS/SELLHORN entschieden zu widersprechen, die gerade eine Trennbarkeit der Faktoren eines originären und derivativen Goodwills im Zeitablauf unterstellen. Vgl. Pellens, B./Sellhorn, T., Neue Goodwill-Bilanzierung (DB 2001), S. 717. Auch die im Rahmen des Werthaltigkeitstests nach FRS 11 vorgenommene Wertermittlung des bestehenden originären Goodwills eines Erwerbers zum Akquisitionszeitpunkt und dessen außerbilanzielle Fortführung sowie Subtraktion von einem später ermittelten Gesamt-Goodwill des zusammengeschlossenen Unternehmens ist nur scheinbar genau. Sie basiert auf der Hypothese, daß sich originärer und derivativer Goodwill in gleicher Weise entwickeln, was wiederum nicht belegbar ist. Vgl. S. 98 dieser Arbeit.

840 KOLBE schreibt hierzu: „Was die bei der Argumentation gegen die steuerliche Auffassung angeführte ‚Ablösung des derivativen Geschäftswertes durch einen neuen originären' betrifft, so ist das eine völlig abstrakte und abstruse Vorstellung, die im leeren Raum hängt und ziffernmäßig überhaupt nicht erfaßbar ist." Kolbe, K., Diskrepanz hinsichtlich des Geschäftswertes (DB 1969), S. 845.

abzuschreiben, wenn dessen Wert nicht gesunken ist.[841] Bekanntlich unterbleibt bei einem Grundstück eine künstliche Aufspaltung in einen schwindenden derivativen und einen neu entstehenden originären Teil auch![842] Doch selbst wenn man der Substitutionsthese folgt, greift die Kritik an einer möglichen Aktivierung eines originären Goodwills hier ins Leere, da diese Arbeit gerade für eine Gleichbehandlung beider Arten des Goodwills eintritt. Ebensowenig vermag eine planmäßige Abschreibung des Goodwills aus Vorsichtsgründen[843] zu überzeugen, da es hierdurch zu einer unnötigen Verzerrung der Vermögens- und Ertragslage kommt.[844] Das Vorsichtsprinzip sollte – sofern auch für einen derivativen Goodwill gewünscht[845] – vielmehr erst auf der Gewinnverwendungsebene ansetzen.

Insgesamt führt eine außerplanmäßige Abschreibung nur bei tatsächlicher Wertminderung des Goodwills (*Impairment-Only Approach*) zu wesentlich genaueren Ergebnissen als eine pauschale oder planmäßige Abschreibung und wird daher hier befürwortet.[846] Ein festgestellter Abschreibungsbedarf sollte zunächst gegen eine bestehende Neubewertungsrücklage verrechnet und erst bei deren Verzehr erfolgswirksam erfaßt werden. Auf der Aktivseite ist der angesetzte Goodwill zu mindern. Eine Aufteilung auf einen originären und derivativen Goodwill unterbleibt, da der Wert des Goodwills in der Folge nur insgesamt feststellbar ist und eine verursachungsgerechte Zuordnung von Wertveränderungen daher – vergleichbar mit Gemeinkosten in der Kostenrechnung – zwangsläufig scheitern muß.[847]

---

841 Ähnlich bereits Schönwandt, D., Bilanzunwahrheit (1908), S. 83.

842 Vgl. hierzu das Beispiel bei Doralt, W., Firmenwert (1976), S. 69. Vielmehr wird ein Grundstück nur bei tatsächlicher Wertminderung außerplanmäßig abgeschrieben.

843 Vgl. Take, F., Geschäfts- oder Firmenwert (1938), S. 111 ff.

844 Zu weiteren Argumenten gegen eine planmäßige Abschreibung des Goodwills vgl. Diamond, M. A./Nicolaisen, D. T., Intangibles, in: Choi, F. D. S. (Hrsg.), International Accounting (1997), Chapter 14, S. 7.

845 Der Verfasser sieht hierfür jedoch – wie auch der Gesetzgeber – keinen Bedarf.

846 Vgl. auch Lee, T. A., Goodwill (ABR 1971), S. 324; Gynther, R. S., Conceptualizing (AR 1969), S. 253 sowie den aktuellen US-amerikanischen Standardentwurf FASB, Proposed Statement Accounting for Goodwill (2001). Für eine ausführliche Besprechung vgl. Pellens, B./Sellhorn, T., Neue Goodwill-Bilanzierung (DB 2001), S. 713 ff. Kurz vor der Drucklegung dieser Arbeit wurde der ‚Impairment-Only-Approach' im Rahmen des neuen Rechnungslegungsstandards *Statement 142 ‚Goodwill and Other Intangible Assets'* vom FASB verabschiedet. Vgl. FASB, Business Combinations Project (News Release v. 05.07.2001).

847 Sofern dennoch ein separater Ausweis eines originären und derivativen Goodwills erwünscht ist, wäre eine proportionale Aufteilung der Wertminderungen oder auch eine Verrechnung zunächst gegen den originären Goodwill denkbar.

Bei einem gleichzeitigen Ansatz eines originären Goodwills i. e. S. wäre es inkonsequent, lediglich außerplanmäßige Abschreibungen auf den Goodwill durchzuführen, Zuschreibungen dagegen zu unterlassen. Daher sollten im Rahmen einer periodischen Neubewertung des Unternehmens auch etwaige Wertzuwächse des Goodwills erfolgsneutral gegen eine ausschüttungsgesperrte Neubewertungsrücklage bzw. erfolgswirksam zugeschrieben werden.[848] Letzteres gilt dann, wenn die Gründe für eine zuvor aufwandswirksam verrechnete außerplanmäßige Abschreibung weggefallen sind.[849] Tab. 5 verdeutlicht den hier entwickelten Lösungsvorschlag anhand des bekannten Zahlenbeispiels.[850] Es wird angenommen, daß der Zeitwert des Goodwills als Ergebnis einer jährlichen Neubewertung und Substanzwertfeststellung bereits vorliegt und für beide Unternehmen jeweils übereinstimmt. Zudem wird hier unterstellt, daß sich die von U_1 getätigten Ausgaben für Aus- und Weiterbildung, Werbung sowie Forschung und Entwicklung nicht als besondere Ausgaben zur Schaffung eines originären Goodwills qualifizieren und daher aufwandswirksam verrechnet werden müssen.[851] In die Tabelle wurden folgende neue Zeilen eingefügt: So meint „NBRL (v. St.)" eine Neubewertungsrücklage vor Steuern, die wie ein Sonderposten mit Rücklageanteil aus Eigen- und Fremdkapital besteht (im Beispiel zu je 50%). „$EK_{inkl\ 50\%\ d.\ NBRL}$" ist demzufolge die Summe aus Eigenkapital und hälftiger Neubewertungsrücklage. Die Position „Unrealisierter Erfolg (v. St.)" bildet die (unrealisierten) Wertveränderungen der Neubewertungsrücklage ab. „$Erfolg_{ges.}$ (n. St.)" schließlich entspricht dem fiktiven Gesamterfolg nach Steuern als Summe aus Jahresüberschuß/-fehlbetrag und latenter Steuerlast auf den unrealisierten Erfolg. Die letzten beiden Zahlenreihen dienen lediglich Informationszwecken, da der Jahresüberschuß/-fehlbetrag auch weiterhin die Grundlage für die Ausschüttung und Besteuerung darstellt.

---

848 Für eine Neubewertung sind auch Auler, W., Unternehmungsmehr- und -minderwert (ZfB 1927), S. 845; Auler, W., Unternehmungsmehr- und -minderwert (ZfB 1932), S. 366; Gynther, R. S., Conceptualizing (AR 1969), S. 253; Lee, T. A., Goodwill (ABR 1971), S. 325 ff., der weitergehend vorschlägt, lediglich die prognostizierten Cashflows anzugeben, damit diese von jedem Anteilseigner mit seinem spezifischen Kapitalkostensatz diskontiert werden können.

849 Die Zuschreibung auch in diesem Fall erfolgsneutral vorzunehmen, erscheint weniger konsequent.

850 Zu den Ausgangsdaten vgl. S. 137.

851 Für den Fall einer Teilaktivierung von Ausgaben zur Schaffung eines originären Goodwills vgl. im Anhang, S. 178.

s = 50%		t_0	t_1	t_2	t_3	t_4	t_5	Σ
Zeitwert GW		0	20	25	40	10	25	
U_1	**GW**	**0**	**20**	**25**	**40**	**10**	**25**	
	$EK_{inkl.\ JÜ/JF}$	100	90	90	90	90	90	
	NBRL (v. St.)	0	20	25	40	10	25	
	$EK_{inkl.\ 50\%\ d.\ NBRL}$	**100**	**100**	**102,5**	**110**	**95**	**102,5**	
	JÜ/JF	0	-10	0	0	0	0	-10
	Unrealisierter Erfolg (v. St.)	0	+20	+5	+15	-30	+15	+25
	$Erfolg_{ges.}$ (n. St.)	**0**	**0**	**+2,5**	**+7,5**	**-15**	**+7,5**	**+2,5**
U_2	**GW**	**0**	**20**	**25**	**40**	**10**	**25**	
	$EK_{inkl.\ JÜ/JF}$	100	100	100	100	95	100	
	NBRL (v. St.)	0	0	5	20	0	5	
	$EK_{inkl.\ 50\%\ d.\ NBRL}$	**100**	**100**	**102,5**	**110**	**95**	**102,5**	
	JÜ/JF	0	0	0	0	-5	+5	0
	Unrealisierter Erfolg (v. St.)	0	0	+5	+15	-20	+5	+5
	$Erfolg_{ges.}$ (n. St.)	**0**	**0**	**+2,5**	**+7,5**	**-15**	**+7,5**	**+2,5**

Tab. 5: Lösungsvorschlag zur Folgebehandlung des Goodwills[852]

Wie die fettgedruckten Zahlenreihen in Tab. 5 verdeutlichen, weisen nunmehr beide Unternehmen in jeder Periode gleiche Werte für den Goodwill und das Eigenkapital nach anteiliger Berücksichtigung der Neubewertungsrücklage aus. Zudem stimmt der fiktive Gesamterfolg nach Steuern jeweils überein. Zur Erläuterung der Berechnung sei exemplarisch folgendes bemerkt: Zwar darf U_1 gemäß Annahme die Ausgaben zum Aufbau eines Goodwills (-20 GE) nicht ansetzen und weist daher zum Zeitpunkt t_1 noch immer einen Jahresfehlbetrag (nach Steuern) von -10 GE aus. Gleichzeitig wird der Goodwill jedoch mit seinem Zeitwert gegen eine ausschüttungsgesperrte Neubewertungsrücklage aktiviert. Der unrealisierte Ertrag in Höhe von +20 GE vor Steuern führt damit gewissermaßen zu einer Neutralisation des Jahresfehlbetrags von -10 GE. Eine Ausschüttung und Besteuerung des fiktiven Gesamterfolgs ist gleichwohl nicht zulässig.

U_2 aktiviert demgegenüber in t_1, wie gehabt, den derivativen Goodwill in Höhe von 20 GE erfolgsneutral im Zuge des Anschaffungsvorgangs. Wie bei U_1 kommt

852 Quelle: Eigene Darstellung.

es hier in t_2 und t_3 zu einer erfolgsneutralen Zuschreibung des Goodwills gegen eine Neubewertungsrücklage (+5 GE bzw. +15 GE). In t_4 bricht der Wert des Goodwills ein, so daß eine außerplanmäßige Abschreibung vorzunehmen ist (-30 GE). Da diese jedoch die Höhe der Neubewertungsrücklage (20 GE) übersteigt, ist der Überhang (-10 GE) in der Gewinn- und Verlustrechnung zu erfassen, was einem Jahresfehlbetrag von -5 GE entspricht. In t_5 erholt sich der Wert des Goodwills um 15 GE. Eine Wertaufholung revidiert zunächst den erfolgswirksamen Teil der vorherigen außerplanmäßigen Abschreibung (+10 GE bzw. +5 GE nach Steuern); der überschüssige Betrag wird wiederum erfolgsneutral zugeschrieben (+5 GE).

Im Ergebnis führt der dargestellte Lösungsvorschlag zu einer weitgehenden Gleichstellung von intern und extern wachsenden Unternehmen in bezug auf die bilanzielle Abbildung des Goodwills. Eine vollkommene Identität der Bilanzen beider Unternehmen wird gleichwohl nicht erreicht, da an einer aufwandswirksamen Behandlung möglicher Ausgaben zur Schaffung eines originären Goodwills festgehalten wurde. Hieraus folgten zum einen abweichende Periodenergebnisse (Jahresüberschüsse/-fehlbeträge), die zudem aufgrund von Steuerzahlungen/-erstattungen zu unterschiedlich hohen Beständen an liquiden Mitteln führten (Vermögenseffekt der Steuer). Zum anderen ergaben sich Abweichungen hinsichtlich der Höhe der Neubewertungsrücklage von U_1 und U_2.

Da hier nur grundsätzlich gezeigt werden sollte, wie eine Gleichbehandlung des Zeitwerts des Goodwills unabhängig von seiner Entstehungsweise erreicht werden kann, wurde der Vermögenseffekt der Steuer in der obigen Tabelle ausgeblendet. Um einen gleichen Zeitwert des Goodwills beider Unternehmen zu erhalten, wurde daher implizit unterstellt, daß die verschieden hohen Substanzwerte von U_1 und U_2 aufgrund der Vermögenswirkung der Steuer jeweils durch entsprechend höhere/ niedrigere Unternehmenswerte kompensiert wurden.[853]

Da für die Ermittlung des Zeitwerts des Goodwills neben einer jährlichen Unternehmens auch eine Substanzbewertung zum jeweiligen Bilanzstichtag erfolgen muß – die Zeitwerte der einzelnen Vermögensgegenstände und Schulden mithin bekannt sind –, wäre es nur konsequent, diese analog zum Wert des Goodwills in der Bilanz anzusetzen.[854] Eine Zuschreibung einzelner Vermögensgegenstände und

---

[853] Tab. 11 zeigt demgegenüber den Fall stets gleicher Unternehmenswerte bei unterschiedlich hohen Substanzwerten von U_1 und U_2 aufgrund der Vermögenswirkung der Steuerzahlungen/-erstattungen. Vgl. im Anhang, S. 179.

[854] Im übrigen würde hierdurch eine bilanzielle Gleichbehandlung von immateriellen Einzelwerten und dem Goodwill erreicht, die gerade wegen der vorgenommenen Abspaltung von Marken und ähnlichen Werten vom Goodwill geboten erscheint. Vgl.

Schulden sollte dabei grundsätzlich ebenfalls gegen eine ausschüttungsgesperrte Neubewertungsrücklage erfolgen. Insgesamt würde damit ein Mischsystem aus einer Gesamtertragswert- und Tageswertbilanz realisiert, das eine höhere Zukunftsbezogenheit und Bewertungsrelevanz als das bestehende System des Einzelvermögensvergleichs verspricht. Eine nähere Untersuchung dieses Systems kann im Rahmen dieser Arbeit jedoch nicht geleistet werden.[855]

D. Angabepflichten

Die im Rahmen der jährlichen Neubewertung eines Unternehmens zugrunde gelegten Prämissen und Daten – insbesondere Cash-flow-Prognosen und Kapitalkostensatz – sollten von einem Wirtschaftsprüfer umfassend verifiziert werden. Zwar ist das Spannungsverhältnis zwischen der Zukunftsbezogenheit und Zuverlässigkeit der Informationen durch deren weitgehend erfolgsneutrale Behandlung gemildert. Die höhere Aussagefähigkeit der hier vorgestellten Bilanzkonzeption darf jedoch nicht dadurch aufgehoben oder gar untergraben werden, indem etwa der Unternehmenswert ‚leichtfertig' geschätzt wird. Insofern sollten nur allgemein anerkannte Verfahren angewendet sowie die einschlägigen Standards des Instituts der Wirtschaftsprüfer etc. beachtet werden.

Während der verwendete ‚Datenpool' vom Wirtschaftsprüfer vollständig einsehbar sein muß, besteht bei Offenlegung *aller* – wenn auch nur wesentlicher – Informationen die Gefahr von Wettbewerbsnachteilen oder gar Rechtsverstößen.[856] Umgekehrt wäre eine Aktivierung und außerplanmäßige Abschreibung/Zuschreibung des Goodwills *ohne* jegliche Angaben zu seiner Wertermittlung nicht glaubwürdig und damit wertlos für die Bilanzadressaten. Eine Verwendung ausschließlich veröffentlichter Informationen für die Ermittlung des Unternehmenswerts mag demgegenüber zwar konsequent und nachvollziehbar für Außenstehende erscheinen, könnte jedoch einer ‚Unterschlagung' wichtiger bewertungsrelevanter Informationen gleichkommen und zu einem stark eingeschränkten Aussagegehalt führen. Für die jährlich durchzuführende Unternehmensbewertung sollten daher auch interne,

auch Diamond, M. A./Nicolaisen, D. T., Intangibles, in: Choi, F. D. S. (Hrsg.), International Accounting (1997), Chapter 14, S. 4.

855 Kritisch zur Aussagefähigkeit einer Zeitbewertung am Beispiel von Finanzanlagen und -schulden dagegen Schildbach, T., Zeitbewertung (WPg 1999), S. 177 ff.

856 Insbesondere ist es unrealistisch, ein Unternehmen zur Verwendung und Angabe noch ‚geheimer' – zudem höchst ungewisser – Informationen z. B. zu einer geplanten Fusion oder Übernahme zu verpflichten. Dadurch würde nicht nur die Durchführbarkeit der Transaktion gefährdet (Kaufpreis!), sondern auch gegen die Publizitätsvorschriften entsprechender Börsenaufsichtsbehörden verstoßen.

d. h. noch unveröffentlichte, Planzahlen herangezogen werden, soweit diese von der Unternehmensleitung und vom Wirtschaftsprüfer als zuverlässig auf Basis des derzeitigen Kenntnisstands eingestuft werden. Die Offenlegungsvorschriften sind daher vorsichtig im Hinblick auf eine Vermeidung möglicher Schäden für das Unternehmen abzuwägen. Wesentliche Prämissen, Kapitalkostensatz und aggregierte Cash-flows für den Planungszeitraum sind jedoch mindestens anzugeben. Auch sollten den Plangrößen die Istgrößen der abgelaufenen Periode gegenübergestellt und wesentliche Abweichungen von der Unternehmensführung erläutert und begründet werden.[857]

Die in der Rechnungslegungsperiode aktivierten besonderen Ausgaben zur Schaffung eines originären Goodwills sowie Zugänge an derivativen Goodwills sollten im Anhang offengelegt werden. Eine gesonderte Aufnahme dieser Positionen in die Bilanz erscheint jedoch eher verwirrend, da eine separate Meßbarkeit im Folgezeitraum nicht durchführbar ist. Anhangsangaben zur Disaggregation des Werts eines derivativen Goodwills in seinem Zugangsjahr sind zu befürworten, da sie externen Bilanzlesern wichtige Schlüsse erlauben (z. B. Barwert der erwarteten Synergien). Abgänge, außerplanmäßige Abschreibungen und Zuschreibungen können nur für den Gesamt-Goodwill ermittelt und offengelegt werden.

Nachdem sich die bisherigen Empfehlungen auf einen positiven Goodwill konzentrierten, sollen abschließend noch einige Hinweise zu einer möglichen Behandlung eines negativen Goodwills gegeben werden.

E. Bilanzielle Behandlung eines negativen Goodwills

Akzeptiert man die Tatsache, daß der Zukunftserfolgswert bei Fortführung eines Unternehmens grundsätzlich auch unter den Substanzwert absinken kann,[858] so ist die formale Existenz eines negativen Goodwills unstrittig. Offen bleibt jedoch, ob und wie ein solcher Wert bilanziell zu berücksichtigen ist, und zwar sowohl bei einem originären als auch derivativen negativen Goodwill. Hierzu soll wiederum vom Wesen bzw. von möglichen Ursachen eines negativen Goodwills ausgegangen werden. Da im deutschen Rechnungslegungssystem derzeit nur ein derivativer

---

[857] Ein weitergehendenderer Vorschlag zur Neubewertung und Offenlegung findet sich bei Lee, T. A., Goodwill (ABR 1971), S. 325 ff.

[858] Selbst Kritiker des bilanziellen Ansatzes eines negativen Goodwills räumen dies ein. Vgl. Siegel, T./Bareis, P., Zum „negativen“ Geschäftswert (BB 1994), S. 317. Zur Existenz eines negativen Goodwills vgl. im übrigen bereits Auler, W., Unternehmungsmehr- und -minderwert (ZfB 1927), S. 657.

negativer Goodwill überhaupt bilanziert werden darf, sei zunächst dieser betrachtet.

Als Entstehungsursachen für einen (derivativen) negativen Goodwill werden – wie dargestellt wurde – regelmäßig Gelegenheitskäufe sowie die Antizipation zukünftiger Verluste bzw. Aufwendungen genannt. Ein Gelegenheitskauf beruht dabei auf einer überlegenen Verhandlungsposition des Erwerbers im Vergleich zum Veräußerer. So ist z. B. ein Zwangsverkauf des Unternehmens aufgrund von Liquiditätsengpässen des Veräußerers denkbar, wenn eine Unternehmenszerschlagung aus faktischen oder rechtlichen Gründen nicht möglich ist.[859] Der Erwerber zahlt dann einen Kaufpreis (Anschaffungskosten) unterhalb des Substanzwerts, erhält im ökonomischen Sinne also einen Rabatt. Bei einem *reinen* Gelegenheitskauf ist der ‚wahre' Unternehmenswert daher mindestens so hoch wie der Substanzwert, so daß in der Realität gar kein negativer Goodwill vorliegt.[860] Nach meiner Auffassung ist es deshalb auch nicht sinnvoll, einen solchen abzubilden. Da bereits für eine Aufhebung des Anschaffungswertprinzips plädiert wurde und weder eine Abstockung noch eine sofortige Gewinnvereinnahmung zu überzeugen vermögen,[861] wird hier eine erfolgsneutrale Aktivierung des ‚tatsächlichen' Unternehmenswerts gegen eine Neubewertungsrücklage vorgeschlagen.[862] Dies sei an einem einfachen Zahlenbeispiel illustriert: Das bekannte Unternehmen U_2 erwerbe in t_1 das Vermögen von U_3 (Asset Deal) zu Anschaffungskosten von 50 GE; der Substanzwert betrage jetzt allerdings 70 GE (ausschließlich Vermögensgegenstände). Der ‚wahre' Unternehmenswert von U_3 wird im Fall a) auf 70 GE, im Fall b) auf 90 GE geschätzt. Abb. 17 zeigt die jeweiligen Bilanzen von U_2 nach erfolgter Übernahme:

---

859 Vgl. hierzu Ernsting, I., Bilanzierung eines negativen Geschäfts- oder Firmenwerts (WPg 1998), S. 408.

860 Ähnlich wohl auch Emmrich, M., Reform der externen Rechnungslegung (1999), S. 274 f. Tatsächlich kann sogar ein positiver Goodwill bestehen.

861 Eine Abstockung scheidet wegen ihrer verzerrenden Wirkung auf die Vermögens- und Ertragslage aus. Vgl. bereits S. 126. Eine sofortige erfolgswirksame Vereinnahmung ist hingegen als Verstoß gegen das Realisationsprinzip anzusehen. So auch Ernsting, I., Bilanzierung eines negativen Geschäfts- oder Firmenwerts (WPg 1998), S. 418.

862 SIEGEL/BAREIS halten es hingegen für ein „marktwirtschaftliches Fehlverständnis ... an die Stelle der Marktbewertung subjektive Werte für die Bilanz als maßgebend anzusehen." Siegel, T./Bareis, P., Der „negative Geschäftswert" (BB 1993), S. 1482. Es sei darauf hingewiesen, daß der Verfasser nicht grundsätzlich gegenüber Marktpreisen reserviert ist. Im Falle eines Gelegenheitskaufs liegt jedoch ein offensichtliches Mißverhältnis von Transaktionswert und ‚tatsächlichem' Wert vor, das es zu berücksichtigen gilt.

a) U_2			
V	100	EK	100
	-50	NBRL	20
	+70		
	120		120

b) U_2			
GW	20	EK	100
V	100	NBRL	40
	-50		
	+70		
	140		140

Abb. 17: Beispiel Gelegenheitskauf[863]

Während der ‚richtige' Wert des Goodwills im Fall a) damit Null beträgt, entsteht bei b) ein positiver Goodwill in Höhe von 20 GE.

Nachdem ein Gelegenheitskauf als Ursache eines negativen Goodwills ausgeschlossen wurde, ist die Antizipation künftiger Verluste bzw. Aufwendungen als zweite Möglichkeit zu überprüfen. In diesem Fall liegt tatsächlich ein niedrigerer Unternehmenswert im Vergleich zum Substanzwert vor, der sich auch beim entgeltlichen Erwerb nicht durch einen Rabatt erklären läßt. Dem Wesen nach kann der negative Goodwill hier als Spiegelbild eines positiven Goodwills verstanden werden,[864] nämlich als ein Konglomerat nicht selbständig bewertbarer immaterieller Faktoren, mit denen künftige „Mehrauszahlungen bzw. Wenigereinzahlungen"[865] verbunden sind. Als Beispiele für derartige Faktoren können ein schlechter Ruf bei den Kunden, mangelhafte Organisation, unterqualifiziertes Personal/Know-how, niedriges Kapitalmarkt-Standing etc. genannt werden. Wegen der fehlenden Zurechenbarkeit der Verluste auf einzelne Verträge handelt es sich beim negativen Goodwill – im Unterschied zu einer Rückstellung für drohende Verluste aus schwebenden Geschäften – um die Antizipation drohender Gesamtverluste[866] und damit um einen *Gesamt*schuldposten, der nur mit dem Unternehmen als Ganzes übertragbar und bewertbar ist. Insofern ist zu beachten, daß z. B. Restrukturierungsrückstellungen konzeptionell nicht Bestandteil eines (negativen) Goodwills sind,[867] da sie sich auf konkrete, geplante Ereignisse/Handlungen beziehen und – auch in der Folge – selbständig bewertbar sind.[868] Restruk-

---

863 Quelle: Eigene Darstellung.

864 Vgl. auch Ernsting, I., Bilanzierung eines negativen Geschäfts- oder Firmenwerts (WPg 1998), S. 419.

865 Geiger, A., Interpretation des negativen Geschäftswerts (DB 1996), S. 1533.

866 Vgl. Bachem, R. G., Berücksichtigung negativer Geschäftswerte (BB 1993), S. 969.

867 Dies wurde bereits in der vergleichenden Beurteilung angedeutet. Vgl. S. 129.

868 Als Beispiele seien Sozialplanrückstellungen, Rückstellungen zur Sanierung des Maschinenparks, Stillegungsrückstellungen für Betriebsteile etc. genannt.

turierungsrückstellungen sollten daher separat passiviert und bei der Substanzwertbestimmung berücksichtigt werden. Gleiches sollte auch für Auszahlungserwartungen gelten, die sich nach den derzeitigen Rechnungslegungsregeln nicht als Rückstellungen qualifizieren, da sie zu weniger als 50% wahrscheinlich sind. Unter der Voraussetzung ihrer Einzelbewertbarkeit sollten sie vielmehr mit ihrem Erwartungswert angesetzt werden und damit im Substanzwert des Unternehmens aufgehen.

Im Ergebnis umfaßt der negative Goodwill damit ausschließlich nicht selbständig bewertbare immaterielle Faktoren, die in der Summe künftige Netto-Auszahlungen erwarten lassen. Aufgrund seines spiegelbildlichen Wesens sollte er konsequenterweise analog zu einem positiven Goodwill bilanziert werden. Es wird daher eine handels- und steuerrechtliche Passivierungspflicht sowohl für den derivativen als auch den originären negativen Goodwill vorgeschlagen,[869] die sich auf das ‚true and fair view'-Gebot und das Vorsichtsprinzip der Gewinnermittlung stützen kann.[870] Während ein negativer Goodwill aus einem Unternehmenserwerb erstmalig erfolgsneutral in die Bilanz aufzunehmen ist, sollte bei Entstehung eines negativen originären Goodwills eine außerplanmäßige Abschreibung als Gegenbuchung erfolgen. Diese Behandlung ist analog zur Wertberichtigung eines positiven Goodwills, welche die Höhe einer Neubewertungsrücklage übersteigt.[871] Hinsichtlich der Folgebehandlung auf Basis der jährlichen Unternehmensbewertung ist folgendes anzumerken: Sofern der Zeitwert des negativen Goodwills noch sinkt, sind weitere außerplanmäßige Wertberichtigungen durchzuführen. Erholt sich der Wert hingegen oder wird gar positiv, so sollte der vorherige negative Goodwill bis zu seinem Zeitwert, maximal jedoch bis zu einem Wert von Null, ertragswirksam aufgelöst werden. Ein überschüssiger Betrag bis zum Zeitwert eines nunmehr positiven Goodwills ist erfolgsneutral in eine Neubewertungsrücklage einzustellen.

Die Vorgehensweise soll anhand des Ausgangsbeispiels verdeutlicht werden,[872] wobei einige Änderungen erfolgen. Danach tätige U_1 keine Ausgaben zur Schaffung eines originären Goodwills. U_2 erwerbe weiterhin das Unternehmen U_3 zu Anschaffungskosten (= Unternehmenswert) von 50 GE; der Substanzwert betrage jetzt 70 GE. Bei der Übernahme entsteht somit ein negativer (derivativer) Good-

869 Die Passivierung eines negativen originären Goodwills fordert auch Emmrich, M., Reform der externen Rechnungslegung (1999), S. 276.

870 Ähnlich Auler, W., Unternehmungsmehr- und -minderwert (ZfB 1927), S. 843.

871 Die Einrichtung einer negativen (!) Neubewertungsrücklage wird vom Verfasser demgegenüber als widersinnig ausgeschlossen.

872 Zu den Ausgangsdaten vgl. S. 137.

will in Höhe von -20 GE. Um die Behandlung eines gleich hohen (negativen) Goodwills bei internem und externem Wachstum vergleichen zu können, werden die Zeitwerte des Goodwills wiederum als gegeben unterstellt.[873]

s = 50%		t_0	t_1	t_2	t_3	t_4	t_5	Σ
Zeitwert GW		0	-20	10	-5	-15	4	
U_1	**GW**	**0**	**-20**	**10**	**-5**	**-15**	**4**	
	$EK_{\text{inkl. JÜ/JF}}$	100	90	100	97,5	92,5	100	
	NBRL (v. St.)	0	0	10	0	0	4	
	$EK_{\text{inkl. 50\% d. NBRL}}$	**100**	**90**	**105**	**97,5**	**92,5**	**102**	
	JÜ/JF	0	-10	+10	-2,5	-5	+8	0
	Unrealisierter Erfolg (v. St.)	0	0	+10	-10	0	+4	+4
	$Erfolg_{\text{ges.}}$ (n. St.)	**0**	**-10**	**+15**	**-7,5**	**-5**	**+10**	**+2**
U_2	**GW**	**0**	**-20**	**10**	**-5**	**-15**	**4**	
	$EK_{\text{inkl. JÜ/JF}}$	100	100	110	107,5	102,5	110	
	NBRL (v. St.)	0	0	10	0	0	4	
	$EK_{\text{inkl. 50\% d. NBRL}}$	**100**	**100**	**115**	**107,5**	**102,5**	**112**	
	JÜ/JF	0	0	+10	-2,5	-5	+8	+10
	Unrealisierter Erfolg (v. St.)	0	0	+10	-10	0	+4	+4
	$Erfolg_{\text{ges.}}$ (n. St.)	**0**	**0**	**+15**	**-7,5**	**-5**	**+10**	**+12**

Tab. 6: Lösungsvorschlag zur Folgebehandlung eines negativen Goodwills[874]

Wie die Tabelle verdeutlicht, gelingt auch hier zumindest eine Gleichstellung beider Unternehmen in bezug auf den Bilanzwert des (negativen) Goodwills. Darüber hinaus kommt es mit Ausnahme der ersten Periode zu einem gleichen fiktiven Gesamterfolg nach Steuern. Das Eigenkapital nach anteiliger Addition der Neubewertungsrücklage differiert demgegenüber in jeder Periode. Sämtliche Abweichungen sind jedoch einzig auf die aufwandswirksame erstmalige Erfassung des negativen originären Goodwills bei U_1 im Unterschied zur erfolgsneutralen Passivierung bei U_2 zurückzuführen, mit anderen Worten auf das – wenn auch modifizierte – Prinzip der imparitätischen Behandlung unrealisierter Verluste.

873 Vgl. hierzu den Kommentar auf S. 154. Um Fälle eines negativen Goodwills zu generieren, unterscheiden sich die Zeitwerte zudem logischerweise von denen in Tab. 5.

874 Quelle: Eigene Darstellung.

Durch die Erholung des Werts des Goodwills zum Stichtag t_2 kommt es bei beiden Unternehmen zu einer erfolgswirksamen Auflösung des gesamten ehemals negativen Goodwills (20 GE bzw. 10 GE nach Steuern). Der überschüssige Wertanstieg wird erfolgsneutral gegen eine Neubewertungsrücklage gebucht (10 GE). Die übrigen Perioden enthalten keine Effekte mehr, die nicht schon im Zusammenhang mit dem Lösungsvorschlag für den positiven Goodwill besprochen wurden.

IV. Zwischenfazit

Der zu Beginn dieses Teils aufgestellte Referenzrahmen nahm zunächst eine Neugewichtung der Funktionen der Rechnungslegung vor. Als übergeordnetes Ziel wurde dabei die möglichst unverzerrte und vollständige Darstellung der Vermögens-, Finanz- und Ertragslage des Unternehmens formuliert; das Vorsichtsprinzip setzt demgegenüber – mit Ausnahme des modifizierten Imparitätsprinzips – im wesentlichen erst auf der Gewinnverwendungsebene an (‚Prinzip gläserner, aber verschlossener Taschen'). Hierauf aufbauend wurden die zuvor getrennt analysierten Normen zur Goodwill-Bilanzierung in Deutschland, Großbritannien und nach den IAS eingehend verglichen und kritisch gewürdigt. Es stellte sich heraus, daß die deutsche Rechnungslegung einige Sonderwege zur Goodwill-Bilanzierung beschreitet und damit einer internationalen Harmonisierung entgegensteht. Doch auch die übrigen Normensysteme vermochten allenfalls in Auszügen zu überzeugen.

In allen untersuchten Rechnungslegungssystemen ist die Aktivierung eines originären Goodwills i. e. S. sowie eine Neubewertung des Goodwills strikt untersagt. Die im ersten Teil dieser Arbeit formulierte Hypothese einer nur unvollständigen Abbildung des Wertbeitrags des Goodwills wurde damit weitgehend bestätigt. Diese Tatsache veranlaßte zur Entwicklung eigener Reformüberlegungen zur Goodwill-Bilanzierung am Beispiel des Einzelabschlusses. Kernelement war dabei das Ziel einer Gleichbehandlung von originärem und derivativem Goodwill, soweit dies überhaupt möglich erscheint. Es wurde daher eine generelle Aktivierungspflicht für den Goodwill unabhängig von seiner Entstehungsweise gefordert. Insbesondere sollte auch ein originärer Goodwill i. e. S. im Rahmen einer jährlichen Unternehmens- und Substanzbewertung erfolgsneutral gegen eine ausschüttungsgesperrte Neubewertungsrücklage aktiviert werden. Die jährliche Neubewertung und außerplanmäßige Abschreibung bzw. Zuschreibung stellte sich zugleich als einzig sinnvolle Folgebehandlung des Gesamt-Goodwills heraus, da spätere Wertveränderungen einem originären bzw. derivativen Goodwill nicht einzeln zurechenbar sind. Aus dem gleichen Grund wurde auch eine Disaggregation des derivativen Goodwills und getrennte Fortführung einzelner Teile abgelehnt.

Hingegen wurde die Abspaltung von Marken und ähnlichen immateriellen Werten vom Goodwill, soweit diese einzelbewertbar sind, befürwortet, da sie konzeptionell Einzelwerte und damit keine Bestandteile des Goodwills darstellen. Für einen negativen Goodwill konnte als alleinige ‚wahre' Ursache die Antizipation zukünftiger Verluste/Aufwendungen identifiziert und eine zum positiven Goodwill spiegelbildliche Vorgehensweise vorgeschlagen werden.

Zu erwähnen bleibt, daß die hier entwickelten Reformempfehlungen grundsätzlich auch auf die Bilanzierung eines Goodwills aus der Kapitalkonsolidierung übertragbar sind, wobei die Berücksichtigung von Steuern entfällt. Bei dem hier propagierten Vorschlag handelt es sich allerdings um ein idealtypisches Modell zur Goodwill-Bilanzierung, daß sich so in der Praxis vermutlich nur eingeschränkt verwirklichen läßt und deshalb einer Relativierung bedarf.

Fazit und Ausblick

In der vorliegenden Arbeit konnte aufgezeigt werden, daß die Bilanzierung des Goodwills seit langer Zeit einen gewichtigen Problembereich in Theorie und Praxis darstellt. Obwohl das gesamte Spektrum der Lösungsansätze im Grundsatz seit Beginn des 20. Jahrhunderts bekannt ist, besteht auf nationaler Ebene noch immer kein Konsens zur bilanziellen Behandlung des Goodwills geschweige denn eine international harmonisierte Vorgehensweise. Der Grund hierfür liegt insbesondere in unterschiedlichen Auffassungen zum Wesen des Goodwills, die jedoch nur selten explizit gemacht werden. Darüber hinaus erzwingt das Streben nach Objektivierung bereits auf der Gewinnermittlungsebene traditionell eine Ungleichbehandlung von originärem und derivativem Goodwill und damit eine Verzerrung der Vermögens- und Ertragslage von Unternehmen. Der Goodwill wird sowohl im deutschen und britischen Bilanzrecht als auch nach den IAS nur in Ausnahmefällen entsprechend seines Beitrags zum Unternehmenswert erfaßt. Bei einem Wertzuwachs des Goodwills, wie er sich in der jüngsten Fusions- und Übernahmewelle widerspiegelt, kommt es daher immer mehr zu einer Divergenz von Unternehmensrealität und Abbildung in der Rechnungslegung.

Mit dieser Arbeit wurde versucht, einen Beitrag zur Problemlösung zu leisten, indem ein Vorschlag zur Reform der Goodwill-Bilanzierung in Deutschland erarbeitet wurde. Dieser basierte auf dem Grundgedanken des dynamischen Wesens des Goodwills, dessen Wert zudem nur als Residualgröße zuverlässig bestimmbar ist. Gefordert wurde eine generelle Aktivierung des Goodwills als Gesamtvermögensgegenstand unabhängig von seiner Entstehungsweise. Im Rahmen der Folgebewertung sollte schließlich auf planmäßige Abschreibungen und damit auf willkürliche Unterstellungen zur Abnutzung des Goodwills verzichtet werden. Vielmehr wurden eine jährliche Werthaltigkeitsüberprüfung dieses Vermögenswerts im Wege einer Unternehmens- und Substanzbewertung und daraus abzuleitende außerplanmäßige Abschreibungen und Zuschreibungen gefordert. Zuschreibungen sowie der Ansatz eines originären Goodwills sollten erfolgsneutral gegen eine ausschüttungsgesperrte Neubewertungsrücklage erfolgen. Für einen negativen Goodwill, der jedoch lediglich im Falle der Antizipation zukünftig erwarteter Verluste/Aufwendungen entstand, wurde eine analoge Behandlungsweise vorgeschlagen.

Der Verfasser vertritt die Ansicht, daß die hier entwickelten Reformempfehlungen zur Goodwill-Bilanzierung entsprechend dem ‚Prinzip gläserner, aber verschlossener Taschen‘ zu einem höheren Informationsgrad des Jahres- und Konzernabschlusses führen, ohne der Zahlungsbemessungsfunktion Abbruch zu tun, da das

Vorsichtsprinzip auf der Gewinnverwendungsebene berücksichtigt wird. Gleichwohl ist offenkundig, daß die hier befürwortete Bilanzkonzeption einer Mischung aus Gesamtertragswert- und Tageswertbilanz zweifelsohne über den eigentlichen Problembereich der Bilanzierung des Goodwills hinausgeht. Zudem handelt es sich um ein Idealmodell, das eindeutig im Konflikt mit den Nebenbedingungen der Wirtschaftlichkeit und zeitnahen Bereitstellung der Rechnungslegungsinformationen steht. So dürften insbesondere kleine und mittlere Unternehmen schlichtweg nicht imstande sein, eine jährliche Unternehmens- und Substanzbewertung vorzunehmen, um den ‚richtigen' Wert des Goodwills ermitteln zu können. Für Großunternehmen und börsennotierte Gesellschaften erscheint das Modell zwar eher realisierbar, gleichwohl dürfte eine jährliche Wertermittlung auch hier angesichts des immensen Ressourcenverbrauchs unpraktikabel sein. Eine abgemilderte Variante ist daher zwangsläufig erforderlich.

Eine stufenweise Verwirklichung kommt in Betracht: Zunächst dürfte die Einführung einer Aktivierungspflicht für den derivativen Goodwill bei Vornahme lediglich außerplanmäßiger Ab- und Zuschreibungen wahrscheinlich sein, wie sie im sogenannten ‚Impairment-Only Approach' in den US-GAAP mittlerweile verabschiedet wurde und im Rahmen der internationalen Harmonisierung der Rechnungslegung auch von den IAS und schließlich den DRS zu erwarten sein dürfte. Mittelfristig werden aus den (veränderten) internationalen Regeln über den Konzernabschluß hinaus auch Rückwirkungen auf den deutschen Einzelabschluß und damit – durch das Maßgeblichkeitsprinzip – auf die Steuerbilanz erwartet.[875] Im Ergebnis käme es hinsichtlich der Bilanzierung des Goodwills so quasi zu einer ‚Reaktivierung der Einheitstheorie' des deutschen Bilanzsteuerrechts.

Die Abschaffung des Anschaffungswertprinzips im Rahmen der Abbildung von Unternehmenserwerben erscheint zumindest beim negativen Goodwill ebenfalls wahrscheinlich – nicht zuletzt, da sie von DRS 4 de lege ferenda bereits angedacht wird.

Eher langfristig dürfte sich im Bilanzrecht die Aktivierung eines originären Goodwills und die generelle Aufhebung des Anschaffungswertprinzips zugunsten von Neubewertungen durchsetzen lassen, wenngleich dies in der oben dargelegten Weise weniger kritisch erscheint, als üblicherweise diskutiert wird. So wäre eine Verpflichtung der Unternehmen zu einer regelmäßigen Unternehmens- und Substanzbewertung denkbar, um die Wertansätze der Vermögensgegenstände und Schulden, und dabei insbesondere des Goodwills, anzupassen. In Betracht käme

---

[875] Vgl. z. B. Heurung, R., Erosion der steuerlichen Gewinnermittlung (RIW 2000), S. 421 ff.

eine Durchführung z. B. alle fünf Jahre, bei börsennotierten Unternehmen alle drei Jahre; zwischenzeitliche Neubewertungen aufgrund von Unternehmenszusammenschlüssen blieben davon unbenommen. Im Zeitraum zwischen den (Neu-)Bewertungsstichtagen müßten die Werte dann nach Konventionen fortgeführt werden.

Die Zukunft wird zeigen, ob auch dieser abgemilderte Vorschlag zur Bilanzierung des Goodwills noch zu radikal erscheint oder aber Chancen zur Realisierung hat. Angesichts der steigenden Bedeutung des immateriellen Vermögens ist eines jedoch gewiß: Zur Bilanzierung des Goodwills ist das letzte Wort noch nicht gesprochen.

Anhang

1. Gesetzliche Vorschriften zur Goodwill-Bilanzierung nach deutschem Bilanzrecht in historischer Entwicklung

Handelsrechtliche Vorschriften zur Bilanzierung des Geschäfts- oder Firmenwerts in historischer Entwicklung (I)

	AktG 1884	GmbHG 1892	HGB 1897	HGB 1931
Ingangsetzungs- und Erweiterungsaufwendungen	"die Kosten der Organisation und Verwaltung dürfen nicht als Aktiva, müssen vielmehr ihrem vollen Betrage nach in der Jahresrechnung als Ausgabe erscheinen" (Art. 185 a Nr. 4 AktG 1884)	"die Kosten der Organisation und Verwaltung dürfen nicht als Aktiva in die Bilanz eingesetzt werden." (§ 43 Nr. 2 GmbHG 1892)	"die Kosten der Errichtung und Verwaltung dürfen nicht als Aktiva in die Bilanz eingesetzt werden." (§ 261 Nr. 4 HGB 1897)	1)
Originärer Geschäfts- oder Firmenwert i. e. S.	1)	1)	1)	"Für den Geschäfts- oder Firmenwert darf ein Posten unter die Aktiven nicht eingesetzt werden." (§ 261 Nr. 4 S. 1 HGB 1931)
Derivativer Geschäfts- oder Firmenwert	1)	1)	1)	„Übersteigt jedoch die für die Übernahme eines Unternehmens bewirkte Gegenleistung die Werte der einzelnen Vermögensgegenstände des Unternehmens im Zeitpunkt der Übernahme, so darf der Unterschied gesondert unter die Aktiven aufgenommen werden. Der eingesetzte Aktivposten ist durch angemessene jährliche Abschreibungen zu tilgen." (§ 261 Nr. 4 S. 2 u. 3 HGB 1931)

1) Keine explizite gesetzliche Regelung

Tab. 7: Handelsrechtliche Vorschriften in historischer Entwicklung (I)[876]

[876] Quelle: Eigene Darstellung.

Handelsrechtliche Vorschriften zur Bilanzierung des Geschäfts- oder Firmenwerts in historischer Entwicklung (II)

	AktG 1937	AktG 1965	HGB 1985
Ingangsetzungs- und Erweiterungsaufwendungen	„Die Kosten der Betriebseinrichtung dürfen, jedoch nur gesondert, unter die Posten des Anlagevermögens aufgenommen werden; der eingesetzte Betrag ist durch jährliche Abschreibungen oder Wertberichtigungen zu tilgen." (§ 133 Nr. 4 S. 2 AktG 1937)	„Die Kosten der Ingangsetzung des Geschäftsbetriebs der Gesellschaft dürfen unter die Posten des Anlagevermögens aufgenommen werden. [3]Der Betrag ist gesondert auszuweisen und in jedem folgenden Geschäftsjahr zu mindestens einem Fünftel durch Abschreibungen zu tilgen." (§ 153 Abs. 4 S. 2 u. 3 AktG 1965)	„[1]Die Aufwendungen für die Ingangsetzung des Geschäftsbetriebs und dessen Erweiterung dürfen, soweit sie nicht bilanzierungsfähig sind, als Bilanzierungshilfe aktiviert werden; der Posten ist in der Bilanz unter der Bezeichnung „Aufwendungen für die Ingangsetzung und Erweiterung des Geschäftsbetriebs" vor dem Anlagevermögen auszuweisen und im Anhang zu erläutern. ... (§ 269 HGB) „Für die Ingangsetzung und Erweiterung des Geschäftsbetriebs ausgewiesenen Beträge sind in jedem folgenden Geschäftsjahr zu mindestens einem Viertel durch Abschreibungen zu tilgen. (§ 282 HGB)
Originärer Geschäfts- oder Firmenwert i. e. S.	„Für den Geschäfts- oder Firmenwert darf kein Aktivposten eingesetzt werden." (§ 133 Nr. 5 S. 1 AktG 1937)	„Für den Geschäfts- oder Firmenwert darf kein Aktivposten eingesetzt werden." (§ 153 Abs. 5 S. 1 AktG 1965)	„Für immaterielle Vermögensgegenstände des Anlagevermögens, die nicht entgeltlich erworben wurden, darf ein Aktivposten nicht angesetzt werden." (§ 248 Abs. 2 HGB)
Derivativer Geschäfts- oder Firmenwert	„Übersteigt jedoch die für die Übernahme eines Unternehmens bewirkte Gegenleistung die Werte der einzelnen Vermögensgegenstände im Zeitpunkt der Übernahme, so darf der Unterschied, jedoch nur gesondert, unter die Posten des Anlagevermögens aufgenommen werden; der eingesetzte Betrag ist durch angemessene jährliche Abschreibungen oder Wertberichtigungen zu tilgen." (§ 133 Nr. 5 S. 2 AktG 1937)	„Übersteigt jedoch die für die Übernahme eines Unternehmens bewirkte Gegenleistung die Werte der einzelnen Vermögensgegenstände des Unternehmens im Zeitpunkt der Übernahme, so darf der Unterschied unter die Posten des Anlagevermögens aufgenommen werden. Der Betrag ist gesondert auszuweisen und in jedem folgenden Geschäftsjahr zu mindestens einem Fünftel durch Abschreibungen zu tilgen." (§ 153 Abs. 5 S. 2 u. 3 AktG 1965)	„[1]Als Geschäfts- oder Firmenwert darf der Unterschiedsbetrag angesetzt werden, um den die für die Übernahme eines Unternehmens bewirkte Gegenleistung den Wert der einzelnen Vermögensgegenstände des Unternehmens abzüglich der Schulden im Zeitpunkt der Übernahme übersteigt. [2]Der Betrag ist in jedem folgenden Geschäftsjahr zu mindestens einem Viertel durch Abschreibungen zu tilgen. [3]Die Abschreibung des Geschäfts- oder Firmenwerts kann aber auch planmäßig auf die Geschäftsjahre verteilt werden, in denen er voraussichtlich genutzt wird." (§ 255 Abs. 4 HGB)

Tab. 8: Handelsrechtliche Vorschriften in historischer Entwicklung (II)[877]

[877] Quelle: Eigene Darstellung.

Steuerrechtliche Vorschriften zur Bilanzierung des Geschäfts- oder Firmenwerts in historischer Entwicklung

	EStG 1934	EStG 1969	Seit BiRiLiG 1985
Ingangsetzungs- und Erweiterungsaufwendungen	1)	1)	1)
Originärer Geschäfts- oder Firmenwert i. e. S.	1)	„Für immaterielle Wirtschaftsgüter des Anlagevermögens ist ein Aktivposten nur anzusetzen, wenn sie entgeltlich erworben wurden.“ (§ 5 Abs. 2 EStG 1969)	„Für immaterielle Wirtschaftsgüter des Anlagevermögens ist ein Aktivposten nur anzusetzen, wenn sie entgeltlich erworben wurden.“ (§ 5 Abs. 2 EStG)
Derivativer Geschäfts- oder Firmenwert	„[1]Andere als die in Ziffer 1 bezeichneten Wirtschaftsgüter des Betriebs (Grund und Boden, Beteiligungen, Geschäfts- oder Firmenwert, Umlaufsvermögen) sind mit den Anschaffungs- oder Herstellungskosten anzusetzen. [2]Statt der Anschaffungs- oder Herstellungskosten kann der niedrigere Teilwert (Ziffer 1 Satz 3) angesetzt werden.“ (§ 6 Abs. 1 Nr. 2 S. 1 u. 2 EStG 1934)	„[1]Andere als die in Ziffer 1 bezeichneten Wirtschaftsgüter des Betriebs (Grund und Boden, Beteiligungen, Geschäfts- oder Firmenwert, Umlaufsvermögen) sind mit den Anschaffungs- oder Herstellungskosten anzusetzen. [2]Statt der Anschaffungs- oder Herstellungskosten kann der niedrigere Teilwert (Ziffer 1 Satz 3) angesetzt werden.“ (§ 6 Abs. 1 Nr. 2 S. 1 u. 2 EStG 1969)	„[1]Bei Wirtschaftsgütern, deren Verwendung oder Nutzung durch den Steuerpflichtigen zur Erzielung von Einkünften sich erfahrungsgemäß auf einen Zeitraum von mehr als einem Jahr erstreckt, ist jeweils für ein Jahr der Teil der Anschaffungs- oder Herstellungskosten abzusetzen, der bei gleichmäßiger Verteilung dieser Kosten auf die Gesamtdauer der Verwendung oder Nutzung auf ein Jahr entfällt (Absetzung für Abnutzung in gleichen Jahresbeträgen). [2]Die Absetzung bemißt sich hierbei nach der betriebsgewöhnlichen Nutzungsdauer des Wirtschaftsguts. [3]Als betriebsgewöhnliche Nutzungsdauer des Geschäfts- oder Firmenwerts eines Gewerbebetriebs oder eines Betriebs der Land- und Forstwirtschaft gilt ein Zeitraum von fünfzehn Jahren.“ (§ 7 Abs. 1 S. 1-3 EStG)

1) Keine explizite gesetzliche Regelung

Tab. 9: Steuerrechtliche Vorschriften in historischer Entwicklung[878]

[878] Quelle: Eigene Darstellung.

2. Überblick über das gegenwärtiges Standard-Setting-System in Großbritannien

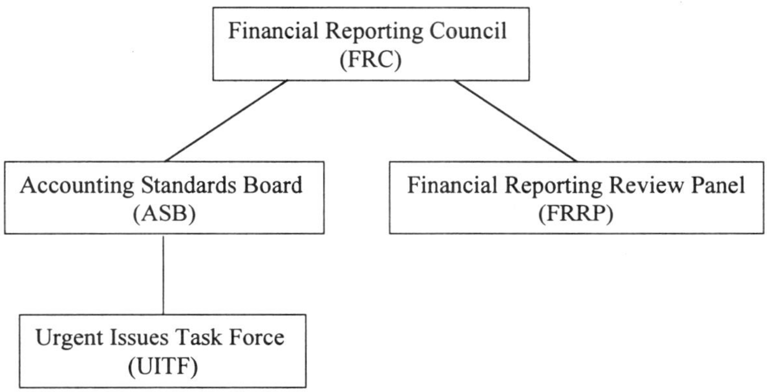

Abb. 18: Gegenwärtiges Standard-Setting-System in Großbritannien[879]

Der *Financial Reporting Council (FRC)* als Dachorganisation des Systems vereinigt zahlreiche Adressatengruppen der Rechnungslegung und verfolgt als allgemeine Zielsetzung die Förderung „guter Rechnungslegung"[880]. Zu diesem Zweck unterstützt er zwei operative Gremien – das Accounting Standards Board und das Financial Reporting Review Panel – im wesentlichen bei Rahmenentscheidungen (z. B. mehrjährigen Arbeitsprogrammen) und stellt ihre Finanzierung sicher.[881]

Das *Accounting Standards Board (ASB)* trat 1990 – analog zum US-amerikanischen FASB – als Standard-Setter an die Stelle des ASC. Anders als sein Vorgänger ist es autonom: Es kann unabhängig von der Zustimmung des FRC, der Regierung oder einer anderen außenstehenden Partei *Financial Reporting Standards (FRS)* verabschieden, revidieren und zurückziehen.[882] Die Standardsetzung erfolgt

---

879 Quelle: In Anlehnung an Davies, M./Paterson, R./Wilson, A., UK GAAP (1999), S. 33.

880 FRC, Outline, http://www.frc.org.uk/.../outline.pdf (11.07.2001), S. 2; eigene Übersetzung.

881 Vgl. FRC, Outline, http://www.frc.org.uk/.../outline.pdf (11.07.2001), S. 2.

882 Vgl. PricewaterhouseCoopers, Student's Manual of Accounting (1999), Tz. 2.51. Das ASB hat sich jedoch zur Gewohnheit gemacht, bei der Entwicklung eines Rechnungslegungsstandards im Wege eines ‚Due Process' einen intensiven Diskurs mit der inte-

jedoch vor dem Hintergrund des geltenden britischen Rechts mit dem Ziel, Konsistenz zwischen den Rechnungslegungsstandards und dem Gesetz sicherzustellen.[883] Das ASB läßt sich bei der Standardsetzung ferner von seinem *Statement of principles for financial reporting* leiten,[884] das in Anlehnung an das ‚IASC-Framework'[885] als konzeptioneller Rahmen der Rechnungslegung fungiert. Darüber hinaus wird bei der Entwicklung der Rechnungslegungsstandards den International Accounting Standards besondere Beachtung geschenkt, weshalb die Einhaltung der FRS in den meisten Fällen auch zugleich den IAS genügt. Das ASB macht jedoch deutlich, daß bei Abweichungen die eigenen Standards zwingend zu befolgen sind.[886]

Die zum Zeitpunkt seiner Konstituierung gültigen *Statements of Standard Accounting Practice (SSAP)* seines Vorgängers erkannte das ASB an; sie werden im Zeitablauf sukzessive durch ‚Financial Reporting Standards' ersetzt. FRS und SSAP gelten damit gleichermaßen als Rechnungslegungsstandards im Sinne der Legaldefinition des sec. 256 (1) CA 1985.[887] Hinsichtlich ihrer Verbindlichkeit besteht die Vermutung, daß jeder Jahres- oder Konzernabschluß, der einen ‚true and fair view' zu vermitteln bezweckt, im Regelfall mit den geltenden Rechnungslegungsstandards übereinstimmen muß.[888] Das ASB weist explizit darauf hin, daß Abweichungen nur in Ausnahmefällen zu erwarten sind.[889] Die Rechnungslegungsstandards sind damit – im Unterschied zum Companies Act – nicht

---

ressierten Öffentlichkeit zu führen. Zu diesem Zweck werden nacheinander verschiedene Dokumente, wie *Discussion Papers*, *Exposure Drafts* etc., publiziert, zu denen die Öffentlichkeit innerhalb vorgegebener Fristen Stellung nehmen kann. In Einzelfällen finden auch öffentliche Anhörungen statt. Vgl. ASB, Foreword (1993), Par. 23-26.

883 Vgl. ASB, Foreword (1993), Par. 34.

884 Vgl. ASB, Foreword (1993), Par. 17; ASB, Statement of principles (1999), Introduction. Das ‚Statement of principles' wurde nach langjähriger Diskussion und mehreren Überarbeitungen im Dezember 1999 von ASB verabschiedet. Es gilt nicht als Rechnungslegungsstandard, sondern soll in erster Linie als konzeptioneller Rahmen bei der Standardsetzung dienen. Darüber hinaus ist es für Unternehmen eine Orientierungshilfen in Bereichen, für die noch keine Rechnungslegungsstandards existieren.

885 Vgl. IASC, Framework (1989).

886 Vgl. ASB, Foreword (1993), Par. 36.

887 Vgl. ASB, Foreword (1993), Par. 2.

888 Vgl. ASB, Foreword (1993), Par. 16. Zwar obliegt die Entscheidung, was einem ‚true and fair view' genügt, letzten Endes den Gerichten. Es existiert jedoch kein Gerichtsfall, bei dem ein Rechnungslegungsstandard für diesen Zweck abgelehnt wurde. Vgl. Freedman, J., Role of Realisation, in: International Fiscal Association (Hrsg.), Determining Taxable Income (1997), S. 34.

889 Vgl. ASB, Foreword (1993), Par. 18 f.

nur für Kapitalgesellschaften und Konzerne, sondern grundsätzlich für alle Unternehmen anzuwenden.[890]

Zur Regelung unbefriedigender oder konfligierender Interpretationen einzelner Bestimmungen des Companies Act und der Rechnungslegungsstandards rief das ASB die *Urgent Issues Task Force (UITF)* als Unterausschuß ins Leben. Deren zumeist sehr kurze *UITF Abstracts* sollen der Bilanzierungspraxis möglichst schnell Hilfestellung bei der Interpretation der betreffenden Regeln geben. Trotz eines fehlenden Hinweises im Gesetz gilt es als wahrscheinlich, daß auch die UITF Abstracts für die Vermittlung eines ‚true and fair views' einzuhalten sind.[891]

Das zweite operative Gremium des FRC ist das ebenfalls unabhängige *Financial Reporting Review Panel (FRRP)*, welches die Einhaltung der Bestimmungen des Companies Act 1985 und der anzuwendenden Rechnungslegungsstandards bei großen Kapitalgesellschaften[892] überwacht und – falls notwendig auch vor Gericht – einfordert.[893]

---

890 Vgl. Wild, K./Creighton, B./Deloitte & Touche technical department, GAAP 2000 (1999), Tz. 2.8. Für kleine Unternehmen hat das ASB einen eigenen ‚Globalstandard', den *Financial Reporting Standard for Smaller Entities (FRSSE)*, entwickelt, der die Befolgung weiterer Standards überflüssig macht. Vgl. ASB, FRSSE (1999).

891 Vgl. ASB, Foreword, Appendix, Par. 12.

892 Alle anderen Fälle unterliegen der Verantwortung des britischen Handels- und Industrieministeriums (*Department of Trade and Industry, DTI*).

893 Vgl. FRC, Outline, http://www.frc.org.uk/.../outline.pdf (11.07.2001), S. 5 ff. Diese Aufgabe wird in den USA allgemein von der *Securities and Exchange Commission (SEC)* wahrgenommen.

3. Überblick über das gegenwärtige Standard-Setting-System des IASC

Das IASC hat sich in seiner neuen Satzung folgende Zielsetzung gegeben. Es will

1. ein Regelwerk qualitativ hochwertiger, verständlicher und durchsetzbarer globaler Rechnungsstandards schaffen,
2. die Anwendung dieser Standards fördern und
3. die Konvergenz nationaler Rechnungslegungsstandards und International Accounting Standards zu qualitativ hochwertigen Lösungen bewirken.[894]

Die wichtigsten Organe des zum 1. April 2001 in Kraft getretenen Standard-Setting-Systems des IASC sind die Trustees (Treuhänder), das International Accounting Standards Board, das Standing Interpretations Committee und der Standards Advisory Council.[895]

Bei den *Trustees* handelt es sich um Individuen, die unterschiedlichen Regionen der Mitgliedstaaten des IASC entstammen und ein breit gefächertes Spektrum an Adressaten der internationalen Rechnungslegung repräsentieren.[896] Sie zeichnen sich für Rahmenentscheidungen verantwortlich: So obliegen ihnen im wesentlichen die Finanzierung und Budgetierung des Standard-Setting-Systems, die jährliche Überprüfung der Strategie, Satzungsänderungen und die Ernennung bzw. Entlassung der Mitglieder der übrigen Gremien.[897]

Das *International Accounting Standards Board (IASB)* ist als unabhängiges – und wohl bedeutendstes – Organ damit betraut, internationale Rechnungslegungsstandards im Wege eines ‚Due Process'[898] zu entwerfen, zu überarbeiten und zu verabschieden. Zudem entscheidet es über die Verlautbarung von Interpretationen des Standing Interpretations Committee.[899] Mitglieder des IASB werden aufgrund ihrer Fachkenntnisse von den Trustees gewählt und sind nunmehr überwiegend hauptberuflich angestellt.[900] Um die Konvergenz nationaler und internationaler

---

894 Vgl. IASB, Constitution (2000), Par. 2.

895 Eine ausführliche Diskussion der einzelnen Gremien des neuen Standard-Setting-Systems findet sich auch bei Baetge, J./Thiele, S./Plock, M., Restrukturierung (DB 2000), S. 1033 ff. Zum vorherigen Standard-Setting-System vgl. Pellens, B., Internationale Rechnungslegung (1999), S. 390 ff.

896 Vgl. IASB, Constitution (2000), Par. 9-11.

897 Vgl. IASB, Constitution (2000), Par. 18-22.

898 Vgl. zum geplanten ‚Due Process' im einzelnen IASB, Due Process, http://www.iasc.org.uk/... (11.07.2001).

899 Vgl. IASB, Constitution (2000), Par. 36.

900 Vgl. IASB, Constitution (2000), Par. 23 f.

Standards weiter zu fördern, bestehen über einige Mitglieder des IASB zugleich formale Verbindungen zu wichtigen nationalen Standard-Settern;[901] bei den IASB-Mitgliedern soll es sich jedoch – wohl zur Vermeidung von Interessenkonflikten – nicht um stimmberechtigte Mitglieder der nationalen Gremien handeln.[902]

Das *Standing Interpretations Committee (SIC)* bleibt in seiner bisherigen Form bestehen und ist damit weiterhin schwerpunktmäßig für die zeitnahe Interpretation von Fragen im Rahmen der Anwendung der IAS zuständig.[903]

Als neues Gremium mit hauptsächlich beratenden Funktionen existiert nunmehr ferner der *Standards Advisory Council.* Er bietet seinen Mitgliedern, die über einen gemischten fachlichen und regionalen Hintergrund verfügen, Partizipationsmöglichkeiten im Rahmen der Standardsetzung als Diskussionspartner und Ratgeber des IASB.[904]

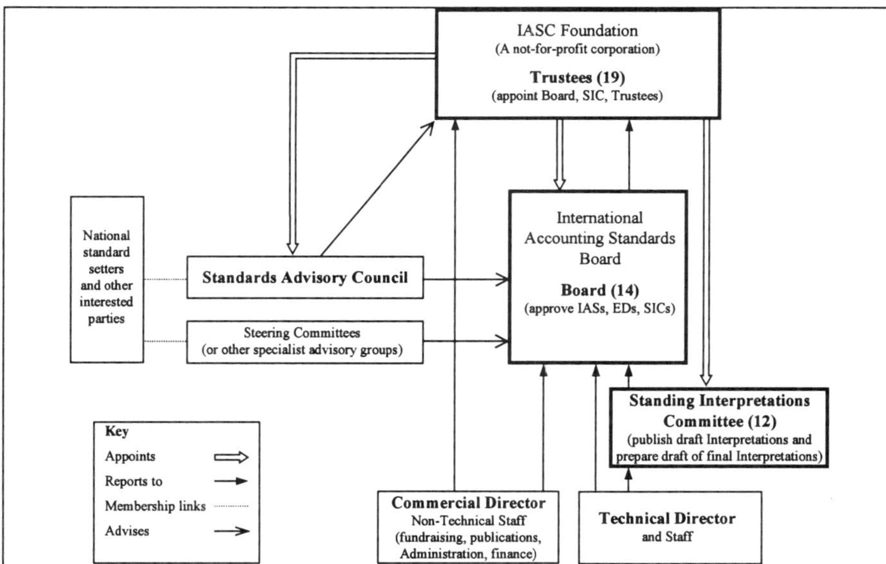

Abb. 19: Gegenwärtiges Standard-Setting-System des IASC[905]

---

901 Dies gilt derzeit für die Standard-Setting-Gremien von Australien/Neuseeland, Deutschland, Frankreich, Großbritannien, Kanada, Japan und den USA. Vgl. IASB, Board, http://www.iasc.org.uk/... (11.07.2001).

902 Vgl. IASB, Constitution (2000), Par. 27.

903 Vgl. IASB, Constitution (2000), Par. 41.

904 Vgl. IASB, Constitution (2000), Par. 42.

905 Quelle: IASC, IASB - Overview, http://www.iasc.org.uk/.../cen4_0.htm (08.05.2001).

4. Vergleich der Abschreibung des derivativen Goodwills nach deutschem und britischem Bilanzsteuerrecht

Annahmen:

– Vollständiger und sofortiger Verlustausgleich
– Standardmodell der Investitionsrechnung mit Steuersatz s = 50%
– Abgang des erworbenen Unternehmens in Periode 5 bzw. t

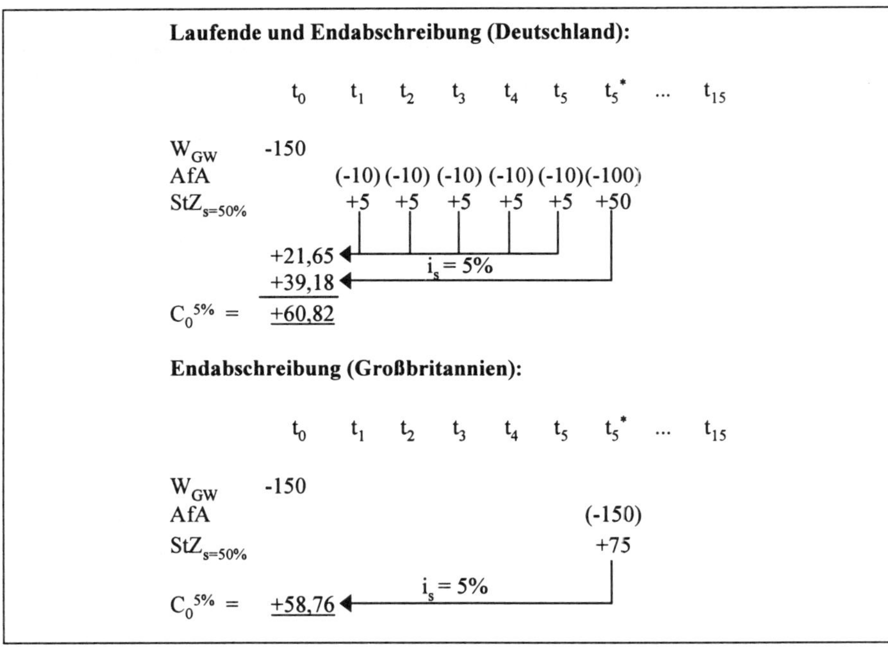

Abb. 20: Beispielrechnung zum Vergleich der steuerrechtlichen Abschreibung des derivativen Goodwills[906]

Variablen:

W_{GW} Wert des derivativen Goodwills
n Vorgeschriebene Nutzungsdauer im deutschen Bilanzsteuerrecht, d. h. 15 Jahre

---

[906] Quelle: Eigene Darstellung und Berechnung.

t Zeitraum bis zum Unternehmensabgang
s Steuersatz
q Diskontierungsfaktor
$C_0^{i_s}$ Kapitalwert zum Zinssatz i_s

$$C_0^{i_s}(D) = \frac{W_{GW} \cdot (1-s)}{n} \cdot \frac{q_s^t - 1}{q_s - 1} \cdot \frac{1}{q_s^t} + \frac{W_{GW} \cdot \left(1 - \frac{t}{n}\right) \cdot (1-s)}{q_s^t};$$

$$C_0^{i_s}(GB) = \frac{W_{GW} \cdot (1-s)}{q_s^t}$$

$$C_0^{i_s}(D) > C_0^{i_s}(GB)$$

$$\left(\frac{W_{GW}}{n} \cdot \frac{q_s^t - 1}{q_s - 1} \cdot \frac{1}{q_s^t} + \frac{W_{GW} \cdot \left(1 - \frac{t}{n}\right)}{q_s^t} \right) \cdot (1-s) > \frac{W_{GW}}{q_s^t} \cdot (1-s)$$

$$\frac{1}{n} \cdot \frac{q_s^t - 1}{q_s - 1} + 1 - \frac{t}{n} > 1$$

$$\frac{1}{n} \cdot \left(\frac{q_s^t - 1}{q_s - 1} - t \right) > 0$$

$$\frac{q_s^t - 1}{q_s - 1} - t > 0 \qquad \text{für alle } t > 1$$

Abb. 21: Formale Betrachtung zum Vergleich der steuerrechtlichen Abschreibung des derivativen Goodwills[907]

Wenn der Unternehmensabgang nach der ersten Periode erfolgt, ist der Kapitalwert der Steuerzahlungsreihe unter den oben gesetzten Annahmen in Deutschland größer als in Großbritannien, so daß ceteris paribus ein höherer Kaufpreis für das Zielunternehmen zu erwarten ist.

907 Quelle: Eigene Darstellung und Berechnung.

5. Lösungsvorschlag bei Teilaktivierung von Ausgaben zur Schaffung eines originären Goodwills

	s = 50%	t_0	t_1	t_2	t_3	t_4	t_5	Σ
	Zeitwert GW	0	20	25	40	10	25	
U_1	**GW**	**0**	**20**	**25**	**40**	**10**	**25**	
	$EK_{inkl.\ JÜ/JF}$	100	95	95	95	95	95	
	NBRL (v. St.)	0	10	15	30	0	15	
	$EK_{inkl.\ 50\%\ d.\ NBRL}$	**100**	**100**	**102,5**	**110**	**95**	**102,5**	
	JÜ/JF	0	-5	0	0	0	0	-5
	Unrealisierter Erfolg (v. St.)	0	+10	+5	+15	-30	+15	+15
	$Erfolg_{ges.}$ (n. St.)	**0**	**0**	**+2,5**	**+7,5**	**-15**	**+7,5**	**+2,5**
U_2	**GW**	**0**	**20**	**25**	**40**	**10**	**25**	
	$EK_{inkl.\ JÜ/JF}$	100	100	100	100	95	100	
	NBRL (v. St.)	0	0	5	20	0	5	
	$EK_{inkl.\ 50\%\ d.\ NBRL}$	**100**	**100**	**102,5**	**110**	**95**	**102,5**	
	JÜ/JF	0	0	0	0	-5	+5	0
	Unrealisierter Erfolg (v. St.)	0	0	+5	+15	-20	+5	+5
	$Erfolg_{ges.}$ (n. St.)	**0**	**0**	**+2,5**	**+7,5**	**-15**	**+7,5**	**+2,5**

Tab. 10: Teilaktivierung von Ausgaben zur Schaffung eines originären Goodwills[908]

Es gelten grundsätzlich die Ausgangsdaten des Zahlenbeispiels aus dem fünften Teil.[909] Im Unterschied wird jedoch angenommen, daß sich 10 GE der von U_1 getätigten Ausgaben zur Schaffung eines originären Goodwills in Höhe von insgesamt 20 GE als *besondere Ausgaben* qualifizieren und damit aktivierungspflichtig sind. Der Jahresfehlbetrag in Periode 1 verringert sich demzufolge auf -5 GE (nach Steuern). Da der Zeitwert des Goodwills zum Zeitpunkt t_1 20 GE, der Buchwert hingegen nur 10 GE beträgt, wird die Differenz in Höhe von 10 GE erfolgsneutral gegen eine Neubewertungsrücklage zugeschrieben. Im übrigen ergeben sich keine Abweichungen zu Tab. 5.

---

908 Quelle: Eigene Darstellung.

909 Vgl. S. 137 ff.

6. Lösungsvorschlag bei Berücksichtigung des Vermögenseffekts der Steuer

	s = 50%	t_0	t_1	t_2	t_3	t_4	t_5	Σ
	UW	100	100	105	120	90	110	
U_1	SW[1) 2)]	100	90	90	90	90	90	
	Zeitwert GW	0	10	15	30	0	20	
	GW	**0**	**10**	**15**	**30**	**0**	**20**	
	$EK_{inkl. JÜ/JF}$	100	90	90	90	90	90	
	NBRL (v. St.)	0	10	15	30	0	20	
	$EK_{inkl. 50\% d. NBRL}$	**100**	**95**	**97,5**	**105**	**90**	**100**	
	JÜ/JF	0	-10	0	0	0	0	-10
	Unrealisierter Erfolg (v. St.)	0	+10	+5	+15	-30	+20	+20
	$Erfolg_{ges.}$ (n. St.)	**0**	**-5**	**+2,5**	**+7,5**	**-15**	**+10**	**0**
U_2	SW[2)]	100	80	80	80	80	85	
	Zeitwert GW	0	20	25	40	10	25	
	GW	**0**	**20**	**25**	**40**	**10**	**25**	
	$EK_{inkl. JÜ/JF}$	100	100	100	100	95	100	
	NBRL (v. St.)	0	0	5	20	0	5	
	$EK_{inkl. 50\% d. NBRL}$	**100**	**100**	**102,5**	**110**	**95**	**102,5**	
	JÜ/JF	0	0	0	0	-5	+5	0
	Unrealisierter Erfolg (v. St.)	0	0	+5	+15	-20	+5	+5
	$Erfolg_{ges.}$ (n. St.)	**0**	**0**	**+2,5**	**+7,5**	**-15**	**+7,5**	**+2,5**

1) Steuererstattung auf nicht aktivierbare Aufwendungen zur Schaffung eines (originären) Goodwill ist bereits erfolgt und daher im Substanzwert inbegriffen.

2) Vor Vermögensänderungen durch Steuerzahlungen/-erstattungen auf erfolgswirksame außerplanmäßige Abschreibungen/Zuschreibungen des Goodwill in derselben Periode.

Tab. 11: Berücksichtigung des Vermögenseffekts der Steuer[910]

---

910 Quelle: Eigene Darstellung.

Literaturverzeichnis

Adler, Hans/Düring, Walter/Schmaltz, Kurt: Rechnungslegung und Prüfung der Aktiengesellschaft, 4. Aufl., Bd. 1, Stuttgart 1968; Bd. 2, Stuttgart 1971; Bd. 3, Stuttgart 1972; 5. Aufl., unter dem Titel „*Rechnungslegung und Prüfung* der Unternehmen", Stuttgart 1987/1993; 6. Aufl., Stuttgart 1995/2000.

Arbeitskreis „Immaterielle Werte im Rechnungswesen" der Schmalenbach-Gesellschaft für Betriebswirtschaft e. V.: Kategorisierung und bilanzielle *Erfassung immaterieller Werte*, DB, Heft 19/2001, S. 989-995.

Arnold, John u. a.: *Goodwill* and Other Intangibles: Theoretical Considerations and Policy Issues, London 1992.

Atkins, Ralph/Waters, Richard: *Mannesmann* chief forced to reconsider, FT v. 04.02.2000, S. 26.

Auler, Wilhelm: Der *Unternehmungsmehr- und -minderwert* in der Bilanz, ZfB 1927, S. 653-659, 727-736, 839-850.

Auler, Wilhelm: Der *Unternehmungsmehr- und -minderwert* in der Bilanz, ZfB, 1932, S. 364-369.

Bachem, Rolf G.: *Berücksichtigung negativer Geschäftswerte* in Handels-, Steuer- und Ergänzungsbilanz, BB, Heft 14/1993, S. 967-973.

Bachem, Rolf G.: *Der „negative Geschäftswert"* – eine Schimäre als Steuersparmodell?, BB, Heft 28/1993, S. 1976-1978.

Baetge, Jörg/Thiele, Stefan/Plock, Marcus: Die *Restrukturierung* des International Accounting Standards Committee – Das IASC auf dem Weg zum globalen Standardsetter?, DB, Heft 21/2000, S. 1033-1038.

Ballwieser, Wolfgang: *Geschäftswert*, in: Busse v. Colbe, Walther/Pellens, Bernhard (Hrsg.), *Lexikon des Rechnungswesens*, 4. Aufl., München, Wien 1998, S. 283-286.

Barney, Jay: *Firm Resources* and Sustained Competitive Advantage, JoM, Vol. 17, No. 1/1991, S. 99-120.

Barwise, Patrick u. a.: *Accounting for Brands*, London 1989.

Becker, Enno: Das *Einkommensteuergesetz* vom 10. August *1925*, Bd. 1, §§ 1-18, Stuttgart 1928.

Becker, Enno: Zur Rechtsprechung. Einkommensteuerrecht. Reichsabgabenordnung. *Einkommensteuerrechtliche Behandlung* des Geschäftswerts (§ 261 Nr. 4 des HGB. neuer Fassung), StuW 1931, Sp. 1405-1426.

Bond, Stephen R./Cummins, Jason G.: The *Stock Market and Investment* in the New Economy: Some Tangible Facts and Intangible Fictions, Brookings Panel on Economic Activity, Research Paper presented at the NBER's Program on Economic Fluctuations and Growth Meeting on 22 July 2000; auch zum Download unter http://www.nber.org/~confer/2000/efcosi00/bond.pdf (11.07.2001), S. 1-56.

Boulton, Richard E. S./Libert, Barry D./Samek, Steve M.: *Cracking the Value Code*, New York 2000.

Brealey, Richard A./Myers, Stewart C.: Principles of *Corporate Finance*, Sixth Edition, Boston u. a. 2000.

Browne, E. A.: *Goodwill*: Its Ascertainment and Treatment in Accounts, Accountant, December 20, 1902, S. 1339-1344.

Bryer, Robert A.: A Political Economy of SSAP22: *Accounting for Goodwill*, BAR, Vol. 27, No. 4/1995, S. 283-310.

Bryer, Robert A.: *Accounting for Groups*, Warwick Business School, Lecture Notes „Advanced Financial Reporting“, Autumn Term 1999/2000, S. 1-56.

Bryer, Robert A.: *Goodwill* and other intangibles, Warwick Business School, Lecture Notes „Advanced Financial Reporting“, Autumn Term 1999/2000, S. 1-38.

Budde, Wolfgang D./Förschle, Gerhart: *Immaterielles Vermögen*, in: Chmielewicz, Klaus/Schweitzer, Marcell (Hrsg.), *Handwörterbuch des Rechnungswesens*, 3. Aufl., Stuttgart 1993, Sp. 897-901.

Cairns, David: Can the IASC *cope with goodwill*?, Accountancy, Vol. 117, Issue 1232, April 1996, S. 62-64.

Carsberg, Bryan V.: The Contribution of P. D. Leake to the Theory of *Goodwill Valuation*, JoAR, Spring 1966, S. 1-15.

Catlett, George R./Olson, Normon O.: *Accounting for Goodwill*, AICPA Accounting Research Study No. 10, New York 1968.

Chartered Institute of Taxation: *Tax nothings* – Schedule D, http://tax.org.uk/technical/main/ScedD.htm (11.07.2001).

Choi, Frederick D. S./Lee, Changwoo: *Merger Premia* and National Differences in Accounting for Goodwill, JoIFMA, Vol. 3, No. 3/1991, S. 219-240.

Coenenberg, Adolf G. u. a.: *Jahresabschluß* und Jahresabschlußanalyse, 17. Aufl., Landsberg/Lech 2000.

Cooke, Terry/Choudhury, Mohammed/Wallace, R. S. Olusequn: *United Kingdom – Individual Accounts*, in: Ordelheide, Dieter/KPMG (Hrsg.), *Transnational Accounting*, Second Edition, Basingstoke u. New York 2001, S. 2571-2716.

Croner.CCH Group Limited: CCH *British Tax Library*, Bicester 2001.

Damodaran, Aswath: *Corporate finance*: theory and practice, Second Edition, New York u. a. 2001; Chapter 26 auch zum Download unter http://www.stern.nyu.edu/%7Eadamodar/pdfiles/papers/acquisitions.pdf (11.07.2001).

Davies, Mike/Paterson, Ron/Wilson, Allister: *UK GAAP*: Generally Accepted Accounting Practice in the United Kingdom, Sixth Edition, Croydon Surrey 1999.

Davis, Michael: *Goodwill Accounting*: Time for an Overhaul, JoA, Vol. 173, No. 6/June 1992, S. 75-83.

Day, Robert G.: *UK Accounting Regulation*: An Historical Perspective, Working Paper, Bournemouth University, No. 20/2000; auch zum Download unter http://www.bournemouth.ac.uk/fal/assets/applets/20.pdf (11.07.2001), S. 1-34.

Deloitte & Touche: European Comparison: *UK & Germany*, London 2001; auch zum Download unter http://www.deloitte.co.uk/services/audit/pdf/uk_ger.pdf (11.07.2001).

Deogun, Nikhil/Scannell, Kara: *Value of Mergers* Increased in 2000, WSJE v. 02.01.2001.

Deubner, Peter: Die *Aktivierung und Abschreibung* des Geschäftswerts in der Steuerbilanz, Diss., Köln, Univ., 1971.

Deutsche Börse AG: *Regelwerk Neuer Markt*, Stand: 09.04.2001; auch zum Download unter http://nm.deutsche-boerse.com/INTERNET/NM/nm4.nsf/WebMaskenformeln/7A772C916105BE6541256A01005E93F2/$FILE/Regelwerk_Neuer_Markt_09042001.pdf (11.07.2001).

Deutsche Bundesbank (Hrsg.): *Zahlungsbilanzstatistik Juni* 2001, Frankfurt am Main 2001.

Diamond, Michael A./Nicolaisen, Donald T.: *Intangibles*, in: Choi, Frederick D. S. (Hrsg.), *International Accounting* and Finance Handbook, Second Edition, New York u. a. 1997, Chapter 14, S. 1-26.

Dicksee, Lawrence R./Stevens, T. M.: *Goodwill* and Its Treatment in Accounts, London 1897.

Dicksee, Lawrence R./Tillyard, Frank: *Goodwill* and Its Treatment in Accounts, Third Edition, London 1906.

Dine, Janet: *Company Law*, Third Edition, Basingstoke u. a. 1998.

Döhling, Erich: *Der ideelle Geschäftswert*, Saarbrücken 1950.

Doralt, Werner: Der *Firmenwert* in der Handels- und Steuerbilanz, Berlin 1976.

Döring, Ulrich: *Goodwill*, in: Chmielewicz, Klaus/Schweitzer, Marcell, *Handwörterbuch des Rechnungswesens*, 3. Aufl., Stuttgart 1993, Sp. 810-818.

Dries, Folker: Freundliche Aufnahme für *feindliche Offerten in Amerika*, FAZ v. 19.11.1999, S. 24.

Drukarczyk, Jochen: *Unternehmensbewertung*, 2. Aufl., München 1998.

Dzinkowski, Ramona: The Measurement and Management of *Intellectual Capital*: An Introduction, Research Paper, International Federation of Accountants, 1998; auch zum Download unter http://www.ciberconta.unizar.es/ftp/pub/docs/IntellCapital_IFAC.pdf (11.07.2001), S. 1-22.

Edwards, John R.: A *History of Financial Accounting*, London u. New York 1989.

Elliott, Barry/Elliott, Jamie: *Financial Accounting* and Reporting, Fourth Edition, Harlow u. a. 2000.

Ellrott, Helmut/Schmidt-Wendt, Dietrich: in: Budde, Wolfgang D. u. a. (Hrsg.), *Beck'scher Bilanz-Kommentar*. Handels- und Steuerrecht. §§ 238 bis 339 HGB, 4. Aufl., München 1999, § 255, Rn. 511-550.

Emmrich, Markus: Ansätze und Perspektiven einer *Reform der externen Rechnungslegung* in Deutschland, Aachen 1999; zugl. Diss., Bayreuth, Univ., 1998.

Epstein, Barry J./Mirza, Abbas A.: *IAS 2000*. Interpretation and application of International Accounting Standards 2000, New York u. a. 2000.

Ernst & Young: *GAAP news*, Issue No. 16, August 2000.

Ernst & Young/The Institute of Chartered Accountants of Scotland (Hrsg.): Guide to the *Companies Act* 1989, London 1989.

Ernsting, Ingo: Zur *Bilanzierung eines negativen Geschäfts- oder Firmenwerts* nach Handels- und Steuerrecht, WPg, Heft 9/1998, S. 405-421.

FASB: FASB Completes Business Combinations Project, *News Release v. 05.07.2001*; auch zum Download unter http://accounting.rutgers.edu/raw/fasb/news/nr070501.html (11.07.2001).

FRC: FRC, ASB, FRRP – A Brief *Outline*, http://www.frc.org.uk/publications/content/outline.pdf (11.07.2001), S. 1-20.

Fitzgibbon, Christopher: *United Kingdom*, ITR, Vol. 9, Issue 3/1998, S. IX-XV.

Focken, Elke/Lenz, Hansrudi: *Spielräume der Kapitalkonsolidierung* nach der Erwerbsmethode bei Beteiligungserwerb durch Anteilstausch, DB, Heft 49/2000, S. 2437-2442.

Förschle, Gerhart/Deubert, Michael: in: Budde, Wolfgang D. u. a. (Hrsg.), *Beck'scher Bilanz-Kommentar*. Handels- und Steuerrecht. §§ 238 bis 339 HGB, 4. Aufl., München 1999, § 301.

Förschle, Gerhart/Hoffmann, Karl: in: Budde, Wolfgang D. u. a. (Hrsg.), *Beck'-scher Bilanz-Kommentar*. Handels- und Steuerrecht. §§ 238 bis 339 HGB, 4. Aufl., München 1999, § 309.

Freedman, Judith: The *Role of Realisation*: Accounting, Company Law and Taxation, International Fiscal Association (Hrsg.), The Influence of Corporate Law and Accounting Principles in *Determining Taxable Income*, Proceedings of 50th Congress of International Fiscal Association, Geneva, V. 21b, Den Haag u. London 1997, S. 29-48.

Fülbier, Rolf Uwe/Honold, Dirk/Klar, Alexander: *Bilanzierung immaterieller Vermögenswerte*, RIW, Heft 11/2000, S. 833-844.

Geiger, Andreas: *Interpretation des negativen Geschäftswerts* im Rahmen einer ökonomischen Analyse, DB, Heft 31/1996, S. 1533-1535.

Gießler, O. S.: *Der negative Geschäftswert* in Handels-, Steuer- und Ergänzungsbilanz, Frankfurt am Main u. a. 1996.

Glanegger, Peter: in: Schmidt, Ludwig (Hrsg.), *Einkommensteuergesetz*, 20. Aufl., München 2001, § 6.

Gordon, Paul D./Gray, Sidney J.: *United Kingdom*, London u. New York 1994.

Gotch, Andrew: *True and Fair Profits*, in: ICAEW Tax Faculty (Hrsg.), *Taxline Tax Review* 1998-99, London 1998, S. 102-105.

Gräber, Hermann: Die handelsrechtliche *Geschäftswertbilanzierung* im Blickfeld des Abschlußprüfers, Diss., Würzburg, Univ., 1981.

Grinyer, J. R./Russell, A./Walker, M.: The Rationale for *Accounting for Goodwill*, BAR, Vol. 22, No. 3/1990, S. 223-235.

Großfeld, Bernhard: *Internationale Standards* der Rechnungslegung, NZG, Heft 23/1999, S. 1143-1148.

Gynther, Reg S.: Some "*Conceptualizing*" on Goodwill, AR, Vol. 44, April 1969, S. 247-255.

Hall, Robert E.: The *Stock Market* and Capital Accumulation, Research Paper, Stanford University/National Bureau of Economic Research, 21.02.2001; auch zum Download unter http://www.stanford.edu/~rehall/SMCA%202-21-01.pdf (11.07.2001), S. 1-44.

Haller, Axel: *Immaterielle Vermögenswerte* – Wesentliche Herausforderung für die Zukunft der Unternehmensrechnung, in: Möller, Hans Peter/Schmidt, Franz (Hrsg.), Rechnungswesen als Instrument für Führungsentscheidungen, *Festschrift* für Prof. Dr. Dr. h. c. Adolf G. *Coenenberg* zum 60. Geburtstag, Stuttgart 1998, S. 561-596.

Haller, Axel/Dietrich, Ralph: *Intellectual Capital Bericht* als Teil des Lageberichts, DB, Heft 20/2001, S. 1045-1052.

Hasenack, Wilhelm: Die betriebswirtschaftliche *Unhaltbarkeit* des Verbotes, den translativen Firmenwert in der Steuerbilanz regelmäßig abzuschreiben, BFuP, Heft 5/1958, S. 297-304.

Henssler, Martin/Slota, Christian: Der *Befreiungstatbestand* des § 292 a HGB – Nur eine Zwischenlösung?, NZG, Heft 23/1999, S. 1133-1143.

Herzog, Alexander: *Steigende Bedeutung* immaterieller Investitionen, ST, Heft 9/1997, S. 809-818.

Heurung, Rainer: *Der negative Geschäftswert* im Bilanzrecht, DB, Heft 8/1995, S. 385-392.

Heurung, Rainer: Führt die Internationalisierung der Rechnungslegung zu einer *Erosion der steuerlichen Gewinnermittlung*?, RIW, Heft 6/2000, S. 421-431.

Heurung, Rainer: *Kapitalkonsolidierungsmethoden* für verbundene Unternehmen im Vergleich zwischen IAS und US-GAAP, DB, Heft 36/2000, S. 1773-1781.

Higson, Chris: *Goodwill*, BAR, Vol. 30, 1998, S. 141-158.

Høegh-Krohn, Nils E. J./Knivsflå, Kjell H.: Accounting for *Intangible Assets* in Scandinavia, the UK, the US, and by the IASC: Challenges and a Solution, IJoA, Vol. 35, No. 2/2000, S. 243-265.

Hole, David: The *draft Statement of Principles* for Financial Reporting and the Financial Reporting Standard for Smaller Enterprises, B. T. R., No. 4/1999, S. 208-221.

Holgate, Peter A.: The *history and regulation* of goodwill accounting, in: Power, Michael (Hrsg.), Brand and *Goodwill Accounting* Strategies, New York u. a. 1990, S. 9-19.

Hommel, Michael: Internationale *Bilanzrechtskonzeptionen* und immaterielle Vermögensgegenstände, ZfbF, Heft 4/1997, S. 345-369.

Hopcroft, Terry: *Rechnungslegung* und Grundsätze der Abschlußprüfung *in Großbritannien und Deutschland*: Ein Vergleich, Düsseldorf 1995.

Hughes, Hugh P.: *Goodwill in Accounting*: A History of the Issues and Problems, Research Monograph No. 80, Atlanta, Georgia 1982.

IASB: IASB *Due Process*, http://www.iasc.org.uk/cmt/0001.asp?s=100069972&sc ={169E2EEC-750F-11D5-BE5E-003048110251}&n=3274 (11.07.2001).

IASB: *Board*, http://www.iasc.org.uk/cmt/0001.asp?s=100069972&sc={169E2 EEC-750F-11D5-BE5E-003048110251}&n=84 (11.07.2001).

IASB: *Use of IAS* Around the World (G – L, http://www.iasc.org.uk/cmt/0001. asp?s=100069972&sc={169E2EEC-750F-11D5-BE5E-003048110251}&n=911 (11.07.2001).

IASC: *IASB Overview*, http://www.iasc.org.uk/frame/cen4_0.htm (08.05.2001).

IASC: *IOSCO Endorses* IASC's *Core Standards*, News Release v. 17.05.2000.

IASC's Strategy Working Party: *Recommendations* on Shapting IASC for the Future, November 1999; auch zum Download unter http://www.iasc.org.uk/docs/swp/swp_rep.pdf (11.07.2001).

ICAEW: *About Chartered Accountants*, http://www.icaew.co.uk/accountants/ index.asp (11.07.2001).

IOSCO: *IASC Standards* – Assessment Report, May 2000; auch zum Download unter http://www.iosco.org/download/pdf/2000-iasc_standards.pdf (11.07.2001).

Jacobs, Otto H./Scheffler, Wolfram: *Unternehmensbewertung*, in: Chmielewicz, Klaus/Schweitzer, Marcell (Hrsg.), *Handwörterbuch des Rechnungswesens*, 3. Aufl., Stuttgart 1993, Sp. 1977-1988.

Jansen, Stephan A./Müller-Stewens, Günter: *Fusionen und Beteiligungen* (1), FAZ v. 04.10.2000, S. 49.

Johnson, L. Todd/Petrone, Kimberly R.: Is *Goodwill* an Asset?, Accounting Horizons, Vol. 12, September 1998, S. 293-303.

Johnson, L. Todd/Petrone, Kimberly R.: Viewpoints: Why Eliminate the *Pooling Method*?, FASB Status Report No. 316, 31.08.1999; auch zum Download unter http://www.rutgers.edu/Accounting/raw/fasb/project/pooling.exe (11.07.2001), S. 1-8.

Keitz, Isabel v.: *Immaterielle Güter* in der internationalen Rechnungslegung, Düsseldorf 1997; zugl. Diss., Münster, Univ., 1996.

Klein, Gabriele: Die *Erfassung des Goodwill* in unterschiedlichen Rechnungslegungssystemen unter Berücksichtigung grenzüberschreitender Fusionen, DStR, Heft 18/2000, S. 788-796.

Kleinert, Jörn: *Megafusionen*: Welle oder Trend?, Weltwirtschaft, Heft 2/2000, S. 171-186.

Kleinert, Jörn/Klodt, Henning: *Megafusionen* – Trends, Ursachen und Implikationen, Kieler Studien 302, Tübingen 2000.

Klinger, K.: Zum *Verbot der steuerlichen Abschreibung* des derivativen Firmenwertes, DB, Heft 2/1959, S. 29-31.

Kolbe, Kurt: Besteht eine *Diskrepanz* zwischen der Handelsbilanz und der Steuerbilanz *hinsichtlich des Geschäftswertes* (I), DB, Heft 20/1969, S. 845-849.

Kolbe, Kurt: *Theorie und Praxis* des Gesamtwertes und Geschäftswertes der Unternehmung, 3. Aufl., Düsseldorf 1967.

Kossack, Eberhard: *Die immateriellen Wirtschaftsgüter* und ihre Behandlung in der Bilanz, Wiesbaden 1960.

KPMG: Strategic Management of *Intellectual Property*, White Paper, 2000; auch zum Download unter http://www.kpmg.co.uk/kpmg/uk/image/white_paper.pdf (11.07.2001).

Krawitz, Norbert/Klotzbach, Daniela: Anwendungsvoraussetzungen und Aussagefähigkeit der Fresh-Start-Methode bei der Bilanzierung von *Unternehmenszusammenschlüssen*, WPg, Heft 23-24/2000, S. 1164-1180.

Küting, Karlheinz: Der *Geschäfts- oder Firmenwert* – ein Spielball der Bilanzpolitik in deutschen Konzernen, AG, Heft 3/2000, S. 97-106.

Küting, Karlheinz: Die Merkmale einer *Unternehmensanalyse* am Neuen Markt, FAZ v. 23.10.2000, S. 32.

Küting, Karlheinz/Harth, Hans-Jörg: Die Behandlung einer *negativen Aufrechnungsdifferenz* im Rahmen der Purchase-Methode nach APB 16 und nach IAS 22, WPg, Heft 13/1999, S. 489-500.

Küting, Karlheinz/Hayn, Sven: Der Aussagewert eines *angelsächsischen Konzernabschlusses* im Vergleich zum HGB-Abschluß, AG, Heft 2/1996, S. 49-71.

Lachnit, L. u. a.: *Geschäfts- oder Firmenwert* als Problem der Konzernabschlußanalyse, WPg, Heft 17/1999, S. 677-688.

Lamb, Margaret: *Defining ‚profits'* for British income tax purposes: A contextual study of the depreciation cases, 1875-1897, Paper prepared for presentation at the Interdisciplinary Perspectives on Accounting Conference, Manchester, July 2000; auch zum Download unter http://les.man.ac.uk/IPA/papers/78.pdf (11.07.2001), S. 1-54.

Leake, P. D.: *Goodwill*: Its Nature and How to Value it, Accountant, January 17, 1914, S. 81-90.

Lee, Changwoo/Choi, Frederick D. S.: Effects of *Alternative Goodwill Treatments* on Merger Premia: Further Empirical Evidence, JoIFMA, Vol. 4, No. 3/1992, S. 220-236.

Lee, T. A.: *Accounting for Goodwill*, ABR, Summer 1973, S. 175-196.

Lee, T. A.: *Goodwill*. An Example of Will-o'-the-Wisp Accounting, ABR, Autumn 1971, S. 318-328.

Lev, Baruch/Zarowin, Paul: The *Boundaries of Financial Statements* and How to Extend Them, JoAR, Vol. 37, No. 2, Autumn 1999, S. 353-385.

Lopatta, Kerstin: *Erfassung des Goodwill* in unterschiedlichen Rechnungslegungssystemen unter Berücksichtigung grenzüberschreitender Fusionen, RIW, Heft 5/2000, S. 354-363.

M&A International GmbH: *Pressemitteilung*, http://www.m-a-international.de/Aktuelle_Pressemitteilung.rtf (12.02.2001).

M&A International GmbH: *Statistik*, http://www.m-a-international.de/Statistik.xls (12.02.2001).

Major, Tony: *Corporate Germany* in preparation for shake-up, FT v. 04.02.2000, S. 29.

Maul, Karl-Heinz/Menninger, Jutta: Das *„Intellectual Property Statement"* – eine notwendige Ergänzung des Jahresabschlusses?, DB, Heft 11/2000, S. 529-533.

Meiisel, Patrick/Pejić, Philip: *Goodwill* durch Sanierungsrückstellung? – Beurteilung nach HGB, US-GAAP und IAS –, WPg, Heft 21/2000, S. 1055-1066.

Mellerowicz, Konrad: Der *Wert der Unternehmung* als Ganzes, Essen 1952.

Möschel, Wernhard: *Megafusionen* zwischen Synergieeffekten und Marktbeherrschung, ifo Schnelldienst, Heft 18/2000, S. 5 f.

Moxter, Adolf: *Aktivierungsgrenzen* bei „immateriellen Anlagewerten", BB, Heft 17/1978, S. 821-825.

Moxter, Adolf: Bilanzrechtliche Probleme beim *Geschäfts- oder Firmenwert*, in: Bierich, Marcus/Hommelhoff, Peter/Kropff, Bruno (Hrsg.), *Festschrift* für Johannes *Semler* zum 70. Geburtstag am 28. April 1993. Unternehmen und Unternehmensführung im Recht, Berlin u. a. 1993, S. 853-861.

Moxter, Adolf: Die *Geschäftswertbilanzierung* in der Rechtsprechung des Bundesfinanzhofs und nach EG-Bilanzrecht, BB, Heft 15/1979, S. 741-747.

Moxter, Adolf: Grundsätze ordnungsmäßiger *Unternehmensbewertung*, 2. Aufl., Wiesbaden 1983.

Moxter, Adolf: *Immaterielle Anlagewerte* im neuen Bilanzrecht, BB, Heft 22/1979, S. 1102-1109.

Moxter, Adolf: *Rechnungslegungsmythen*, BB, Heft 42/2000, S. 2143-2149.

Moxter, Adolf: Zum neuen *Bilanzrechtsentwurf*, BB, Heft 17/1985, S. 1101-1103.

Mujkanovic, Robin: Die Vorschläge des Deutschen Standardisierungsrates zur *Abbildung von Unternehmenserwerben* im Konzernabschluss, WPg, Heft 14/2000, S. 637-647.

Mujkanovic, Robin: Die *Zukunft der Kapitalkonsolidierung*, WPg, Heft 14/1999, S. 533-540.

Mullen, Maggie: *How to value intangibles*, Accountancy, November 1993, S. 92-94.

Müller-Stewens, Günter: *Catching the right wave*, European Business Forum, Should we control the urge to merge?, Issue 4, Winter 2000; auch zum Download unter http://www.ebfonline.com/pdf/at_forum_4.pdf (11.07.2001), S. 6 f.

Mutze, Otto: *Aktivierung und Bewertung* immaterieller Wirtschaftsgüter nach Handels- und Steuerrecht, Berlin 1960.

Myers, Randy: Getting A Grip On *Intangibles*, CFO, September 1996, S. 49-54.

Nelson, Robert H.: The *Momentum Theory* of Goodwill, AR, Vol. 28, October 1953, S. 491-499.

Niemann, Ursula: *Immaterielle Wirtschaftsgüter* im Handels- und Steuerrecht, Bielefeld 1999.

Nobes, Christopher/Norton, Julie: International Variations in the Accounting and Tax *Treatments of Goodwill* and the Implications for Research, JoIAAT, Vol. 5, No. 2/1996, S. 179-196.

Nobes, Christopher/Parker, Robert: *Comparative International Accounting*, Sixth Edition, Harlow u. a. 2000.

o. V.: *Europe's new capitalism*, Economist v. 12.02.2000, S. 97-100.

o. V.: *Letter of credit*, Economist v. 24.06.2000, S. 130.

o. V.: *Limited revisions* to IAS 22, Accountancy, Vol. 122, Issue 1262, October 1998, S. 123 ff.

o. V.: *Vodafone* gibt Mannesmann 49,5 Prozent, Welt v. 04.02.2000.

Obermüller, Albrecht: Der *Goodwill* und seine Bewertung *beim Zugewinnausgleich*, Diss., Regensburg, Univ., 1999.

Paquette, Lyne: *Accounting For Goodwill* And The Urge To Merge, http://www.mscpaonline.org/lounge/goodwill.htm (11.07.2001).

Paterson, Ron: Will *FRS 10* hit the target?, Accountancy, February 1998, S. 74-75.

Paton, William A./Littleton, Ananias C.: An Introduction to *Corporate Accounting Standards*, American Accounting Association Monograph No. 3, Nachdruck d. Ausgabe v. 1940, Ann Arbor 1967.

Peel, Michael: *Global accounting deal* agreed, FT v. 18.05.2000, S. 27.

Pellens, Bernhard: *Internationale Rechnungslegung*, 3. Aufl., Stuttgart 1999.

Pellens, Bernhard/Fülbier, Rolf Uwe: *Immaterielle Vermögensgegenstände* in der internen und externen Unternehmensrechnung, in: Küting, Karlheinz/Weber, Claus-Peter (Hrsg.), *Wertorientierte Konzernführung*. Kapitalmarktorientierte Rechnungslegung und integrierte Unternehmenssteuerung, Stuttgart 2000, S. 119-155.

Pellens, Bernhard/Sellhorn, Thorsten: *Neue Goodwill-Bilanzierung* nach US-GAAP, DB, Heft 14/2001, S. 713-720.

Pellens, Bernhard/Tomaszewski, Claude/Weber, Nicolas: *Wertorientierte Unternehmensführung* in Deutschland, DB, Heft 37/2000, S. 1825-1833.

Philips & Drew(Hrsg.): The *Value of Q*, Research Group Occasional Paper, No. 5, 16.04.1999; auch zum Download unter http://www.phillipsdrew.com /research/ qmain.pdf (11.07.2001), S. 1-15.

Phipps, Eric: *Peace and goodwill* to all accountants?, Accountancy, Vol. 118, Issue 1239, Nov. 1996, S. 69 ff.

Plender, John: *Whirlwinds of change*, FT v. 04.02.2000, S. 18.

Plückebaum, Rudolf: Der *Geschäftswert* und geschäftswertähnliche immaterielle Wirtschaftsgüter, DB, Beilage Nr. 18/64 zu Heft 43/1964, S. 1-8.

Porter, Michael E./Millar, V. E.: How *information* gives you competitive advantage, HBR, Vol. 63, No. 4, July/August 1985, S. 149-160.

Post-Pawelleck, Gabriele: Die *Geschichte des englischen Bilanzrechts*, Diss., Münster, Univ., 1991.

Powling, Hazel/Rigelsford, Ken: The *first season of goodwill*, Accountancy, August 1999, S. 84-85.

PricewaterhouseCoopers: *Quaterly accounting briefing*, March 2001.

PricewaterhouseCoopers: Speed Makes the Difference: A Survey of *Mergers and Acquisitions*, Oktober 2000; auch zum Download unter http://212.184.106.144/30000_publikationen/getattach.asp?id=219 (11.07.2001).

PricewaterhouseCoopers: *Student's Manual of Accounting*, London 1999.

Rammert, Stefan: *Pooling of interests* – die Entdeckung eines Auslaufmodells durch deutsche Konzerne?, DBW, Heft 5/1999, S. 620-632.

Rappaport, Alfred: Creating *Shareholder Value* – A Guide for Managers and Investors, Second Edition, New York u. a. 1998.

Rasche, Christoph: Wettbewerbsvorteile durch *Kernkompetenzen*. Ein ressourcen-orientierter Ansatz, Wiesbaden 1994; zugl. Diss., Bayreuth, Univ. 1994.

Renshall, Michael/Aldis, John: The *Companies Act* 1985, London 1987.

Richter, Rudolf/Furubotn, Eirik: *Neue Institutionenökonomik*, 2. Aufl., Tübingen 1999.

Roberts, Clare B./Weetman, Pauline/Gordon, Paul: *International Financial Accounting*, London u. a. 1998.

Robinson, John R./Shane, Philip B.: Acquisition Accounting Method and *Bid Premia* for Target Firms, AR, Vol. 65, No. 1, January 1990, S. 25-48.

Rütte, Marc v./Hoenes, Raimund C.: *Rechnungslegung immaterieller Werte*, Gemeinschaftsdiss., St. Gallen, Hochschule, Bamberg 1995.

Rutteman, Paul: *Accounting for brands* and separability, in: Power, Michael (Hrsg.), Brand and *Goodwill Accounting* Strategies, New York u. a. 1990, S. 51-68.

Sattler, Henrik/PwC Deutsche Revision (Hrsg.): Praxis von *Markenbewertung* und Markenmanagement in deutschen Unternehmen, Frankfurt am Main, April 1999.

Schildbach, T.: *Zeitbewertung*, Gewinnkonzeptionen und Informationsgehalt – Stellungnahme zu „Financial Assets and Liabilities – Fair Value or Historical Cost?“, WPg, Heft 5/1999, S. 177-185.

Schmalenbach, Eugen: *Dynamische Bilanz*, 6. Aufl., Leipzig 1933.

Schmalenbach, Eugen: *Dynamische Bilanz*, 9. Aufl., Leipzig 1948.

Schönwandt, Detlev: *Bilanzunwahrheit*, Berlin 1908.

Sellhorn, Thorsten: Ansätze zur bilanziellen Behandlung des *Goodwill* im Rahmen einer kapitalmarktorientierten Rechnungslegung, DB, Heft 18/2000, S. 885-892.

Siegel, Theodor u. a.: *Stille Reserven* und aktienrechtliche Informationspflichten, ZIP, Heft 50/1999, S. 2077-2085.

Siegel, Theodor/Bareis, Peter: *Der „negative Geschäftswert“* – eine Schimäre als Steuersparmodell?, BB, Heft 21/1993, S. 1477-1485.

Siegel, Theodor/Bareis, Peter: *Zum „negativen Geschäftswert“* in Realität und Bilanz, BB, Heft 5/1994, S. 317-322.

Sigloch, Jochen: Die *Neuordnung der Rechnungslegung* der Unternehmen durch das Bilanzrichtlinien-Gesetz (BiRiLiG) – Grundlinien, Neuerungen, Perspektiven –, in: Böhler, Heymo u. a. (Hrsg.), *Mittelstand und Betriebswirtschaft*, Bd. 4, Bayreuth 1987, S. 103-154.

Sigloch, Jochen: Ein Valet dem *Maßgeblichkeitsprinzip*?, BFuP, Heft 2/2000, S. 157-182.

Sigloch, Jochen: *Einkommensbesteuerung* der Unternehmen – Stand und Perspektiven, in: Elschen, Rainer/Siegel, Theodor/Wagner, Franz W. (Hrsg.), Unternehmenstheorie und Besteuerung. *Festschrift* zum 60. Geburtstag von Dieter *Schneider*, Wiesbaden 1995, S. 673-702.

Sigloch, Jochen: *Unternehmenswachstum* durch Fusion, Berlin 1974; zugl. Diss., München, Univ., 1970.

Smith, Gordon V./Parr, Russell L.: *Valuation of Intellectual Property* and Intangible Assets, Third Edition, New York 2000.

Smith, Roy C.: *World Financial Integration*, in: Choi, Frederick D. S. (Hrsg.), *International Accounting* and Finance Handbook, Second Edition, New York u. a. 1997, Chapter 1, S. 1-31.

Smithers, Andrew/Wright, Stephen: *Valuing Wall Street*, New York u. a. 2000.

Smithers, Andrew/Wright, Stephen: *Virtual Appendix*, http://www.valuingwall street.com/VApp.pdf (11.07.2001), S. 1-14.

Söffing, Günter: Der *Geschäfts- oder Firmenwert*, in: Knobbe-Keuk, Brigitte u. a. (Hrsg.), Handelsrecht und Steuerrecht. *Festschrift* für Dr. Dr. h. c. Georg *Döllerer*, Düsseldorf 1988, S. 593-614.

Stapf, Anton: *Immaterielle Anlagewerte* und aktive Rechnungsabgrenzungsposten, Diss., Würzburg, Univ., 1968.

Take, Felix: Der *Geschäfts- oder Firmenwert*, Diss., Köln, Univ., 1938.

Taylor, Paul A.: *United Kingdom – Group Accounts*, in: Ordelheide, Dieter/KPMG (Hrsg.), *Transnational Accounting*, Second Edition, Basingstoke u. New York 2001, S. 2717-2849.

Taylor, Peter/Turley, Stuart: The *Regulation of Accounting*, Oxford u. New York 1986.

Thompson, John K.: *Shareholder Value* and the Market in Corporate Control *in OECD Countries*, Special Features, Financial Market Trends, No. 69, February 1998, S. 15-37.

Tipke, Klaus/Lang, Joachim: *Steuerrecht*, 16. Aufl., Köln 1998.

Veit, Klaus-Rüdiger: *Der derivative Firmenwert* als Bilanzierungshilfe, DB, Heft 22/1989, S. 1093-1096.

Veit, Klaus-Rüdiger: Die *Inanspruchnahme von Bilanzierungshilfen* – Ergebnisse einer empirischen Untersuchung –, DB, Heft 43/1995, S. 2129-2131.

Wagner, Franz W./Schomaker, Helmut: Die *Abschreibung des Firmenwertes* in Handels- und Steuerbilanz nach der Reform des Bilanzrechts, DB, Heft 27-28/1987, S. 1365-1372.

Walton, Peter: Accounting in the *United Kingdom*, in: Walton, Peter/Haller, Axel/ Raffournier, Bernard (Hrsg.), *International Accounting*, London u. a. 1998, S. 130-149.

Weber, Claus-Peter/Zündorf, Horst: Der Posten „*Geschäfts- oder Firmenwert*" im Konzernabschluß, DB, Heft 7/1989, S. 333-340.

Weber-Grellet, Heinrich: in: Schmidt, Ludwig (Hrsg.), *Einkommensteuergesetz*, 20. Aufl., München 2001, § 5.

Weise, Herbert: Die Steuern im Vereinigten Königreich, Kiel 1957.

Weizsäcker, Carl Christian v.: Keine Angst vor *Fusionen*, FAZ v. 24.04.1999, S. 15.

Wernerfelt, Birger: A *Resource-based View* of the Firm, SMJ, Vol. 5, 1984, S. 171-180.

Westerfelhaus, Herwarth: *Zwei-Stufen-Ermittlung* zum bilanzierungsfähigen Vermögensgegenstand, DB, Heft 18/1995, S. 885-889.

Wild, Ken/Creighton, Brian/Deloitte & Touche technical department: *GAAP 2000.* UK financial reporting and accounting, London 1999.

Wöhe, Günter: *Betriebswirtschaftliche Steuerlehre*, Bd. I, 2. Halbband, 7. Aufl., München 1992.

Wöhe, Günter: Zur *Bilanzierung und Bewertung* des Firmenwertes, StuW, Heft 2/1980, S. 89-108.

Wöhe, Günter/Döring, Ulrich: Einführung in die *Allgemeine Betriebswirtschaftslehre*, 20. Aufl., München 2000.

Yang, Ju Mei: *Goodwill and other intangibles*, New York 1978, Nachdruck d. Ausgabe v. 1927; urspr. Diss., Michigan, Univ., 1879.

Zeitler, Franz-Christoph: Der *Firmenwert* und verwandte immaterielle Wirtschaftsgüter in der Bilanz, DStR, Heft 10/1988, S. 303-308.

Rechtsquellenverzeichnis

Gesetze und Gesetzentwürfe

Europäische Union:

4. EG-Richtlinie: Vierte Richtlinie des Rates der Europäischen Gemeinschaften v. 25.07.1978 auf Grund von Artikel 54 Absatz 3 Buchstabe g) des Vertrages über den Jahresabschluß von Gesellschaften bestimmter Rechtsformen (78/660/EWG), Amtsblatt der Europäischen Gemeinschaften, Nr. L 222 v. 14.08.1978, S. 11-31.

7. EG-Richtlinie: Siebente Richtlinie des Rates der Europäischen Gemeinschaften v. 13.06.1983 auf Grund von Artikel 54 Absatz 3 Buchstabe g) des Vertrages über den konsolidierten Abschluß (83/349/EWG), Amtsblatt der Europäischen Gemeinschaften, Nr. L 193 v. 18.07.1983, S. 1-17.

Europäische Kommission: Proposal for a regulation of the European Parliament and of the Council on the application of *international accounting standards*, COM(2001) 80 final, 2001/0044 (COD), 13.02.2001; auch zum Download unter http://www. europa.eu.int/comm/internal _market/en/company/account/news/6941en.pdf (11.07.2001).

Deutschland:

AktG 1884: Gesetz, betreffend die Kommanditgesellschaften auf Aktien und die Aktiengesellschaften (Aktiengesetz) v. 18.07.1884, RGBl. 1884, S. 123-170.

AktG 1937: Gesetz über Aktiengesellschaften und Kommanditgesellschaften auf Aktien (Aktiengesetz) v. 30.01.1937, RGBl. I 1937, S. 107-165.

AktG 1965: Aktiengesetz v. 06.09.1965, BGBl. I 1965, S. 1089-1184.

BiRiLiG: Gesetz zur Durchführung der Vierten, Siebenten und Achten Richtlinie des Rates der Europäischen Gemeinschaften zur Koordinierung des Gesellschaftsrechts (Bilanzrichtlinien-Gesetz) v. 19.12.1985, BGBl. I 1985, S. 2355-2433.

Deutscher Bundestag: *BT-Drucksache 10/4268 v. 18.11.1985*. Beschlußempfehlung und Bericht des Rechtsausschusses (6. Ausschuß) zu dem von der Bundesregierung eingebrachten Entwurf eines Gesetzes zur Durchführung der Vierten Richtlinie des Rates der Europäischen Gemeinschaften zur Koordinierung des Gesellschaftsrechts (Bilanzrichtlinie-Gesetz) – Drucksache 10/317 –, Entwurf eines Gesetzes zur Durchführung der Siebenten und Achten Richtlinie des Rates der Europäischen Gemeinschaften zur Koordinierung des Gesellschaftsrechts – Drucksache 10/3440 –, S. 1-150.

EStÄndG 1969: Gesetz zur Änderung des Einkommensteuergesetzes v. 16.05.1969, BGBl. I 1969, S. 421 f.

EStG 1934: Einkommensteuergesetz v. 16.10.1934, RGBl. I 1934, S. 1005-1030.

EStG: Einkommensteuergesetz v. 16.04.1997, BGBl. I, S. 823, zuletzt geändert durch Gesetz zur Regelung der Bemessungsgrundlage für Zuschlagsteuern v. 21.12.2000, BGBl. I, S. 1978.

GmbHG 1892: Gesetz, betreffend die Gesellschaften mit beschränkter Haftung v. 20.04.1892, RGBl. 1892, S. 477-499.

HGB 1897: Handelsgesetzbuch v. 10.05.1897, RGBl. 1897, S. 219-454.

HGB 1931: Verordnung des Reichspräsidenten über Aktienrecht, Bankenaufsicht und über eine Steueramnestie v. 19.09.1931, RGBl. I 1931, S. 493-509.

HGB: Handelsgesetzbuch v. 10.05.1897, RGBl., S. 219, zuletzt geändert durch Kapitalgesellschaften- und Co-Richtlinie-Gesetz v. 24.02.2000, BGBl. I, S. 154.

KStG: Körperschaftsteuergesetz v. 22.04.1999, BGBl. I, S. 818, zuletzt geändert durch Gesetz zur Änderung des Investitionszulagengesetzes 1999 v. 20.12.2000, BGBl. I, S. 1850.

PublG: Gesetz über die Rechnungslegung von bestimmten Unternehmen und Konzernen (Publizitätsgesetz) v. 15.08.1969, BGB. I, S. 1189, zuletzt geändert durch Kapitalgesellschaften- und Co-Richtlinie-Gesetz v. 24.02.2000, BGBl. I, S. 154.

Großbritannien:

CA 1948: Companies Act 1948, 11 & 12 Geo. 6. Ch. 38.

CA 1985: Companies Act 1985, Ch. 6, geändert durch Companies Act 1989; abgedruckt in CCH Editions Limited, British Companies Legislation, Fifth Edition, Bicester 1995.

ICTA 1988: Income and Corporation Tax Act 1988, geändert durch Finance Act 1998; auch zum Download unter http://www.legislation.hmso.gov.uk/acts.htm (11.07.2001).

Inland Revenue: *Reform of the Taxation* of Intellectual Property, Goodwill and Other Intangible Assets. A Technical Note by the Inland Revenue, published 23 June 2000; auch zum Download unter http://www.inlandrevenue.gov.uk/consult/ct_reform.pdf (11.07.2001).

Inland Revenue: Reform of the Taxation of Intellectual Property, Goodwill and Other Intangible Assets: *The Next Stage*. A Technical Note by the Inland Revenue, published 8 November 2000; auch zum Download unter http://www.inlandrevenue.gov.uk/consult_new/ct_reform2.pdf (11.07.2001).

Inland Revenue: Taxation of Intellectual Property, Goodwill and Other Intangible Assets: *The New Regime*. A Technical Note by the Inland Revenue, published on 7 March 2001; auch zum Download unter http://www.inlandrevenue.gov.uk/consult_new/intprop.pdf (11.07.2001).

Rechnungslegungsstandards, Standardentwürfe und weitere Verlautbarungen der Standardisierungsgremien

Deutschland:

DRSC: Deutscher Rechnungslegungs Standard Nr. 4 (*DRS 4*), Unternehmenserwerbe im Konzernabschluss‘, August 2000.

Großbritannien:

ASB: Financial Reporting Standard for Smaller Entities (*FRSSE*), issued December 1999.

ASB: *Foreword* to accounting standards, issued June 1993.

ASB: *FRED 22*: Revision of FRS 3 ‚Reporting Financial Performance', issued December 2000; abgedruckt in Accountancy, February 2001, S. 151-174.

ASB: *FRS 2* ‚Accounting for subsidiary undertakings', issued July 1992.

ASB: *FRS 5* ‚Reporting the substance of transactions', issued April 1994, amended December 1994 and revised September 1998.

ASB: *FRS 6* ‚Acquisitions and mergers', issued September 1994.

ASB: *FRS 7* ‚Fair values in acquisition accounting', issued September 1994.

ASB: *FRS 9* ‚Associates and joint ventures', issued November 1997.

ASB: *FRS 10* ‚Goodwill and intangible assets', issued December 1997.

ASB: *FRS 11* ‚Impairment of fixed assets and goodwill', issued July 1998.

ASB: *FRS 12* ‚Provisions, contingent liabilities and contingent assets', issued September 1998.

ASB: *FRS 15* ‚Tangible fixed assets', issued February 1999.

ASB: Goodwill and intangible assets. *Discussion paper*, issued December 1993.

ASB: *Goodwill* and intangible assets: *working paper* for discussion at public hearing, issued June 1995.

ASB: *Statement of principles* for financial reporting, issued December 1999.

ASB: *Statement of Principles* for Financial Reporting. A *Technical Supplement* to the *Revised Exposure Draft*, issued March 1999.

ASC: A *discussion paper*: accounting for goodwill, Accountancy, August 1980, S. 108-120.

ASC: *ED 30* ‚Accounting for Goodwill', issued October 1982.

ASC: *ED 47* ‚Accounting for Goodwill', issued February 1990.

ASC: *SSAP 13* ‚Accounting for research and development', revised January 1989.

ASC: *SSAP 15* ‚Accounting for deferred tax', amended October and December 1992.

ASC: *SSAP 22* ‚Accounting for goodwill', issued December 1984.

ASC: *SSAP 22* ‚Accounting for goodwill', *revised* July 1989.

ICAEW: Accounting Recommendation: The determination of realised profits and disclosure of *distributable profits* in the context of the Companies Act, issued September 1982.

UITF: *Abstract 7* ‚True and fair view override disclosures', issued December 1992.

UITF: *Abstract 24* ‚Accounting for start-up costs', issued 22 June 2000.

UITF: *Abstract 27* ‚Revision to estimates of the useful economic life of goodwill and intangible assets', issued December 2000.

IASC:

IASB: IASB *Constitution*, approved May 2000; auch zum Download unter http://www.iasc.org.uk/cmt/0001.asp?n=3268&s=100070131&sc={169E2F8B-750F-11D5-BE5E-003048110251}&sd=541837447 (11.07.2001).

IASC: *Constitution*, approved October 1992.

IASC: Exposure Draft *E50*, approved June 1995.

IASC: *Framework* for the Preparation and Presentation of Financial Statements, published July 1989.

IASC: *IAS 1* ‚Presentation of Financial Statements', revised July 1997.

IASC: *IAS 9* ‚Research and Development Costs', revised 1993.

IASC: *IAS 22* ‚Accounting for Business Combinations', published November 1983.

IASC: *IAS 22* ‚Business Combinations', *revised* December 1993.

IASC: *IAS 22* ‚Business Combinations', *revised* July 1998, amended 1999.

IASC: *IAS 36* ‚Impairment of Assets', published June 1998.

IASC: *IAS 38* ‚Intangible Assets', published October 1998.

SIC: Interpretation *SIC – 9* ‚Business Combinations – Classification either as Acquisitions or Uniting of Interests', published January 1998.

USA:

FASB: Methods of Accounting for *Business Combinations*: Recommendations of the *G4+1* for Achieving Convergence, FAS No. 192-A, December 15, 1998.

FASB: *Proposed Statement* of Financial Accounting Standards ‚Business Combinations and Intangible Assets – *Accounting for Goodwill*‘, Limited Revision of Exposure Draft issued September 7, 1999; February 14, 2001.

FASB: Proposed Statement of Financial Accounting Standards ‚*Business Combinations* and Intangible Assets‘, FAS No. 201-A, September 7, 1999.

FASB: Statement of Financial Accounting *Concepts No. 6*, Elements of Financial Statements, published 1985.

Verwaltungsanweisungen

Deutschland:

BMF-Schreiben v. 20.11.1986: Schreiben des Bundesministers der Finanzen v. 20.11.1986, IV B 2 – S2172 – 13/86, BStBl. I 1986, S. 532.

Großbritannien:

Inland Revenue: Inspectors Manual – *IM607*, http://www.inlandrevenue.gov.uk/manuals/immanual/im0600/07_0026_im607.htm(11.07.2001).

Urteile

Deutschland:

BFH-Urteil v. 28.01.1954 – IV 255/53 U, BStBl. III 1954, S. 109-111.

BFH-Urteil v. 15.04.1958 – I 61/57 U, BStBl. III 1958, S. 330 f.

BFH-Urteil v. 10.11.1960 – IV 62/60 U, BStBl. III 1961, S. 95-97.

BFH-Urteil v. 19.02.1981 – IV R 41/78, BStBl. II 1981, S. 730 f.

BFH-Urteil v. 21.04.1994 – IV R 70/92, BStBl. II 1994, S. 745-749.

BFH-Urteil v. 12.12.1996 – IV R 77/93, WPg, Heft 2/1998, S. 65 f.

Niedersächsisches Finanzgericht, *Urteil v. 24.10.1991* – XII 706/84, EFG 1993, S. 15-18.

RFH-Urteil v. 15.10.1924 – VIeA 174/24, RFHE, Bd. 15, S. 5-8.

RFH-Urteil v. 28.02.1930 – III A 84/28, RStBl. 1930, S. 287-291.

RFH-Urteil v. 15.07.1931 – VI A 899, StuW 1931, Bd. II, Sp. 1690-1694.

RFH-Urteil v. 29.07.1931 – VI A 1265/29, RStBl. 1931, S. 852.

RFH-Urteil v. 18.09.1934 – I A 217, StuW 1934, Bd. II, Sp. 1604-1607.

RG-Urteil v. 09.07.1901 – Nr. 160/1901 III, JW, Nr. 78-80 v. 17.08.1901, S. 653.

RG-Urteil v. 27.06.1914 – I 370/14, LZ 1915, Sp. 231-233.

Sonstige Quellen

Cadbury Schweppes plc: *Annual Report* and Form 20-F *2000*, London 2001.

FRC: *2000 Annual Review*, http://www.frc.org.uk/publications/content/frc_annual_review_00.pdf (11.07.2001), S. 1-84.

Vodafone Group Plc: *Annual Report & Accounts* for the year ended 31 March 2001, Newbury 2001.